utb 6045

Eine Arbeitsgemeinschaft der Verlage

Brill | Schöningh – Fink · Paderborn
Brill | Vandenhoeck & Ruprecht · Göttingen – Böhlau Verlag · Wien · Köln
Verlag Barbara Budrich · Opladen · Toronto
facultas · Wien
Haupt Verlag · Bern
Verlag Julius Klinkhardt · Bad Heilbrunn
Mohr Siebeck · Tübingen
Narr Francke Attempto Verlag – expert verlag · Tübingen
Psychiatrie Verlag · Köln
Ernst Reinhardt Verlag · München
transcript Verlag · Bielefeld
Verlag Eugen Ulmer · Stuttgart
UVK Verlag · München
Waxmann · Münster · New York
wbv Publikation · Bielefeld
Wochenschau Verlag · Frankfurt am Main

Dr. Michael May ist Professor für Didaktik der Politik an der Friedrich-Schiller-Universität Jena.

Dr. Marc Partetzke ist Professor für Politikdidaktik und Politische Bildung an der Stiftung Universität Hildesheim.

Michael May, Marc Partetzke

Einführung in die Politikdidaktik

Bd. 1: Geschichte, Essentials, Forschungs- und Entwicklungsfelder

WOCHENSCHAU VERLAG

Online-Angebote oder elektronische Ausgaben sind erhältlich unter www.utb-shop.de

Bibliografische Information der Deutschen Nationalbibliothek

Die Deutsche Nationalbibliothek verzeichnet diese Publikation in der Deutschen Nationalbibliografie; detaillierte bibliografische Daten sind im Internet unter http://dnb.d-nb.de abrufbar.

www.wochenschau-verlag.de

Printed in Germany
Einbandgestaltung: siegel konzeption | gestaltung, Stuttgart
Umschlagmotiv: © stockartstudio – stock.adobe.com

utb-Band-Nr. 6045
ISBN 978-3-8252-6045-3 (Buch)
E-Book ISBN 978-3-8385-6045-8 (PDF)

Inhalt

1 Einleitung

Politische Bildung ist ein fester Bestandteil des Bildungskanons in der Bundesrepublik Deutschland.[1] Manche Länderverfassungen und alle Schulgesetze der Bundesländer betonen den politischen und demokratischen Bildungsauftrag der Schule. Gemeinhin wird dieser Auftrag so verstanden und umgesetzt, dass die Schüler*innen im Laufe ihres Schulbesuches ein Kernfach der politischen Bildung durchlaufen (z.B. Politik-Wirtschaft, Sozialkunde, Gemeinschaftskunde), bestenfalls auch andere Unterrichtsfächer auf diesen Bildungsauftrag einzahlen (z.B. Geschichte) sowie schließlich auch das Schulleben Erfahrungsmöglichkeiten mit Politik und Demokratie (im Nahraum) bietet (z.B. Schüler*innenvertretung).

Das vorliegende Buch widmet sich der politischen Bildung im Rahmen eines Schulfachs und insbesondere der Politikdidaktik als der Wissenschaft vom Lehren und Lernen im Feld der politischen Bildung. Es wendet sich vorrangig an Studierende, Studienreferendar*innen und Seiteneinsteiger*innen, die im Rahmen ihres Studiums oder einer anderen Phase der Lehrer*innenbildung einen Überblick über die Felder politikdidaktischen Denkens und Forschens gewinnen wollen. Trotz der Schwerpunktlegung des Buches auf die Schule und v.a. die Kernfächer der politischen Bildung werden viele Themen, Grundsätze und Forschungsergebnisse vorgestellt, die auch für außerschulische politische Bildner*innen von Interesse sind – nicht zuletzt im Hinblick auf eine Kooperation von schulischer und außerschulischer politischer Bildung.

Die Professionalisierung der Politikdidaktik als Wissenschaftsdisziplin hat in den letzten 20 Jahren einen enormen Schub erfahren. Nach der Gründung der *Deutschen Vereinigung für Politische Bildung* (DVPB), die seit den 60er Jahren als Fachverband für Politiklehrer*innen, Politikdidaktiker*innen und andere Vertreter*innen der politischen Bildung fungiert, gelang 1999 mit Gründung der *Gesellschaft für Politikdidaktik und politische Jugend- und Erwachsenenbildung* (GPJE) die Gründung eines forschungsorientierten Fachverbandes insbesondere für Universitätsangehörige. Der zahlenmäßige Aufwuchs der GPJE seit der Gründung, v.a. aber die Zunahme an Qualifikationsarbeiten sowie die Heraus-

1 Bei unserem Buchprojekt hatten wir vielfältige Unterstützung. Unterstützt haben Niklas Backhaus, Alexandra Biela, Markus Schönfeld und Jana Thierbach aus Jena sowie Michelle Pau und Sinia Hensel aus Hildesheim. Dafür sind wir sehr dankbar. Für Fehler und Unzulänglichkeiten bleiben die Autoren selbst verantwortlich.

bildung politikdidaktischer ‚Schulen', die sich an unterschiedlichen theoretischen, forschungsmethodischen und unterrichtspraktischen Paradigmen orientieren, sind Belege für die zunehmende Professionalisierung. Vor dem Hintergrund der Ausdifferenzierung der Politikdidaktik fällt es zunehmend schwerer, den Überblick über die Strömungen und Entwicklungen zu bewahren. An dieser Stelle setzt unsere Publikation an. Sie soll eine Hinführung an die Entwicklungen und den Erkenntnisstand der Politikdidaktik sowie eine Orientierung in diesem Feld bieten. Das Buch ist als eine Einführungslektüre verfasst worden, die möglichst gut verständlich, umfassend und pointiert in zentrale Begriffe, historische Entwicklungslinien, Essentials politikdidaktischen Denkens, Kontroversen sowie Forschungsfelder der Politikdidaktik einführt. Darüber hinaus werden jedoch auch aktuelle Entwicklungsfelder der politischen Bildung und der Politikdidaktik beleuchtet. Die Transformationen öffentlich organisierter Bildung hin zu einem inklusiven Schulwesen wie auch die mit der Corona-Pandemie beschleunigte Digitalisierung schulischer Lehr-Lernprozesse verlangen auch von der politischen Bildung und der Politikdidaktik eine Standortbestimmung. Inwiefern müssen Grundsätze der politischen Bildung überdacht werden? Welche Chancen und Schwierigkeiten sind mit den beiden erwähnten Megatrends im Schulwesen verbunden? Muss sich Politikunterricht ändern und, wenn ja, wie? Diesen Fragen soll im letzten Kapitel dieses Buches nachgegangen werden.

Der Anspruch, einführend einen Überblick über die Politikdidaktik zu bieten, bedeutet auch, dass wir eine gewisse Distanz zu unterrichtspraktischen Handlungsanweisungen wahren. Es handelt sich nicht um eine Einführung in die Praxis des Politikunterrichts, sondern um eine Einführung in das Studium der Wissenschaft vom politischen Lehren und Lernen. Dementsprechend besteht unser Anspruch darin, in *politikdidaktisches Denken* und in *politikdidaktische Forschungen* einzuführen. Im Kern bedeutet dies, nach dem Bildungsauftrag des Faches, seinen Unterrichtszielen, -inhalten, -methoden und -medien in ihrem Zusammenhang sowie nach der empirisch vorfindbaren Unterrichtsrealität zu fragen. Damit wollen wir gleichwohl einen Beitrag zur Professionalisierung angehender Politiklehrer*innen leisten, weil die Klärung dieser Fragen für die reflexive Planung, Durchführung und Nachbereitung von Politikunterricht in eigener pädagogischer und didaktischer Verantwortung von zentraler Bedeutung ist. Denn wenn man sich keine Klarheit darüber verschafft hat, was politische Bildung eigentlich bezwecken soll, welche Grundsätze der Unterrichtsgestaltung zu berücksichtigen sind und inwiefern Politikunterricht Wirkungen bei Schüler*innen erzielen kann, wenn es nicht gelingt, diese Fragen an die eigene Unterrichtspraxis zurückzubinden, dann steht die Qualität des Politikunterrichts auf dem Spiel. In diesem Sinne sind unsere Ausführungen also durchaus praxisorientiert.

Mit dieser Schwerpunktlegung liegt unser Buch zwischen solchen Einführungen in die politische Bildung, die stärker von den politikwissenschaftlichen Grundlagen, wie etwa den Konzepten zu Politik und Demokratie, sowie den aktuellen politischen und gesellschaftlichen Transformationen und Krisenerscheinungen ausgehen (Massing 2021), und jenen, die dezidierter Wege der Unterrichtsorganisation beleuchten (Reinhardt 2018). Beides spielt in unserer Publikation eine Rolle, tritt aber zugunsten von historischen Einordnungen, wissenschaftlichen Kontroversen, Forschungsüberblicken und aktuellen Entwicklungsfeldern in den Hintergrund. Dies bringt es mit sich, dass wir weniger eine eigene Lesart politischer Bildung entwickeln, sondern stattdessen unterschiedliche Arbeitsfelder und darin deutlich werdende Strömungen der Politikdidaktik kenntlich machen. Vor diesem Hintergrund kann unsere Publikation insbesondere dazu genutzt werden, eigene Positionen und Sichtweisen zu entwickeln und sich auf diese Weise zu den zahlreichen politikdidaktischen Diskussionen in Beziehung zu setzen. Dabei streben wir keineswegs an, eine bestimmte Orientierung vorzugeben – vielmehr laden wir Sie als Leser*innen dazu ein, selbst einen professionellen Standpunkt zu relevanten Fragen der politischen Bildung zu entwickeln. Selbstverständlich verzichten wir nicht darauf, Ihnen auch unsere Einschätzungen zu präsentieren, die dann ebenfalls als Impulse für Ihre eigenen Überlegungen dienen oder für Diskussionen in Veranstaltungen der Politiklehrer*innenbildung genutzt werden können.

Gleichwohl sind auch mit unserem spezifischen Zugriff einige Vorentscheidungen getroffen: Wir verstehen Politik bzw. demokratische Politik sowie die in diesem Feld urteilenden und handelnden Bürger*innen als die das Fach und damit auch die Arbeit der Politikdidaktik strukturierenden Orientierungspunkte. Bei demokratischer Politik geht es im Kern (Massing 2021, 8) um die Regelung menschlichen Zusammenlebens in unterschiedlichen sozialen Gebilden, von der Familie über die Schule, den Verein bis hin zum Nationalstaat sowie trans- und supranationale Zusammenschlüsse; und es geht um die Menschen, die sich mit ihren politischen Urteilen und Handlungen auf die Gestaltung dieser Regelungen beziehen. Politik als Kern der Unterrichtsfächer der politischen Bildung zu denken, bedeutet also, das politische Urteilen und Handeln der Bürger*innen zentral zu stellen. Folglich soll die politische Bildung nicht in erster Linie in eine Wissenschaft oder ein bestimmtes Schulfach einführen (auch wenn sie an Schulen als Fach organisiert ist), sondern in eine soziale Praxis der Teilhabe am gesellschaftlichen und politischen Geschehen. Es geht ihr also nicht darum (bzw. nur für den Sonderfall der Wissenschaftspropädeutik in der Oberstufe), künftige Politik- oder Sozialwissenschaftler*innen heranzubilden, sondern Kinder und Jugendliche auf ihrem Weg zu mündigen Mitgliedern unserer Gesellschaft zu begleiten und zu unterstützen. Deshalb bedeutet unser Fokus auf demokratische Politik als Kern der politischen Bildung auch nicht, dass nur die Politikwissenschaft bedeutsam für die Kernfächer der politischen Bildung wäre. Denn für politische Urteile und politisches Handeln, etwa in Bezug auf politische Regelungen zur Abschwächung des Klimawandels, sind nicht nur die Erkenntnisse und Perspektiven der Politikwissenschaft, sondern bspw. auch die der Wirtschaftswissenschaft, der Soziologie und der Klimawissenschaft notwendig und hilfreich. So muss eine entsprechende politische Regelung im Hinblick auf ihre politischen, ökonomischen, gesellschaftlichen und klimatologischen Implikationen reflektiert werden. Insofern ist politische Bildung nie ohne sozialwissenschaftliche Bildung denkbar (Engartner/Hedtke/Zurstrassen 2021) (siehe Kap. 2.3).

2 Pädagogik, Didaktik, Politikdidaktik

2.1 Neun Grundfragen der (Politik-)Didaktik

Sie haben sich dafür entschieden, ein Studium aufzunehmen, das Sie auf die Unterrichtstätigkeit im Bereich der politischen Bildung vorbereitet. Das erziehungswissenschaftliche Begleitstudium sowie die Politikdidaktik sind die Wissenschaftsdisziplinen, die als einzige einen expliziten Professionsbezug, also einen Bezug zu Ihrer späteren Tätigkeit herstellen – auch wenn Sie keineswegs davon ausgehen sollten, dass das Studium Sie bereits auf alle Anforderungen Ihres späteren Berufsfeldes vorbereitet. Doch dazu später mehr.

Worum geht es in der (Politik-)Didaktik? Nach einem weit verbreiteten Verständnis ist die *Didaktik* (von altgriechisch *διδάσκειν didáskein*, deutsch *lehren*) die Kunst und die Wissenschaft des Lehrens und Lernens. Das ist grundsätzlich zwar nicht falsch, mitunter wird die Didaktik aber als reine *Lehr*kunst verstanden und die *Lern*kunst unter dem Begriff der *Mathetik* (vom altgriechischen *μάθησις mathēsis*, deutsch *das Lernen*) gefasst. Zudem wird die *Methodik* (von altgriechisch *μετα metá*, deutsch *nach, mit, zwischen*; *ὁδός hodós*, deutsch *Weg*) von manchen als ein Teil der Didaktik verstanden, von anderen wiederum als strikt von dieser getrennt begriffen. Grundsätzlich ist die Didaktik als Teildimension der *Pädagogik* (aus altgriechisch *παιδαγωγική paidagōgikḗ*, deutsch *Führung eines Knaben*) anzusehen.

Als die erste Didaktik der Neuzeit gilt die *Didactica magna* (1657) des mährischen Philosophen, Theologen und Pädagogen Johann Amos Comenius (1592–1670), die trotz ihres Alters bis heute auf das Bildungssystem im Allgemeinen und den (Fach-)Unterricht im Besonderen einwirkt und von der zahlreiche namhafte Pädagog*innen beeinflusst worden sind. Der wohl bedeutendste unter den jüngeren ist Wolfgang Klafki (1927–2016), auf den mit der sogenannten *bildungstheoretischen Didaktik* (später *kritisch-konstruktive Didaktik*) ein eigenes didaktisches Modell zurückgeht, also „ein auf Vollständigkeit zielendes Theoriegebäude zur Analyse und Planung didaktischen Handelns in schulischen und nichtschulischen Lehr- und Lernsituationen" (Jank/Meyer 1993,17; vgl. zu den verschiedenen allgemeindidaktischen Modellen z.B. Gudjons 1995, 231–255 und Jank/Meyer 2008).

Auch wenn Werner Jank und Hilbert Meyer (1993, 16) von einer „Vulgärdefinition" sprechen, so ist es vom Grundsatz her dennoch nicht falsch, dass sich die Didaktik mit der Frage nach dem *Was* beschäftigt, also Antworten darauf zu finden sucht, was von der uns alle umgebenden materiellen und immateriellen Welt so wichtig ist, dass es gelehrt und von heranwachsenden Generationen gelernt werden muss. Diese Frage ist keineswegs trivial, denn einerseits wächst der globale Wissensvorrat exponentiell an, womit der prozentuale Teil dessen, was der*die Einzelne wissen kann, tendenziell immer kleiner wird. Andererseits dreht sich die Welt – im wörtlichen wie im übertragenen Sinne – immer weiter, sodass die Halbwertszeit der Antworten auf die oben genannte Frage stets begrenzt ist und potenziell immer kürzer wird. Nicht zuletzt die Differenzierung und Spezialisierung nahezu aller Lebensbereiche, insbesondere aber der Wissenschaft selbst, führten zur Ausbildung von differenzierten, fachspezifischen Didaktiken. Auswahl und Begründung von Lerngegenständen wurden und sind damit selbst Gegenstand wissenschaftlicher Theoriebildung eigens hierfür konstituierter Fachdidaktiken als wissenschaftliche Disziplinen. Mit Blick auf die *Politikdidaktik* ist diese sogenannte *didaktische Wende* auf das Ende der 1950er bzw. den Anfang der 1960er Jahre zu datieren (zur Geschichte der Politikdidaktik siehe u.a. Kuhn/Massing/Skuhr 1993; Gagel 1994; Sander 2003; Detjen 2013a sowie Kap. 3 in diesem Buch).

Auch wenn die Frage nach dem *Was* eine wichtige, vielleicht sogar *die* zentrale Frage der (Fach)Didaktik ist, so stimmen wir doch mit Jank/Meyer (2008, 17-27.) darin überein, dass sich eine Begriffsdefinition darin nicht erschöpft. Versteht man (Fach-)Didaktik als Theorie und Praxis des Lehrens und Lernens (innerhalb einer bestimmten Domäne), dann ist deren Gegenstandsbereich vielmehr über die folgenden *neun* Grundfragen zu erfassen (ebd.).

1. *Wer?* – Was sind die entwicklungs- und lernpsychologischen sowie die soziokulturellen Merkmale der Lernenden? Wie verhält es sich mit Vielfaltsdimensionen der Lernenden wie Gender, Sprachniveau usw.? Welche Rolle spielen Dynamiken innerhalb von Lerngruppen, welche das Klassenklima usw.?[2]
2. *Was?* – Welche Aspekte der materiellen und immateriellen Welt sind – aus welchen Gründen – so relevant, dass sie Lehr-Lerninhalte sein bzw. werden sollten? Mit Klafki (1958) ließe sich im Sinne dieser Frage fordern, dass der Bildungs*gehalt* von möglichen Bildungs*inhalten* aufgespürt werden muss.

2 Im Übrigen tut man gut daran, Lehrpersonen von all diesen Fragen nicht gänzlich auszunehmen.

3. *Wann?* – Zu welchem Zeitpunkt soll etwas gelehrt und gelernt werden? Wichtig sind hier einerseits der Zeitpunkt in der persönlichen Entwicklung der Lernenden, andererseits der ganz konkrete Zeitpunkt einer Unterrichtsstunde. Geht dieser eine Sport- oder eine Mathestunde voraus? Handelt es sich um die 0. oder die 7. Stunde des Tages? Usw. usf.
4. *Mit wem?* – Wer kommuniziert und interagiert in Lehr-Lernprozessen mit wem? Wie sind die Beziehungen der Akteur*innen untereinander? Hier spielen v. a. die verschiedenen Sozialformen (Frontalunterricht, Einzelarbeit, Partner*innenarbeit, Gruppenarbeit, Plenum) eine Rolle.
5. *Wo?* – An welchem Ort finden Lehren und Lernen statt (inner- vs. außerschulisch)? Wie ist die Beschaffenheit dieses Lernortes, bspw. die bauliche Beschaffenheit von Schulgebäude und Klassenzimmer, die Ausstattung des Klassenraumes im Hinblick auf Mobiliar, technische Infrastruktur (Beamer, Whiteboard, WLAN usw.)?
6. *Wie?* – Wie wird der Lerninhalt vermittelt? Wie eignen sich Lernende diesen an? Welche Vermittlungs- und/oder Aneignungsverfahren (Methoden) kommen zum Tragen?
7. *Womit?* – Welche Medien (im weitesten Sinne) kommen zum Einsatz (Schulbuch, Karten, Modelle, Tablets usw.)?
8. *Warum?* – Aus welchen Gründen wird ein Inhalt gelehrt und soll von Schüler*innen gelernt werden?
9. *Wozu?* – Welche Ziele werden mit dem Lehren und Lernen verfolgt? Welches Wissen und welche Kompetenzen sowie Persönlichkeitsmerkmale sollen entwickelt werden?

2.2 Politikdidaktik als Scharnier zwischen Theorie und Praxis

(Politik-)Didaktik gleichermaßen als Theorie *und* Praxis zu verstehen, macht eine erste Besonderheit deutlich: So handelt es sich bei der Politikdidaktik, wie auch bei jeder anderen Fachdidaktik, zwar einerseits um eine Wissenschaft mit ihren jeweils eigenen Erkenntnisinteressen, Fragestellungen, Forschungsmethoden usw. Dabei ist fachdidaktisches Denken und Handeln (teilweise auch Forschen) keineswegs ausschließlich das Geschäft von Wissenschaftler*innen, also von den an Hochschulen und Universitäten Tätigen, sondern auch von Lehrer*innen an Schulen oder Dozent*innen in der außerschulischen (politischen) Bildung usw. (ebd., 18). Denn sofern Praktiker*innen keinen Gelegenheitsunterricht geben, sondern sich im Vorfeld eines Schuljahres oder einer Schulstunde Gedanken machen, was wie mit welchem Ziel zu unterrichten ist, denken und handeln sie didaktisch.

Damit wird eine zweite Besonderheit der (Fach-)Didaktik sichtbar: Ihre Sonderstellung zwischen wissenschaftlicher Theorie und Empirie auf der einen und bildnerischen Praxis auf der anderen Seite. Berührt ist hiermit auch das sogenannte *Theorie-Praxis-Problem*. Von diesem Problem wissen Jank/Meyer (1993, 20) zu berichten:

> „Hunderte von Büchern sind über das Theorie-Praxis-Problem in der Pädagogik geschrieben worden, gelöst wurde es dadurch noch lange nicht. Es stellt sich in jeder Generation und für jeden einzelnen, der Lehrer oder Lehrerin werden will, neu."

Das soll Sie freilich nicht entmutigen. Stattdessen laden wir Sie dazu ein, gemeinsam mit uns einige zentrale Überlegungen zu diesem Problem anzustellen. In der aktuellen Literatur zu Theorie und Praxis in der Lehrer*innenbildung finden sich zahlreiche Versuche, auf der Grundlage von näheren Charakterisierungen das Verhältnis von Theorie und Praxis sowie entsprechender Studienanteile näher zu bestimmen (Bommes u.a. 1996; Hascher/de Zordo 2015; Neuweg 2004). Als dafür besonders hilfreich hat sich u. E. die Unterscheidung von Differenz- und Integrationsmodellen nach Neuweg (2004) erwiesen.

Integrationsmodelle gehen von der Möglichkeit einer engen Verzahnung oder Verschmelzung von Theorie und Praxis aus. Beide Weltbezüge erscheinen hier als eng aufeinander verwiesen. In einer spezifischen Variante des Integrationsmodells, dem sogenannten *Technologiemodell*, geht es bspw. um eine Nutzung theoretischer Modelle, die im Studium gelernt und dann in einem Praktikum oder dem Referendariat angewendet und eingeübt werden sollen. Aus begrifflichem Wissen über Unterricht soll das Unterrichten selbst werden. *Differenzmodelle* gehen stattdessen davon aus, dass es sich bei Theorie und Praxis um zwei grundlegend verschiedene Weltzugänge „mit je eigener Dignität" (ebd., 22) handelt, die nicht aufeinander verwiesen sind oder voneinander abgeleitet werden können. Während Theorie an der Universität mit Begriffen und möglichst verallgemeinerbaren Aussagen (über Praxis) arbeitet, ist Praxis als ein routiniertes Können im Unterricht selbst zu verstehen. Ein*e gute*r Wissenschaftler*in findet relevante und richtige Aussagen über Politikunterricht heraus, ein*e gute*r Lehrer*in macht guten, also sinnstiftenden Unterricht, der bedeutsame Lernziele bei den Schüler*innen fördert. Während wissenschaftliches Denken im Vollzug distanzierter Reflexion und Forschung ausgebildet wird, kann praktisches Können „nur im Gefolge ausgedehnter Erfahrung entstehen“ (ebd., 23). Es geht also in Theorie und Empirie einerseits und Praxis andererseits um ganz unterschiedliche Dinge. Deshalb kann man auch nicht davon ausgehen, dass Lehrer*in zu werden bedeutet, die Theorie zu lernen, die dann ungebrochen in der Praxis angewendet werden kann.

Diese Gegenüberstellung der beiden Modelle ist zugegebenermaßen sehr grob und soll hier nur die Denkrichtungen anzeigen (vgl. für eine Differenzierung der beiden Theorie-Praxis-Modelle ebd.). Haben Sie sich schon einmal Gedanken darüber gemacht, was Sie in Ihrem Studium lernen werden? Erwarten Sie eher anwendungsfertiges Wissen im Sinne der Integrationsmodelle oder eine Einführung in das konzeptionelle Nachdenken über Politikunterricht und dessen Erforschung im Sinne der Differenzmodelle? Sowohl die wissenschaftliche Literatur über Lehramtsstudent*innen als auch unsere Erfahrungen in der Lehrer*innenbildung liefern Indizien für ein „unstillbares Verlangen nach Praxisbezug“ (Hedtke 2000, 67) der Lehramtsstudierenden. Dabei ist es – gerade angesichts der berechtigten Einwände der Differenztheorien – mehr als fraglich, ob es die Einheit von Theorie und Praxis, nach der sich offenkundig und nachvollziehbarerweise gesehnt wird, wirklich jemals geben kann. Jedenfalls haben wir es mit ganz unterschiedlichen Systemen (Wissenschaft vs. Erziehung) und verschiedenen Organisationen (Hochschule/Universität vs. Schule) zu tun. Beide „folgen ihren eigenen Logiken und Regeln, und haben eine hohe Eigenständigkeit“ (ebd.).[3] Es ist insofern von fundamentaler Bedeutung, dass Sie sich bereits zu Beginn Ihres Studiums (besser noch: davor) bewusst machen, dass sich das Theorie-Praxis-Problem nicht – auch nicht über noch so viele berufspraktische Elemente im Rahmen Ihres Studiums wie bspw. Schulpraktische Studien, Allgemeines Schulpraktikum, Praxissemester usw. – gänzlich (auf)lösen lassen wird. Diese Vergegenwärtigung schützt Sie nicht nur vor überzogenen und teilweise unangebrachten Erwartungen an Ihr Studium, sondern spielt Ihnen auch keine Handlungssicherheit dort vor, wo diese faktisch nicht gegeben ist (Stichwort *Rezeptwissen*). Ihr Studium soll sich natürlich mit den zentralen, für Politikunterricht relevanten Fragen nach dem *Was, Wie, Warum* usw. befassen und soll hierin auch so konkret wie möglich sein, aber damit sind Sie für die Praxis allenthalben mit dem notwendigen, keineswegs mit dem hinreichenden Rüstzeug ausgestattet. So können Sie Unterrichtsstunden und/oder -reihen zwar

3 Diese Trennung von Theorie und Praxis als „eher akademisch borniert“ (Lösch/Thimmel 2010a, 8) zu bezeichnen, ist auf der oben aufgespannten Folie also ziemlich fragwürdig.

noch so minutiös planen. Pädagogisches Handeln ist aber zu einem Gutteil stets Handeln unter Unsicherheit – es ist komplex, es unterliegt zahlreichen und vielfältigen, teils unbekannten Einflussgrößen und es ist insofern nie vollständig plan- und/oder vorhersagbar, sodass durch eine pädagogische Theorie niemals „wirklich alle Einzelphänomene in eindeutiger Weise gesetzlich erklärbar wären" (Jank/Meyer 1993, 21). In Wirklichkeit lässt sich dieser vermeintliche Nachteil übrigens als ein echter Vorteil lesen. Denn: Pädagogische Theorien sind zwar einerseits

> „notwendigerweise abstrakter und gegenüber den Einzelsituationen, wie sie in der Schule vorkommen, in bezug auf Details ‚ärmer'. Sie sind aber zugleich auch bezüglich solcher Einzelsituationen ‚reicher': *Sie enthalten die wesentlichen Prinzipien hinter den Situationen* (oder sollten sie wenigstens enthalten)! Die persönliche Aneignung einer Theorie besteht außerdem gerade in ihrer ‚Kontextualisierung', also einer *persönlichen Sinngewinnung* von allgemeinen Begriffen, indem diese allgemeinen Begriffe auf die eigene Situation, auf die eigenen persönlichen Erfahrungen usw. bezogen werden" (Bromme zit. in Jank/Meyer 1993, 22).[4]

Fehlt pädagogisches und (fach-)didaktisches Theoriewissen, dann kann die eigene Situation, dann können die eigenen Erfahrungen also allenfalls unreflektiert zur Kenntnis genommen, aber kaum reflexiv bearbeitet, Ausgangspunkt der eigenen Weiterentwicklung (Stichwort *Professionalisierung*) und/oder Anlass der Verbesserung von Lehr-Lernprozessen werden.

Dabei fällt es Lehramtsstudierenden aus unseren Beobachtungen mitunter schwer, sich auf ein distanzierendes theoretisches Reflektieren über Unterricht einzulassen. Denn anders als Ihre Kommiliton*innen, die bspw. Jura, Chemie oder Musikwissenschaft studieren, hatten nur Sie die Möglichkeit, Ihr späteres Berufsfeld sowie viele damit verbundene Tätigkeiten mindestens zwölf Jahre lang intensiv zu beobachten (Besand 2009). Nicht selten weisen Studierende des Lehramts (gleich, welchen Faches) daher z.T. bereits sehr differenzierte Vorstellungen über die Gestaltung von Lehr-Lernprozessen auf (ebd., 46), nehmen also an, sie würden bereits zu Beginn ihres Studiums über so etwas wie Berufserfahrung verfügen, obwohl ein Perspektivenwechsel von der Schüler*innenrolle

---

4 Außerdem: Wäre mithilfe der Theorie wirklich jedes Phänomen, jede Situation usw. plan- und vorhersagbar, so wäre dies der Garaus aller Spontanität und Kreativität (Jank/Meyer 1993, 23) – beides nicht unwesentliche Elemente gelungener Lehr-Lernprozesse.

zur Lehrer*innenrolle noch nicht stattgefunden hat. Dies führt oft zu vorschnellen Urteilen über die Praxistauglichkeit von Studieninhalten, die in den Pädagogik- und/oder (Fach-)Didaktikveranstaltungen vermittelt werden (sogenanntes *Klappt nicht-Phänomen*; Petrik 2009, 57).

Insofern stellt die (Politik-)Didaktik gewissermaßen ein Scharnier zwischen der Wissenschaft auf der einen und der Praxis auf der anderen Seite dar (Tab. 1) und es ist durchaus angebracht, dass beide Seiten ausloten, ob und – falls ja – inwieweit eine produktive „Entwicklungspartnerschaft" (Reinmann/Sesink 2011, 12) zwischen ihnen möglich ist.

Tab. 1: (Fach-)Didaktik als Scharnier zwischen Wissenschaft und Praxis

Wissenschaft (Wahrheit als Maßstab)		**Praxis** (Brauchbarkeit als Maßstab)
Scientific Community: Relativ geschlossene Gruppe mit explizitem Regelwerk, Zugangsbarrieren und hoher Identifikation		*Praxisgemeinschaften:* Relativ vielfältige und heterogene Gruppen mit impliziten Regeln und Offenheit für situative Anforderungen
Fiktives Marktgeschehen: Selbst gesetzte Normen und Kriterien handlungsleitend; kein Kontakt zum „Endkunden"	**(Politik-) Didaktik**	*Reales Marktgeschehen:* Nutzen und Ressourcenverbrauch handlungsleitend; Entscheidung durch den „Endkunden"
Wertesystem: Reine Erkenntnis *vs.* Nutzen als Streitpunkt von Wissenschaft und Forschung → stark ausgeprägter Dissens		*Bedarfssystem:* Praktische Problemlösung *vs.* Reformen (Störung) als potenzieller Streitpunkt → schwach ausgeprägter Dissens

Quelle: Eigene Darstellung, Text linke und rechte Spalte aus Reinmann (2007, 203).

2.3 Politikdidaktik und ihre Bezugsdisziplinen

Auch wenn eingangs erwähnt worden ist, dass die Didaktik eine Dimension der Pädagogik ist, so sind die *Fach*didaktiken in aller Regel nicht an erziehungs-, sondern an den entsprechenden fachwissenschaftlichen Fakultäten, Instituten oder Abteilungen beheimatet. Im Fall der Politikdidaktik handelt es sich damit für gewöhnlich um Institute bzw. Abteilungen für Politikwissenschaft (immer Singular!). Diese institutionelle Anbindung soll allerdings keineswegs darüber hinwegtäuschen, dass es sich bei der Politikdidaktik (wie bei jeder anderen Fachdidaktik auch) bereits seit Langem um eine eigenständige wissenschaftliche Disziplin handelt. Zwar hat sich nach dem Zweiten Weltkrieg zunächst die Politikwissenschaft selbst – eine entsprechende Fachdidaktik existierte schließlich überhaupt noch nicht – der Politiklehrer*innenausbildung angenommen (dazu etwa Detjen 2013a, 125-136) und frühe Vertreter der Disziplin wie etwa Theodor Eschenburg (1904–1999), Ernst Fraenkel (1898–1975) oder Arnold Bergstraesser (1896–1964) haben in der politischen Bildung durchaus eine politikwissenschaftliche Kernaufgabe gesehen (dazu Detjen 2016). Im Zuge der oben genannten *didaktischen Wende* und paralleler Entwicklungen wie bspw. der voranschreitenden „Versozialwissenschaftlichung“ (Bleek 2001, 422) der Politikwissenschaft verselbstständigte sich die Politikdidaktik aber zunehmend, wurde also selbst zur *Leitdisziplin* der politischen Bildung. Im Zuge dessen weisen ihre Vertreter*innen eine sogenannte *Abbilddidaktik* (Unterrichtsfächer als Miniaturausgabe akademischer Disziplinen) inklusive des ihr eigenen *Briefträgermodells* (Lehrer*innen tragen dasjenige aus, was die entsprechende Fachwissenschaft zu senden beabsichtigt) immer selbstbewusster zurück und entwickeln eigenständige Fragestellungen:

> „Für die Fachwissenschaften sind die Sachverhalte das Problem, das sie klären, für die Fachdidaktik jedoch ist die *Beziehung der Sachverhalte zu den Lernenden* das Problem, das sie bearbeitet“ (Gagel 2000, 34).

Dieses besondere Verhältnis von Fachwissenschaft(en) und Fachdidaktik hat Walter Gagel (1926–2016) in seinem Kommunikationsmodell der Fachdidaktik (Abb. 1) wohl am treffendsten beschrieben.

Abb. 1: Kommunikationsmodell der Fachdidaktik

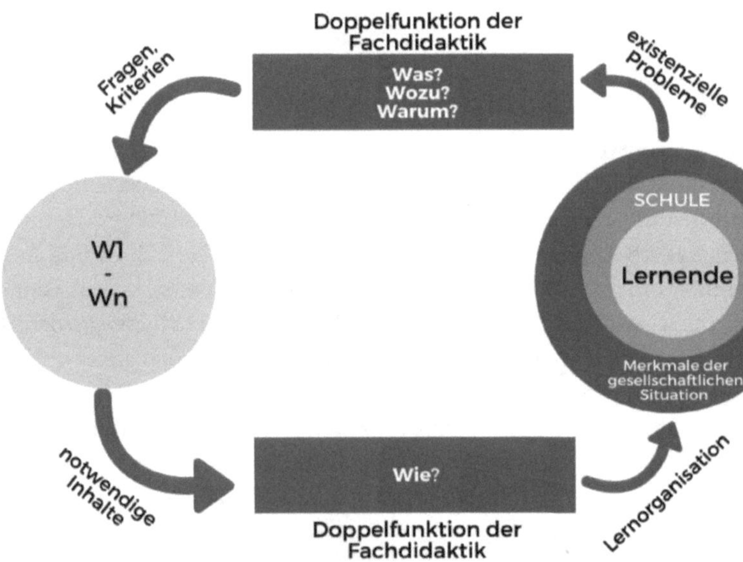

Quelle: Eigene Darstellung in Anlehnung an Gagel (2000, 40).

Auf der rechten Seite von Abbildung 1 steht die Lernsituation. Hier sind v.a. die Lernenden von Interesse, die mit Blick auf die Klasse, in die sie gehen, die Schule, die sie besuchen, und die Gesellschaft, in der sie leben, vielfältig eingebunden und mit zahlreichen Erwartungen konfrontiert sind, die aber auch über eigene Bedarfe, Erfahrungen usw. verfügen. Mit Blick auf die Frage nach möglichen Inhalten orientiert sich Gagel mit dem Begriff der sogenannten *existenziellen Probleme* wiederum an Wolfgang Hilligen (1916–2003), dem zweifellos bedeutendsten Vertreter der Problemorientierung innerhalb der Politikdidaktik, und damit *einer* möglichen Variante, um den Bildungsgehalt von potenziellen Bildungsinhalten zu identifizieren (siehe dazu Kap. 4). Die Fachwissenschaften (W_1–W_n) werden dann seitens der Fachdidaktik nach relevanten (fachlich und methodisch korrekten) Informationen befragt, die Auswahl konkreter fachwissenschaftlicher Inhalte sowie die Organisation entsprechender Lehr-Lernprozesse obliegt allerdings auch weiterhin ausschließlich der Fachdidaktik bzw. fachdidaktisch ausgebildetem Personal (Lehrer*innen). Damit bedeutet die oben erwähnte Zurückweisung also keineswegs, dass sich die Politikdidaktik von der Politikwissenschaft und weiteren akademischen Disziplinen völlig entkoppelt hat, die Blickrichtung aber hat sich verändert. So bilden die Fachwissenschaften nunmehr eine Art „Reservoir an Wissen und Deutungsperspektiven [...], um daraus Lerngegenstände entwickeln zu können“ (Detjen 2013a, 415), und übernehmen in inhaltlicher wie methodischer Hinsicht v.a. eine Korrekturfunktion (Mickel 1999, 566), fungieren mithin als Bezugsdisziplinen.

Die Fragen, ob und – falls ja – welche dieser wissenschaftlichen Fachdisziplinen (Abb. 1, W_1–W_n) die Rolle einer Leitdisziplin für die Politikdidaktik übernimmt, sind nach wie vor Gegenstand zentraler Auseinandersetzungen (dazu u.a. Oberle 2017). Dass der Politikwissenschaft insofern auch eine besondere Rolle im Reigen der politikdidaktischen Bezugsdisziplinen zukommt und sie an den meisten Studienstandorten die „zentrale fachwissenschaftliche Bezugsdisziplin“ (Oberle/Pohl 2020, 509) ist, hat wiederum u.a. mit der Geschichte und dem Anspruch der deutschen Politikwissenschaft selbst zu tun. So datiert Wilhelm Bleek (2001, 32–51) deren Ursprünge zwar bis in die Anfänge der Politiklehre an den mittelalterlichen Universitäten zwischen dem 13. und 15. Jahrhundert zurück. Faktisch ist die deutsche Politikwissenschaft aber „ein Kind des Wiederauflebens der deutschen Demokratie nach 1945“ (Hartmann 2003, 134). Nicht nur, dass ihre Gründungsväter damit aus heutiger Sicht eindeutig fachfremd gewesen sind – sie kamen u.a. aus der Philosophie, der Geschichtswissenschaft, der Geografie, der Soziologie oder den Wirtschaftswissenschaften (Mickel 1999, 566) –, was die neue Disziplin bereits von vornherein als eine

„Integrations-" (Ernst Fraenkel) bzw. „synoptische Wissenschaft" (Arnold Bergstraesser) markiert. Zudem trat diese neue Disziplin mit Blick auf die Suche nach Antworten auf die Fragen nach dem Scheitern der Weimarer Republik und der Machtergreifung der Nationalsozialisten mit dem nicht gerade bescheidenen Anspruch auf, die oben genannten einzelfachlichen (und offenbar unzureichenden) Perspektiven „zu bündeln und damit in dialektischer Weise auf eine höhere Ebene zu heben" (Bleek 2001, 302). Multiperspektivität, Inter- und Transdisziplinarität sind der deutschen Politikwissenschaft insofern also schon von Anbeginn tief eingeschrieben – deutlich tiefer jedenfalls als jenen Disziplinen, die ihren Gründungssockel bildeten.

Nun ist aber freilich auch die Politikwissenschaft alles andere als eine alles erklärende ‚Megawissenschaft' und Differenzierung, Spezialisierung und Professionalisierung haben auch hier zu immer feineren Verästelungen von Forschungs- und Arbeitsfeldern geführt, sodass ihre Leistung als eine Integrationswissenschaft realistischerweise inzwischen als deutlich geringer eingeschätzt werden muss als noch zu ihren Anfängen. Insofern verwundert es auch nicht, dass die Liste der weiteren Bezugsdisziplinen der Politikdidaktik ausgesprochen lang ist (Abb. 2). Zu nennen sind neben der Politikwissenschaft (Münkler 1999) u.a. die Pädagogik (Stein 1999), die Soziologie (Schäfers 1999), die Geschichtswissenschaft (Bergmann 1999), die Ökonomie (Andersen 1999), die Geografie (Sperling 1999), die Rechtswissenschaft (Perschel 1999), die Technik/Arbeitslehre (Jung 1999), die Theologie (Besier 1999) sowie die Ethik (Henkenborg 1999).

Abb. 2: Bezugsdisziplinen der Politikdidaktik

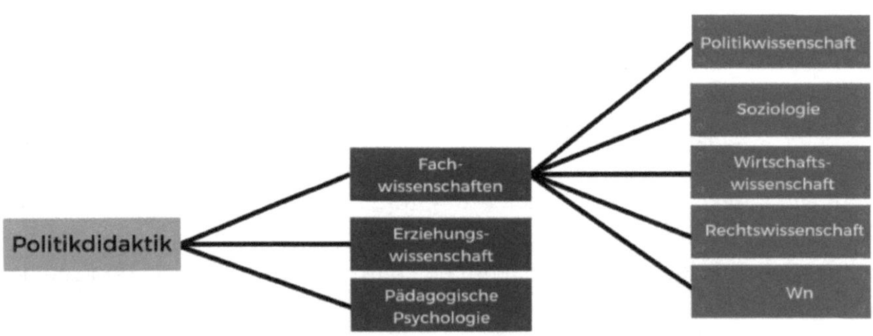

Quelle: Eigene Darstellung in Anlehnung an Oberle (2017, 22).

Vor diesem Hintergrund nimmt es denn auch nur wenig wunder, dass Überlegungen zum fächerübergreifenden Unterricht in der politischen Bildung inzwischen ganze Handbücher füllen (so etwa bei Deichmann/Tischner 2014).

2.4 Politische Bildung in der Schule

Einen knappen Überblick über die politische Bildung in der Schule zu geben, ist alles andere als ein leichtes Unterfangen, hat man es doch mit einem ziemlichen Wildwuchs zu tun. Die nachfolgenden Ausführungen verstehen sich daher als ein Versuch, einen möglichst systematischen Einblick in dieses Dickicht zu geben.

Dafür erscheint es uns zunächst sinnvoll, auf die drei ‚Spielarten' politischer Bildung an Schulen einzugehen, die – so viel sei schon jetzt gesagt – recht eigentlich als sich einander ergänzend verstanden werden sollten, realiter aber häufig (zumindest vonseiten der Bildungspolitik) wechselseitig zueinander in Stellung gebracht und gegeneinander ausgespielt werden.

2.4.1 Politische Bildung als Schulprinzip

Bekanntlich existiert in der Bundesrepublik Deutschland die allgemeine Schulpflicht. Allgemeinbildende Schulen erfassen somit nahezu alle Kinder und Jugendlichen, man könnte auch sagen: erreichen sie. Da Bildung v.a. Sache der Bundesländer ist und die meisten Landesverfassungen explizit Aussagen zu (politischer) Bildung und Erziehung treffen (genauer dazu Kenner 2020), entgeht potenziell „niemand, der in Deutschland die Schule besucht, der politischen Bildung" (Detjen 2015, o. S.). Dabei ist politische Bildung als *Schulprinzip* nicht an ein oder mehrere Unterrichtsfächer gebunden, sondern bewegt sich vielmehr auf der Ebene der Schulkultur. Der wohl prominenteste Pate dieses Prinzips ist der amerikanische Philosoph und Pädagoge John Dewey (1859–1952), der Demokratie als eine spezifische Form des menschlichen Zusammenlebens und als eine soziale Idee verstanden hat (Dewey [1916] 2011). Daher sei, so Dewey, die Demokratie letztlich nur durch konkrete Handlungen erfahr- und lernbar. Schule müsse politische Bildung im Sinne eines Demokratielernens daher

> „durch bildende Erfahrungen ermöglichen, indem Schüler und Schülerinnen durch eigenes Handeln sowie durch die Wahrnehmung von modellhaften Personen, Beziehungen und Sachverhalten den Sinn von Politik und Demokratie in der Schule praktizieren, erleben und verstehen, um durch solche Demokratieerfahrungen politische Mündigkeit und Demokratiekompetenzen entwickeln zu können" (Henkenborg 2014, 212 f.).

Konkret realisiert werden kann ein solch praktisches Demokratielernen (konkreter dazu ebd.) u.a. durch

a. vielfältige Partizipationsanlässe und -möglichkeiten im Schulalltag (z.B. Öffnung der Schule nach außen; Stichwort *Service Learning*), Beteiligung der Schüler*innen an der Gestaltung des Schulalltags im weitesten Sinne (Sportfeste, Flohmärkte, Ausflüge usw.), formalisierte und informelle Formen der Schüler*innenvertretung (Klassen- und Schüler*innensprecher*innen, Schulplenum, Streitschlichter*innen usw.),
b. die demokratische Interaktion und Kommunikation von und zwischen allen Angehörigen einer Schulgemeinschaft (gemeinsame Aushandlungsprozesse, Lehrer*innen als Moderator*innen und Lernbegleiter*innen, viel Raum für hohe Selbsttätigkeit der Schüler*innen usw.),
c. ein schüler*innenorientiertes Lernklima (Lehrer*innen als Bezugspersonen und Ansprechpartner*innen, vertrauensvolle Lehrer*innen-Schüler*innen-Beziehungen, ausgeprägte diagnostische Kompetenzen des Lehrpersonals usw.).

Den Widerspruch zwischen demokratisch-politischer Bildung auf der einen und der Struktur und Organisation der Bildungsinstitution Schule auf der anderen Seite drückt Peter Heintel (1940–2018) sicherlich am drastischsten aus:

> „Es muß ein schwieriges Unterfangen bleiben, praktisch-politisch zu bilden, womöglich nach Gesichtspunkten demokratischer Relevanz, wenn die Institutionen, in denen gebildet wird, nach ‚feudalistischen', weitgehend undemokratisch-hierarchischen Prinzipien aufgebaut sind" (1977, 54, vgl. zu diesem Widerspruch auch die Untersuchung von Leser 2011 und zum Demokratielernen insgesamt Breit/Schiele 2002).

2.4.2 Politische Bildung als Unterrichtsprinzip

Schon ein flüchtiger Blick in das weiter oben genannte Handbuch von Carl Deichmann und Christian K. Tischner (2014) zeigt, dass Inhalte und Themen des Politikunterrichts vielfältige Anschlussstellen und Überschneidungen mit den Inhalten und Themen aller anderen Schulfächer aufweisen. Das ist nicht *überraschend*, lässt sich doch ohne große Mühe die politische Dimension eines jeden Inhalts bzw. Themas ohne Weiteres ausmachen. In Anlehnung an Kurt Gerhard Fischer (1928–2001), einem weiteren Nestor unserer Disziplin, lässt sich festhalten: Das Politische ist ein „Definitionsmoment" aller Sachen und damit auch „*aller* Bildungsinhalte in *allen* Fächern" (Fischer 1970, 115). So sind die Themen „Kernspaltung" im Physikunterricht oder „Biodiversität" im Biologieunterricht nicht unpolitisch, weil sie unser Überleben und Zusammenleben betreffen. Die Diskussion um gendergerechte Sprache offenbart, dass Sprache eine hochpolitische Angelegenheit ist. All dies sind wesentliche Hintergründe dafür, politische Bildung als *Unterrichtsprinzip* zu begreifen (dazu auch Sander 1999; Lechner-Amante 2014), woran es zunächst einmal nichts auszusetzen gibt. Problematisch aber wird es immer dann, wenn Unterrichtsprinzip und ein eigenes, spezialisiertes Unterrichtsfach als Alternativen gedacht und die Stunden des Unterrichtsfaches mit dem (Schein-)Argument reduziert werden, dass Schul- und Unterrichtsprinzip zusammengenommen bereits garantieren würden, dass politische Bildung an Schulen nicht zu kurz kommt. Denn erstens können Lehrer*innen (anderer Fächer) nicht alles Mögliche quasi nebenbei erledigen, zweitens macht uns die Tatsache, dass wir alle in einer Demokratie leben, noch lange nicht zu Expert*innen für deren Vermittlung an Kinder und Jugendliche. Und drittens sind – nicht nur in historischer Perspektive (Stichwort *Weimarer Republik*), sondern auch angesichts zahlreicher aktueller Krisendiskurse[5] – sowohl die Demokratie als auch die politische Bildung doch ganz offenkundig auf einen genuinen Ort angewiesen, an dem politische (Grund-)Fragen, Themen und Inhalte systematisch und in der Verantwortung dafür hoch qualifizierten Lehrpersonals behandelt werden (können). Vergegenwärtigt man sich die Vielzahl schulischer Querschnittsaufgaben – die KMK (o.J.) spricht lapidar von sogenannten „weiteren Unterrichtsinhalten"[6] – und stellt man, wie bereits erwähnt, in Rechnung, dass das Politische „ein Konstituens, [...] ein Definitionsmoment" aller Sachen ist (Fischer 1970, 119), dann mag es vielleicht angehen, dass sich nicht ein Unterrichtsfach allein all dieser Aufgaben (dazu Bieber 2016) annimmt und überhaupt nur annehmen kann. Nur: Politische Bildung als Schul- und Unterrichtsprinzip kann ein eigenständiges Unterrichtsfach *Politische Bildung* schon

---

5 U.a. Legitimationskrise (Brunkhorst 2012), Repräsentationskrise (Decker 2016), Souveränitätskrise (Politikum 2020), aber auch ganz grundsätzlich Demokratiekrise (Fraser 2019), wobei es u. U. ein Wesensmerkmal der Demokratie ist, dass sie sich im Grunde permanent in einer Krise befindet (Hentges 2020).

6 Das sind: 1. Berufliche Orientierung, 2. Bildung für nachhaltige Entwicklung, 3. Demokratiebildung, 4. Europabildung, 5. Gesundheitserziehung, 6. Holocaust und Nationalsozialismus, 7. Interkulturelle Bildung, 8. Jüdische Geschichte, Religion und Kultur, 9. Kulturelle Bildung, 10. Medienbildung, 11. Menschenrechtsbildung, 12. Verkehrserziehung und 13. Wirtschaftliche Bildung und Verbraucherbildung.

allein deshalb nicht ersetzen, weil den oben genannten Konstituenten zum einen zwingend systematisch nachgegangen werden muss und dies zum anderen nur auf der Folie einer hohen fachlichen, pädagogischen und eben fachdidaktischen Professionalität dafür explizit ausgebildeter Lehrkräfte wirklich gelingen kann. Fällt eine solchermaßen gerahmte Auseinandersetzung vollkommen weg oder wird sie auf ein (unzureichendes) Minimum zusammengedampft, dann ist schließlich die Gefahr groß, dass die politische Dimension eines – dann vielleicht (sic!) irgendwo – behandelten Phänomens damit nicht etwa

> „aufgehoben, sondern nur in Ruhe gelassen [wird]. Das heißt: Die politische Dimension wird nicht reflektiert, ihre Bedeutung für das Denken der Sachen wird hingenommen, wie es vorgefunden wird, sie erscheint als selbstverständlich, womöglich als überzeitlich, als prinzipiell, als kategorial, und es bleibt verborgen, was umständegebunden ist“ (Fischer 1970, 121).

Das aber wäre dann schlicht affirmativ, weil nicht kontrovers, und deshalb indoktrinierend und insofern gänzlich unvereinbar mit dem Selbstverständnis aller politischen Bildner*innen, die diese Bezeichnung – zumindest qua Ausbildung – tatsächlich verdienen (siehe dazu Kap. 4).[7]

Diese skeptischen Einschätzungen zur politischen Bildung als Schul- und Unterrichtsprinzip werden durch empirische Studien durchaus gestützt. So konnten zuletzt etwa Schneider/Gerold (2018) zeigen, dass die Umsetzung und das Ausmaß politischer Bildung als Schul- und Unterrichtsprinzip allenfalls mäßig sind. So bieten nicht einmal 5 % der befragten Lehrkräfte ihren Schüler*innen eine Demokratiebildung „mit hoher Intensität in Bezug auf mögliche Elemente und Themen, Schul- und Unterrichtskultur an“ (Achour/Wagner 2019, 21). Hochinteressant sind die Antworten der Befragten übrigens auch mit Blick auf deren Alter. So nehmen sich ältere Kolleg*innen (40+) deutlich intensiver als jüngere der politischen bzw. der Demokratiebildung an, was offenbar damit zu tun hat, dass politische Bildung im Bereich der dritten Phase der Lehrer*innenbildung noch vor einigen Jahr(zehnt)en einen höheren Stellenwert innehatte, als dies heutzutage der Fall ist (ebd.). Vor diesem Hintergrund dürfte es sich bei dem oben genannten Beschluss der KMK zwar um wortgewaltige bildungspolitische Wunschprosa handeln. Da aber – man möchte sagen: mal wieder – diejenigen demokratisch-politisch bilden sollen, die dafür größtenteils über-

---

7 Für die gleichwohl durchaus spannende Frage Was politische Bildung alles sein kann, siehe Achour/Gill (2017).

haupt nicht ausgebildet sind und die darin zu allem Überfluss nur wenig fort- und weitergebildet werden, werden viele der in dem Beschluss gelisteten bildungspolitischen und Verwaltungsmaßnahmen mit überaus hoher Wahrscheinlichkeit ins Leere laufen.

2.4.3 Politische Bildung als Unterrichtsfach

Möglicherweise sind Sie durch Gespräche mit Ihren Kommiliton*innen oder aber anderweitig bereits darauf aufmerksam geworden, dass keine einheitliche Bezeichnung des *Unterrichtsfaches* Politische Bildung existiert (vgl. eine relativ aktuelle Übersicht der Fachbezeichnungen in den Bundesländern bei Knothe/May 2020; zu den historischen Hintergründen siehe Kap. 3). Dabei existieren die Unterschiede nicht nur zwischen den Bundesländern. Mitunter tragen sogar die einschlägigen Fächer der politischen Bildung innerhalb eines Bundeslandes zwischen den Schulformen verschiedene Bezeichnungen. Vertreten sind Bezeichnungen wie *Sozialkunde*, *Gemeinschaftskunde* oder *Politische Bildung*. Dass das Fach selten einfach *Politik* heißt, liegt daran, dass es sich um ein Integrationsfach mit einer Reihe von Bezugswissenschaften handelt (siehe Kap. 2.3). In den meisten Fächern spielen wirtschaftliche, rechtliche, soziologische, historische und ethische Aspekte eine Rolle und es stehen Themen wie *Jugendliche und ihre Gruppe* neben Lernbereichen wie *Das politische System der Bundesrepublik* im Mittelpunkt. Deshalb finden sich mitunter auch Fachbezeichnungen, die – um eine entsprechende Schwerpunktsetzung zu verdeutlichen – Bezeichnungen wie *Politik-Wirtschaft* oder sogar *Politik-Gesellschaft-Wirtschaft* tragen. Darüber hinaus existieren in einigen Bundesländern Fächer, die die klassischen Fächer des gesellschaftswissenschaftlichen Aufgabenfeldes der Schule – wie Geschichte, Geografie, Sozialkunde – in einem Kombinationsfach zusammenfassen (Fach *Gesellschaftslehre* oder das Lernfeld *Gesellschaft und Politik* im Land Bremen) (Pohl 2022, 144 f.).

Die Frage nach der Fachbezeichnung klärt natürlich noch nicht, was eigentlich der fachliche Kern der politischen Bildung ist. Hier sind zunächst zwei Begriffe für den Fachunterricht zentral: *Politik* und *Demokratie* (Massing 2021, 31-69). Während es in der Politik um Regelsetzungen für das gemeinsame Zusammenleben geht, bezeichnet Demokratie die Art und Weise, wie diese Regelsetzungen zustande kommen. Eine demokratische Regelsetzung ist dann gegeben, wenn bestimmte Prozessmerkmale erfüllt sind, etwa die Souveränität der politischen Vereinigung, die sich Regeln gibt, die Beteiligung der von einer Regelung Betroffenen oder die Berücksichtigung zentraler Grundrechte bei der Regelsetzung. Demokratie ist somit ein Modus von Politik; diese kann, aber sie muss nicht demokratisch sein. Für das Fachverständnis der politischen Bildung, das wir hier vertreten, geht es ausdrücklich um demokratische Politik und eine politische Bildung für die Demokratie.

Diese sehr allgemeine Begriffsdifferenzierung klärt indes noch keineswegs, was Politik und Demokratie genau kennzeichnet. Hierzu gibt es in der Politikwissenschaft zahlreiche Kontroversen und unterschiedlichste Begriffsbestimmungen, sodass Peter Massing (2021, 32) zu dem Fazit kommt, dass „die Politikwissenschaft die Suche nach einem verbindlichen Wesensbegriff von Politik [und Demokratie, d. Verf.] weitgehend aufgegeben“ hat. Vorgeschlagen werden deshalb lediglich Arbeitsbegriffe, die sich in der didaktischen Theorie und der bildnerischen Praxis für die Gestaltung und Reflexion von Politikunterricht bewährt haben. Einige dieser Arbeitsbegriffe sind der *Politikzyklus*, die *Dimensionen des Politischen*, die *Zonen des Politischen* sowie die *Ebenen des Politischen*. Solcherlei Arbeitsbegriffe dienen v.a. dazu, Politik überhaupt als solche zu identifizieren und (für den Unterricht) zu analysieren (ebd., 33). Wir gehen deshalb im Kapitel zu den Unterrichtsinhalten etwas konkreter darauf ein (siehe Kap. 4.4.1). Ein weiteres identitätsstiftendes Element des Fachunterrichts in politischer Bildung liegt in zentralen Bildungszielen dieses Faches: der politischen Urteilskompetenz und der politischen Handlungskompetenz. Zwar spielen auch noch weitere Ziele eine Rolle (siehe Kap. 4.1.4), aber der Fachunterricht in politischer Bildung sieht sich für diese Ziele nicht nur in der Verantwortung, sondern auch – im Gegensatz zu allen anderen Fächern – darauf spezialisiert (Massing 2021, 44; Pohl 2022, 147 f.). Während politische Urteilskompetenz sowohl durch den Urteilsgegenstand als auch die Urteilskriterien spezifisch gekennzeichnet ist und sich bspw. von rein moralischer oder historischer Urteilskompetenz abgrenzt, richtet sich politische Handlungskompetenz letztlich auf die Beeinflussung politischer Regelsetzungen. Auch hierzu führen wir Näheres an anderer Stelle dieses Buches (siehe Kap. 4.1.4) aus.

3 Historische Entwicklungslinien politischer Bildung nach 1945

3.1 Lernen aus der Geschichte

Warum sollte man sich als (angehende) Lehrkraft überhaupt mit der Geschichte des eigenen Faches auseinandersetzen? Reicht es nicht aus, den jeweils aktuellen Diskussionsstand der politischen Bildung zu studieren? Eine solche geschichtsvergessene Beschränkung des Studiums der politischen Bildung – so unsere These – würde wichtige Professionalisierungschancen vergeben. Zwar lernt man aus der Fachgeschichte kein unmittelbar anwendbares Praxiswissen, man kann aber die eigene professionelle Haltung zum Stellenwert und den Besonderheiten der politischen Bildung sowie zur eigenen Tätigkeit als Fachlehrer*in entwickeln. Das Studium der Geschichte politischer Bildung ermöglicht es, die eigenen professionellen Vorstellungen und Wissensbestände in ein Verhältnis zu den historischen Formen zu setzen und sich damit über den eigenen Standpunkt bewusst zu werden. Gagel (2005, 18) bezeichnet dies als die „Aufklärungsfunktion" der geschichtlichen Betrachtung.

Die öffentliche, institutionalisierte politische Bildung im deutschen Sprachraum hat eine lange Tradition (Detjen 2013a, 16-86). Allerdings beginnt deutschlandweit erst im Kaiserreich eine systematische und nachhaltige Anreicherung einiger Fächer (Geschichte und Religion) um politische Inhalte und – zunächst selten – auch die Einführung eines eigenständigen Unterrichtsfaches (Kuhn/Massing/Skuhr 1993, 17-34, 53-60). Wenngleich es also durchaus lohnend ist, die historische Betrachtung über größere Zeiträume auszuweiten, soll der Fokus in dieser Einführung v.a. auf der Zeit nach 1945 liegen. Uns geht es weniger um Vollständigkeit als vielmehr um die exemplarische Vorstellung sowohl der bundesrepublikanischen politischen Bildung als auch der DDR-Staatsbürgerkunde. Der Schwerpunkt liegt hierbei auf der schulischen politischen Bildung. Dabei folgen wir zunächst populären Gesamtdarstellungen (Detjen 2013a; Gagel 2005; Mambour 2007; Sander 2003), wollen am Ende aber auch einen kritischen Blick auf die vorgestellten Geschichtserzählungen werfen und damit auch zu einer eigenständigen Auseinandersetzung mit Geschichtsdarstellungen zur politischen Bildung einladen.

3.2 Schulische politische Bildung in der Bonner Republik

3.2.1 Politische Rahmung und Entwicklung des Faches

Die junge Bundesrepublik brauchte eine gewisse Zeit, um an den in der Weimarer Republik erreichten Stand anzuknüpfen – sowohl was die Institutionalisierung als Fach als auch die theoretische Diskussion um politische Bildung betraf. Entscheidend für die Entwicklung war zunächst der politische Rahmen – eine Welt, die vom nationalsozialistischen Zivilisationsbruch und dem von Deutschland verursachten Zweiten Weltkrieg tief traumatisiert war und gleichzeitig von der sich entwickelnden Konfrontation der Supermächte USA und Sowjetunion erfasst wurde. Die Aufteilung Deutschlands in Besatzungszonen, die von den alliierten Siegermächten kontrolliert wurden, sowie die Gründung der beiden deutschen Staaten 1949 beeinflusste auch die bildungspolitischen Rahmungen. Alle Besatzungsmächte wiesen der politischen Bildung eine wichtige Rolle zu, weil sie davon ausgingen, dass die nationalsozialistische Ideologie tief bei vielen Deutschen verankert war (Gagel 2005, 29). Hierbei orientierten sich die westlichen, von Frankreich, Großbritannien und den USA kontrollierten Besatzungszonen an den Prinzipien westlicher Demokratien. Im Einzelnen gingen sie dabei durchaus unterschiedliche Wege. Während Großbritannien auf allzu dirigistische Einflussnahmen verzichtete, weil Demokratie und Mündigkeit letztlich nur aus einem eigenen Entschluss der Deutschen heraus verankert werden könnten, versuchte Frankreich, ein nach seinem Vorbild zwar demokratischen Werten verpflichtetes, aber ansonsten weltanschaulich und religiös neutrales (= laizistisches) Schulsystem einzuführen. Auch das gegliederte Schulsystem (nach vier Jahren Primarstufe Aufteilung für die Volksschule oder das Gymnasium) geriet in die Kritik und sollte zugunsten längeren gemeinsamen Lernens reformiert werden. In diesem Punkt gibt es eine Parallele zur amerikanischen Schulpolitik, die als umfassendes Umerziehungsprogramm der Deutschen (Re-Education) konzipiert wurde. Auch den Amerikanern war das gegliederte Schulsystem ein Dorn im Auge, weil es gesellschaftliche Hierarchien aufbaue, stabilisiere sowie autoritäres Denken und Untertanengeist fördere. Demgegenüber sollten den Deutschen die Prinzipien der bürgerlichen Freiheit und Gleichheit über Standes- und ‚Rassengrenzen' hinweg eingeprägt werden. Neben einer Veränderung des Schulsystems wurden hierzu auch eine demokratische Öffnung von Schule (Eltern- und Schüler*innenmitbestimmung) und ein eigenes Unterrichtsfach geplant, das sich an den *social studies* der USA orientierte. Demokratie sollte auf diese Weise als ein soziales Miteinander, in dem aufkommende Konflikte durch Kooperation und Kompromiss geregelt werden, erfahren *und* als repräsentatives

Institutionengefüge fachlich gelernt werden. Demokratie wurde nicht nur als Lebensform, sondern auch als Staatsform verstanden ebd., 30–35).

Vor allem die Bildungspolitik der französischen und der US-amerikanischen Besatzungszone konnte mit ihren recht weitreichenden Reformambitionen, insbesondere die Schulstruktur betreffend, nicht oder nur in Ansätzen realisiert werden. Dies lag zum einen an den Widerständen der Deutschen, zum anderen am aufkommenden Kalten Krieg. In dieser Situation verschob sich der Fokus der westlichen Alliierten von der innenpolitischen Reform hin zur außenpolitischen Abgrenzung gegenüber der Sowjetunion, bei der der entstehende westdeutsche Staat als Verbündeter eine bedeutende Rolle einnehmen sollte (ebd., 42 f.). Während das gegliederte Schulsystem unangetastet blieb, gab es Ansätze zur Eltern- und Schüler*innenmitbestimmung (ebd., 43). Ein eigenes Fach wurde zunächst im US-amerikanischen Einflussbereich, in Hessen, Schleswig-Holstein und Berlin (1946) eingeführt (Detjen 2013a, 113).

Für die Bildungspolitik der jungen Bundesrepublik waren zwei weitere Rahmenbedingungen von besonderer Bedeutung. Einerseits erhielt die Bundesrepublik erst 1955 volle staatliche Souveränität. Bis dahin wurden politische Entscheidungen mit der Alliierten Hohen Kommission abgestimmt, die immer wieder versuchte, auch Einfluss auf die Bildungspolitik und die politische Bildung zu nehmen (Mambour 2007, 29 f.). Andererseits ging die Kultushoheit und damit die Zuständigkeit für die Bildungspolitik auf die neu gegründeten Bundesländer über. Die Ständige Konferenz der Kultusminister der Länder in der Bundesrepublik Deutschland (KMK) sollte die bildungspolitische Vielfalt koordinieren – ein Strukturmerkmal, das die Bildungspolitik und die politische Bildung bis heute prägt und beeinträchtigt. Souveränitatseinschränkungen und bildungspolitische Heterogenität kennzeichneten die Lage.

In dieser Gemengelage konnte sich die politische Bildung in den öffentlichen Schulen nur langsam entwickeln. Uneins waren sich die Länder darüber, ob es ein eigenständiges Fach zur politischen Bildung geben sollte. Ausdruck dieser Uneinigkeit sind die 1950 von der KMK verabschiedeten „Grundsätze zur politischen Bildung“, in denen politische Bildung, wie weiter oben bereits erwähnt, einerseits als übergreifendes Unterrichtsprinzip erklärt und v.a. dem Geschichtsunterricht überantwortet, andererseits aber die Einführung eines eigenständigen Faches empfohlen wurde (ebd., 29). Unter diesen Umständen kam die Institutionalisierung der schulischen politischen Bildung in den 50er Jahren nur langsam voran. Dass überdies die Fachbezeichnung offengelassen wurde, erklärt die bis heute herrschenden Unterschiede zwischen den Bundesländern. Nach Gründung der Bundesrepublik entstanden in Bremen (1949) und Bayern (1951) und bis 1961 in allen weiteren Bundesländern entsprechende Fächer der politischen Bildung (Detjen 2013a, 113; Mambour 2007, 25). Dass entgegen aller Widrigkeiten die Etablierung der politischen Bildung in der Bundesrepublik Fortschritte machte, belegt auch die Gründung der Fachgesellschaft der Politiklehrer*innen, der *Deutschen Vereinigung für Politische Bildung* (DVPB) im Jahre 1965. Hieran zeigt sich, dass sich eine professionelle Gruppe von schulischen politischen Bildner*innen herausbildete, die sich als solche wahrnahm und in der DVPB Fragen der Profession diskutierte sowie professionspolitische Themen nach außen vertrat.

Trotz der Uneinigkeiten und unterschiedlichen Ausgestaltung des Faches in den Ländern war der politische und öffentliche Anspruch an die politische Bildung klar: Sie sollte ganz im Sinne der Re-Education-Politik die geistigen und moralischen Grundlagen schaffen, die der neue Staat für seine Legitimation brauchte. Die immer noch in den Köpfen verankerte nationalsozialistische Ideologie wie auch die Systemalternative in der DDR – beides wurde im Totalitarismuskonzept zusammengefasst – waren die Herausforderungen, auf die die politische Bildung reagieren sollte (Mambour 2007, 33). Dies kommt bspw. in den Bemühungen um eine Bundeszentrale für Heimatdienst (gegründet 1952, ab 1963 Bundeszentrale für politische Bildung) als auch in der Arbeit des mit Expert*innen und Personen der Öffentlichkeit zusammengesetzten „Deutschen Ausschuss für das Erziehungs- und Bildungswesen" (1953–1965) zum Ausdruck. Uneinigkeit herrschte lediglich darüber, inwiefern – nach den Erfahrungen mit der Massenbeeinflussung im Nationalsozialismus – Methoden einer ‚Propaganda für die Demokratie', also einer aktiven Beeinflussung der Bevölkerung und Werbung für die Demokratie, als ein legitimes Mittel angesehen werden durften.

Die Befürchtungen, dass die junge Bundesrepublik sowohl durch innere als auch durch äußere Gefährdungen bedroht sei, bestätigte sich in den Augen vieler Bildungspolitiker*innen. So kam es im *Inneren* der Bundesrepublik zu einer Welle antisemitischer Vorfälle, die 1959/60 ihren Höhepunkt erreichte. Hundertfach wurden jüdische Friedhöfe geschändet und antisemitische Parolen im öffentlichen Raum platziert. In der zweiten Hälfte der 60er Jahre durchlief die Bundesrepublik das erste Mal seit dem Wirtschaftswunder eine Rezession, die politische Radikalisierungstendenzen von rechts weiter beflügelte. Die rechtsextremistische Partei NPD (Nationaldemokratische Partei Deutschlands) zog zwischen 1966 und 1968 in sieben Landesparlamente ein. Gleichzeitig entwickelte sich eine v.a. aus dem studentischen und universitären Milieu gespeiste Oppositionsbewegung von links, die Gesellschaft und Politik in der Bundesrepublik als undemokratisch brandmarkte, sich kritisch mit der NS-Vergangenheit der Elterngeneration auseinandersetzte und sich gegen den Vietnamkrieg wandte. Die Demokratisierung aller Gesellschaftsbereiche (inklusive der Wirtschaft), die NS-Aufarbeitung und ein Ende des Vietnamkrieges waren zentrale Forderungen. Im *Äußeren* stellte die Konsolidierung der Systemalternative in der DDR und deren feste Einbindung in den kommunistischen Block eine bedeutende Herausforderung dar. Der Bau der Berliner Mauer (1961) zementierte damit vorläufig nicht nur die deutsche Teilung, sondern auch ein staatssozialistisches System auf deutschem Boden (ebd., 47–86).

Dieses historische Umfeld verursachte und beeinflusste bildungspolitische Debatten und Aktivitäten in der Bundesrepublik auf allen politischen Ebenen. Dies betraf die Bundesländer, die auf Beschluss der KMK ab 1960 die Lehrer*innenbildung mit der Einführung fachdidaktischer Professuren förderten und sukzessive stärkten. Es beeinflusste aber auch die bundespolitische Ebene, auf der sich Bundestag und Bundesregierung ausführlich mit Fragen der politischen Bildung beschäftigten. So fand 1968 die erste Grundsatzdebatte zur politischen Bildung im Bundestag statt, in der es insbesondere um die Rolle der Bundeszentrale für politische Bildung ging. Der politischen Bildung wurde in diesen Debatten kein gutes Zeugnis ausgestellt und ihr wurde eine Mitschuld an den Herausforderungen von rechts und links gegeben. Die ihr von der Bildungspolitik nun verstärkt angetragene Rolle blieb jedoch gleich: Sie sollte – zwar unter Anerkennung der Eigenständigkeit der Lernenden – positiven Verfassungsschutz betreiben und die geistigen Grundlagen der Demokratie sichern. Politische Bildung erschien in diesen Diskussionen nicht selten als Krisenverursacher und ‚Feuerwehr' zugleich. Inhaltlich geriet die Gleichsetzung von Links- und Rechtsextremismus im Totalitarismuskonzept jedoch in die Kritik, und mit der – zwar zögerlichen – weiteren Stärkung der Schüler*innenmitbestimmung durch einen Beschluss der KMK 1968 wurden durchaus Forderungen der Studentenbewegung aufgegriffen.

Die Aufgabenzuweisung der Politik an die politische Bildung war also in den ersten ca. 20 Jahren der Bundesrepublik durchaus von einem gewissen Konsens geprägt (positiver Verfassungsschutz). Als sich mit dem Ende der großen Koalition zwischen SPD und CDU (1966–1969) die politischen Machtverhältnisse veränderten, zerbrach dieser Konsens jedoch. Zwar standen sich SPD und Studentenbewegung zunächst skeptisch und teils ablehnend gegenüber, aber mit der Zeit fand eine Annäherung statt und der Weg der Studentenbewegung durch die legitimen Institutionen der Bonner Republik erfolgte auch über die SPD (Seiffert 2009). Entsprechend entwickelten sich auch die bildungspolitischen Forderungen der SPD in die Richtung einer „Demokratisierung aller gesellschaftlichen Bereiche“ (Mambour 2007, 96), was von der CDU entschieden bekämpft und zu einem zentralen Wahlkampfthema auf Landesebene aufgebaut wurde. Dabei waren insbesondere zwei staatliche Steuerungsinstrumente des Bildungssystems umstritten: Rahmenrichtlinien und Politiklehrbücher. Vor allem die Leitideen wie *Emanzipation* oder *Selbst- und Mitbestimmung* sowie auf Konflikt und eigener Urteilsbildung basierende Gestaltungsmerkmale wurden von der CDU scharf kritisiert und mit Schlagworten wie *Systemverachtung*, *Marxismus* und *Revolution* in Verbindung gebracht. Demgegenüber betonten Vertreter*innen der CDU, dass es auf parteipolitische Neutralität, die Vermittlung demokratischer Prinzipien und Institutionen sowie eine rationale politische Urteilsbildung ankomme (siehe für Hessen die Fallstudie von Mambour 2007, 97–154).

In den 80er Jahren machte sich in der Folge der heftigen Kontroversen des vorangegangenen Jahrzehnts eine gewisse bildungspolitische Erschöpfung breit. Von der politischen Bildung wurde wenig erwartet, die Finanzierung war rückläufig und man stritt auch weniger über sie (Mambour 2007, 161 f.). Gleichzeitig spitzten sich gesellschaftliche Entwicklungen wie die Umweltkrise, Risikotechnologien (Nuklearkatastrophe von Tschernobyl 1985), Wertewandel, Individualisierung und Pluralisierung der Gesellschaft, Migration, europäische Integration, Mikroelektronik und Digitalisierung, Gentechnologie oder Massenarbeitslosigkeit weiter zu – bei einer wachsenden Distanz der Bevölkerung zur etablierten Politik. In der Bildungspolitik waren es nun nicht mehr innere (Links- und Rechtsextremismus) und äußere (Kommunismus und Systemalternative auf deutschem Boden) Bedrohungen, sondern Transformationen der postindustriellen Gesellschaft selbst, die Debatten hervorriefen, in denen auch die alten Konfliktlinien der 70er Jahre wieder deutlich wurden. So sahen in der zweiten Grundsatzdebatte zur politischen Bildung im Bundestag, die sich von 1987/88 bis 1991/92 erstreckte, v.a. die GRÜNEN und die SPD in den erwähnten Entwicklungen eine Aufgabe der politischen Bildung. Während die CDU den technologisch-gesellschaftlichen Umbruch kaum reflektierte und abermals eine politische Bildung hin zu den Grundsätzen und Institutionen der freiheitlich-demokratischen Grundordnung forderte, die gerade durch den 1990 erfolgten Beitritt der DDR zum Bundesgebiet sowie rechtsextremistische Tendenzen im Osten der Republik notwendig geworden sei, sahen v.a. die GRÜNEN in der Stärkung von Beteiligung und Mündigkeit ein Mittel gegen eine Abwendung der Bevölkerung von der Politik. Begriffe wie *Emanzipation*, *Mündigkeit* sowie *Selbst- und Mitbestimmung* konnten nun mit etwas größerer Selbstverständlichkeit als noch in den 70er Jahren ausgesprochen werden (ebd., 172–187).

Trotz eines zögerlichen Starts nach dem Zweiten Weltkrieg und der teils heftigen bildungspolitischen Konflikte wurde politische Bildung an den Schulen Ende der 80er Jahre auf die eine oder andere Weise unterrichtet und war damit in gewisser Weise etabliert. Dies soll jedoch nicht darüber hinwegtäuschen, dass sich politische Bildung in vielerlei Hinsicht über die ersten Jahrzehnte der Bundesrepublik in einer strukturell prekären Lage befand. Vier kontinuierliche Belastungen lassen sich für diese Zeit identifizieren: (1.) Das Fach sah sich trotz der unübersehbaren Expansion v.a. in den 70er und 80er Jahren (für NRW Reinhardt/Schörken 1986, 212 f.) mit einer *Bestandsverunsicherung* konfrontiert. Wie bereits erläutert, wurde im KMK-Beschluss zu den „Grundsätzen der politischen Bildung" von 1950 ein eigenständiges Fach nur empfohlen. Auch in den Folgebeschlüssen der KMK (teils für spezielle Schulformen) wurde hieran nichts geändert. Ob politische Bildung in einem exklusiven Fach unterrichtet wird, war und ist weiterhin dem politischen Willen der Länder anheimgestellt (Detjen 2013a, 174). (2.) Damit hängt eine *Identitätsverunsicherung* zusammen. Ebenfalls ausgehend von den 1950er „Grundsätzen der politischen Bildung" konnten Themen politischer Bildung grundsätzlich als ‚Anhängsel' anderer Fächer (v.a. Geschichte) oder im Rahmen von Kombinationsfächern, etwa mit Erdkunde und Geschichte, unterrichtet werden. Dies und die Offenhaltung der Fachbezeichnung erschwerte die Herausbildung eines „common core" (Weidinger 1996, 65), was Peter Massing und Georg Weißeno noch 1995 zum Buch „Politik als Kern der politischen Bildung" motivierte. (3.) Zudem hatte das Fach mit *Verunsicherungen bezüglich seines Umfangs* zu kämpfen. Trotz des vielerorts erfolgten Aufbaus blieb politische Bildung über die Jahre hinweg marginalisiert. Am Ende der 80er Jahre schwankten die über die Schullaufbahn vorgesehenen Stunden in der Sekundarstufe I unter den Bundesländern zwischen einer und neun Wochenstunden (Rothe 1989, 13). Zumeist wurde politische Bildung im Rahmen eines ‚kleinen Faches' unterrichtet. (4.) Eine letzte Belastung betrifft die *Professionalität des Unterrichts*. Ein wichtiges Steuerungsinstrument für die Professionalität besteht darin, dass der Unterricht von ausgebildeten Fachlehrer*innen erteilt wird. Waren zu Beginn der Facheinführung fachfremder Unterricht (insbesondere durch Klassen- und Geschichtslehrer*innen) und somit fachliche Wissensdefizite der Lehrkräfte noch an der Tagesordnung (Ellwein 1955; Hilligen 1955, 57 f.), gelang es, im Zuge der Bildungsexpansion, der Politiklehrer*innenbildung an den Universitäten (siehe Kap. 3.2.3) und eines sich entwickelten Überangebots von Lehramtsabsolvent*innen mehr Fachlehrkräfte in die Schulen zu bringen (für NRW Reinhardt/Schörken 1986, 213 f.). Dennoch blieb – vermutlich aufgrund der Lehrer*innenarbeitslosigkeit in den 80ern mit nur wenigen Einstellungen und geringer Fluktuation in den Lehrer*innenzimmern sowie einer immer wieder mangelhaften Bedarfssteuerung des Schulsystems – fachfremder Unterricht ein Problem. Vor allem Hauptschulen sowie Bundesländer mit relativ vielen Fachstunden waren davon betroffen (Rothe 1989, 14).

3.2.2 Entwicklung der Theorie und der Unterrichtspraxis

Die Aufgaben und Funktionen, die der politischen Bildung von der Bildungspolitik zugewiesen wurden, beeinflussten auch das theoretische Nachdenken über politische Bildung, ihre Ziele, Inhalte und Methoden. Ohnehin bestand insbesondere zwischen den 50er und den 70er Jahren – bspw. durch einschlägige Tagungen, aber auch eine intensive öffentliche Diskussion über politische Bildung – ein enger Diskussionszusammenhang zwischen Politik und Wissenschaft. Zwar ging es in dem erziehungswissenschaftlichen und politikwissenschaftlichen sowie dem sich entwickelnden politikdidaktischen Diskurs über politische Bildung keineswegs um die bloße wissenschaftliche Ausarbeitung politisch gesetzter Ziele. Dennoch war die *politische Rolle* der politischen Bildung in diesem Diskurs bedeutsam. Dies kann man bspw. an der ersten großen wissenschaftlichen Kontroverse über politische Bildung zwischen Theodor Wilhelm (1906–2005) und Theodor Litt (1880–1962) in den 50er Jahren beobachten. Die Autoren gingen dabei von verschiedenen Vorstellungen einer politisch und demokratisch verfassten Gesellschaft aus und konzipierten daran anschließend auch den Lernprozess auf unterschiedliche Weise. Theodor Wilhelm verstand Demokratie als eine auf Partnerschaft und Kooperation beruhende Lebensform und betonte die Notwendigkeit einer funktionierenden demokratischen Zivilgesellschaft. Regelachtung und Fairness sowie Ausgleich und Kompromissfindung waren Merkmale dieses Lebenszusammenhangs der Menschen. Entsprechend konnte Wilhelm die Rolle der Schule und die des Unterrichts als Erfahrungsraum in der Einübung entsprechender Fähigkeiten beschreiben – wozu ein eigenes Fach eigentlich nicht nötig war. Hierin war Wilhelm deutlich von der Philosophie und der Erziehungstheorie des amerikanischen Pragmatismus beeinflusst. Theodor Litt stand demgegenüber ganz in der Tradition staatsbürgerlicher Erziehung. Demokratische Politik wurde v.a. als ein staatlich-institutioneller Ordnungszusammenhang begriffen, der durch Konflikt und Machtstreben gekennzeichnet sei, die Machtkämpfe aber kanalisiere und dadurch erst eine friedliche, partnerschaftliche Zivilgesellschaft ermögliche. Ein Verständnis dieses institutionellen Ordnungszusammenhangs bei den Schüler*innen herzustellen, sei deshalb eine zentrale Aufgabe der politischen Bildung – wozu eher ein eigenes Fach hilfreich erscheint (Sander 2003, 119–125; siehe auch Kap. 4.2.2). Trotz dieser Unterschiede zeigt sich bei beiden Autoren aber – ganz im Sinne von Re-Education und Totalitarismusabwehr – deutlich die politische Aufgabe der politischen Bildung. Es geht um die *Erziehung zur (bundesrepublikanischen) Demokratie*, wobei Wilhelm eher auf die zivilgesellschaftliche Infrastruktur und Litt eher auf das Institutionengefüge blickt (Litt [1958] 1993; Wilhelm 1953, 17; Mambour 2007, 42-46).

Diese Orientierung des politikdidaktischen Denkens auf die neu entstandene Demokratie wurde brüchig, als auch in Politik und Öffentlichkeit zunehmend herrschafts- und gesellschaftskritische Positionen aufkamen. In diesem Zuge mündete auch die wissenschaftliche „Diskussion um die politische Bildung […] nach 1968 in die politische Polarisierung" (Sander 2003, 137). Die seit den 60er Jahren durch die Einführung politikdidaktischer Professuren beförderte Erarbeitung politikdidaktischer Konzeptionen wurde nun zunehmend durch linksliberal konnotierte Begriffe wie *Selbst- und Mitbestimmung* oder *Emanzipation* geprägt, die sowohl politische Kampfbegriffe als auch wissenschaftlich-analytische Begriffe waren. Einige Autoren, wie Kurt Gerhard Fischer, Hermann Giesecke (1932–2021) und Wolfgang Hilligen, bezogen diese Begriffe in die Weiterentwicklung ihrer Konzeptionen ein, andere Autoren, wie z.B. Rolf Schmiederer (1928–1979), griffen von Anfang an gesellschaftskritische Positionen der Frankfurter Schule auf. Grundtenor dieser durch Autoren wie Theodor W. Adorno, Max Horkheimer (1895–1973), Herbert Marcuse (1898–1979), Erich Fromm (1900–1980) oder Jürgen Habermas (*1929) geprägten Richtung war die Entschlüsselung und Kritik der subtilen Herrschaftsmechanismen der bürgerlich-kapitalistischen Gesellschaft. Einige daran anknüpfende Didaktiker gingen teilweise so weit, Schule und Unterricht eine aktive politische Rolle auf dem Weg zur Demokratisierung aller Lebensbereiche zuzuschreiben. So formuliert Schmiederer in einer frühen Schrift: „[P]olitische Bildung als ‚Erziehung zur Demokratie' bedeutet Teilnahme am Kampf um die Transformation der bestehenden Gesellschaftsordnung" (Schmiederer [1971] 1993, 279).

Gegenüber diesen Entwicklungen formierte sich aus liberal-konservativer Richtung eine an die staatsbürgerliche Erziehung anknüpfende Autorenschaft, zu der Dieter Grosser (1929–2021), Manfred Hättich (1925–2003), Heinrich Oberreuter (*1942) oder Bernhard Sutor (*1930) gehörten, die weiterhin an einer rationalen politischen Urteilsbildung und einer Orientierung auf Demokratie als staatlichem Ordnungsprinzip festhielten (Grosser u.a. 1976). Kritisch gegenüber der linksliberalen Richtung zog bspw. Sutor in Zweifel, ob man überhaupt noch von politischer Bildung sprechen könne, wenn sie für ein vorab definiertes Ziel der Gesellschaftsveränderung eingesetzt werde (1971, 324-329;

vgl. auch die differenziertere Zusammenfassung in Massing 2021, 51–54). Aufschlussreich an diesem Diskurs, in dem man mitunter schwer zwischen politischer und wissenschaftlicher Position unterscheiden kann, ist, dass beide Lager – wenn auch inhaltlich in gegensätzlicher Art und Weise – an der *politischen Aufgabe* der politischen Bildung festhielten. Während die einen die Demokratisierung aller Lebensbereiche vorantreiben und die bundesrepublikanische Gesellschaft und Politik verändern wollten, orientierten sich die anderen stärker am Grundgesetz sowie an der auf dieser Basis gegebenen und zu erhaltenden politischen Ordnung, die gleichwohl im Rahmen dieser Ordnung Veränderungen zulässt.

Einen Ausweg aus dieser Sackgasse bot 1976 eine Konferenz der Landeszentrale für politische Bildung Baden-Württemberg in Beutelsbach. In einem nachträglich verfassten Protokoll von Hans-Georg Wehling (1938–2021) wurden die drei Grundsätze des Überwältigungsverbotes, des Kontroversitätsgebotes und der Orientierung an den Schüler*inneninteressen formuliert ([1977] 2016), die fortan als *Beutelsbacher Konsens* galten. Dabei darf der Beutelsbacher Konsens nicht als eine Einigung auf eine bestimmte Zielorientierung der politischen Bildung (Emanzipation oder Affirmation) fehlgedeutet werden. Der Trick der Einigung war vielmehr, dass die Kontrahenten diese Frage beiseitelegten und Konsens auf einem ganz anderen Gebiet feststellen konnten, nämlich dem konkreten Unterricht und dem Umgang der Lehrkraft mit den Schüler*innen. Genau dies zeigt sich in den Grundsätzen des Konsenses. In einer etwas wohlwollenderen Interpretation könnte man auch sagen, dass die Frage, ob ein grundlegender Umbau der kapitalistischen Gesellschaft und des etablierten Politikbetriebes erfolgen sollte, nicht von Didaktiker*innen und Lehrer*innen, sondern von den Schüler*innen selbst entschieden werden muss (Sander 2003, 148). Gerade die letztgenannte Interpretation lädt aber zu dem Missverständnis ein, politische Bildung in der Bundesrepublik sei inhaltlich neutral und interessiere sich nicht dafür, wie Schüler*innen zu Prinzipien der Demokratie stehen. Genau auf diese Weise wird der Beutelsbacher Konsens immer wieder fehlinterpretiert (siehe auch Kap. 4.1.4).

Politikdidaktische Theorien und Konzeptionen sind das eine, was im Unterricht tatsächlich passiert, das andere. Ob und wie politikdidaktische Konzeptionen den Unterricht überhaupt beeinflussen, ist immer wieder kritisch hinterfragt worden. Für die Bonner Republik muss man konstatieren, dass zusammenfassende Analysen der Unterrichtsrealität nicht vorliegen. Zwar sind empirische Studien zu Wissen, Einstellungen, Curricula oder Schulbüchern durchaus vorhanden (vgl. die Zusammenstellung für die Jahre 1953–1975 bei Hilligen 1985,

260 f.), doch wie Unterricht inszeniert wurde, offenbaren diese nicht. Eine frühe empirische Studie aus den 50ern gibt Einblicke (Hilligen 1955). So erfährt man bspw., dass – ganz in der Tradition der alten Staatsbürgerkunde – die Institutionen (insbesondere in der Gemeinde) ausführlich behandelt werden, aber auch viel Raum für tagesaktuelle Fragen existiert, und auch, dass Gruppenarbeit und Klassendiskussionen bereits sichtbar etabliert sind. Eine internationale Studie aus den 70er Jahren attestiert dem Unterricht ein offenes, angstfreies Diskussionsklima (Torney u.a. 1975, 41 f.). Für Mitte der 80er Jahre konstatiert Hilligen das Fehlen weiterer großer Studien zur Unterrichtsrealität, was ein Zeichen für den allgemeinen Bedeutungsverlust des Faches in dieser Zeit sei (1985, 262).

3.2.3 Entwicklung der Profession(-alisierung)

In den ersten Jahren der Bundesrepublik hatte die Lehrer*innenbildung einen erheblichen Lehrer*innenmangel auszugleichen. Für das im Aufbau befindliche Fach der politischen Bildung stellte sich die Situation indes noch einmal verschärft dar, da es ausgebildete Fachlehrer*innen gar nicht geben konnte. Für die Politiklehrer*innenbildung bedeutete dies, dass spezielle Lehramtsstudiengänge erst geschaffen werden mussten, was insbesondere bei den Geschichtslehrer*innen nicht auf Gegenliebe traf, weil das neue Fach als Konkurrenz wahrgenommen wurde. Wenngleich sich bereits ab den 50er Jahren die Politikwissenschaft als neues Fach an deutschen Universitäten etablierte und dies auch vorrangig mit der politischen Bildung und der Ausbildung von Politiklehrer*innen begründet worden war, mahnte Wolfgang W. Mickel (1929–2005) noch 1965 angesichts des dominierenden Einsatzes von Geschichtslehrer*innen an, das „auf die Dauer ein Stab fachlich ausgebildeter Lehrer unentbehrlich sein wird“ (44).

Die Notwendigkeit solcher Fachlehrer*innen schien die damalige Professionsforschung zu bestätigen und zu untermauern. Bereits Hilligen (1955, 57 f.) identifizierte in seiner empirischen Studie „Plan und Wirklichkeit im sozialkundlichen Unterricht“ die mangelnde fachliche und methodische Ausbildung der Lehrer*innen als eine Ursache für Misserfolge im Unterricht. Spätere Studien bestätigten dieses Ergebnis, was auf Lehrer*innenseite zu einer „tiefgreifenden Unsicherheit gegenüber dem Fach Gemeinschaftskunde“ (Mickel 1965, 43) geführt habe. Es ist zu vermuten, dass solche Professionalisierungsdefizite auch dazu beigetragen haben, dass Lehrer*innen die fachinhaltlichen Themen zu Politik, Demokratie, Wirtschaft und Recht eher mieden und stattdessen einen an sozialen und lebensweltlichen Fragen orientierten Unterricht bevorzugten (z.B. Peergroup, Familie, Drogen) sowie Ordnung und Harmonie statt Konfliktfähigkeit im Unterricht anbahnen wollten – beides Phänomene, die im Zuge empirischer Forschungen der 50er und 60er Jahre gezeigt werden konnten (Becker/Herkommer/Bergmann 1970, 134-165; Ellwein 1955, 280).

Insgesamt konnten durch die Etablierung des Faches im Laufe der 60er Jahre Studiengänge geschaffen werden, die v.a. durch politikwissenschaftliche, mitunter auch soziologische, wirtschaftliche und juristische Inhalte geprägt waren. Nicht zuletzt die Politikdidaktik als professionsbezogener Teil des Studiums wurde in dieser Zeit mit der Einführung politikdidaktischer Professuren gestärkt, wenngleich bei Weitem nicht als Standard in der Politiklehrerbildung etabliert (Sander 2003, 127). Auf diese Weise konnten bis in die Jahre der Überversorgung mit Lehrkräften in den 80er Jahren immer mehr ausgebildete Fachlehrer*innen in die Schulen gebracht werden – wobei, wie im letzten Abschnitt gezeigt, fachfremder Unterricht mehr oder weniger ein durchgängiges Problem blieb.

Wie bereits erläutert, gelang es nach dem Ende des Zweiten Weltkriegs nicht, in der jungen Bundesrepublik eine Abkehr vom gegliederten Schulwesen zu vollziehen. Dieses blieb weiterhin geprägt durch Schulen, die einerseits für die Massen vorgesehen waren (Grundschulen, Volksschulen, später Haupt- und Realschulen) und andererseits einer Elite vorbehalten wurden (Gymnasien) (Terhart 2008, 751-753; Vogt/Scholz 2020, 221 f.). Diese Zweiteilung spiegelte sich auch in der Lehrer*innenbildung wider, die an Traditionen anknüpfte, die sich im 19. Jahrhundert herausgebildet und in der Weimarer Republik entwickelt und gefestigt hatten. Demnach vollzog sich die Vorbereitung des „niederen' Lehrers" (Terhart 2008, 751), der bis in die Weimarer Zeit hinein zumeist ohne Abitur diese Laufbahn einschlagen konnte, an nicht universitären Lehrerseminaren. Diese Seminare bereiteten die angehenden Lehrer*innen praxisnah und konfessionell orientiert auf die Vermittlung grundlegender Kulturtechniken vor. Demgegenüber absolvierte der „höhere' Lehrer" (ebd.) ein fachlich orientiertes Universitätsstudium. Pädagogische Studienanteile waren bis in die 60er Jahre, fachdidaktische Studienanteile sogar teilweise noch bis in die 80er/90er Jahre nicht vorgesehen (Rothe 1989, 15; Terhart 2008, 753). Diese Grundstruktur aufgreifend, blieben für die Grund- und Volksschullehrer*innen auch in der jungen Bundesrepublik zunächst Pädagogische Akademien und Pädagogische Hochschulen prägend, während die gymnasiale Ausbildung weiterhin an den Universitäten stattfand. Erst ab den 70er Jahren wurden die Pädagogischen Hochschulen in Universitäten integriert oder als solche aufgewertet, sodass auch für die mittlerweile aus dem Volksschullehramt entstandenen Grund, Haupt- und Realschullehrämter ein akademisches Studium wurde. Nur Baden-Württemberg hält (bis heute) an der Pädagogischen Hochschule für die nicht gymnasialen

Schulformen fest. Resümierend ist die Geschichte der Lehrer*innenbildung der Bonner Republik als eine Geschichte der Annäherung unterschiedlicher Studiengänge in Richtung zunehmender Akademisierung zu deuten. Während das ‚niedere' Lehramt akademisiert wurde, wurde das ‚höhere' Lehramt zunehmend mit pädagogischen, fachdidaktischen und unterrichtspraktischen Anteilen angereichert. Dies darf aber nicht darüber hinwegtäuschen, dass die Lehrer*innenbildung trotz dieser Annäherung vornehmlich auf die Schularten des gegliederten Schulsystems ausgerichtet blieb. Zwar wurden auch Studiengänge eingeführt, die sich nicht an Schularten, sondern an Schulstufen orientierten (also bspw. nicht Lehramt für Gymnasien oder Regelschulen, sondern Lehramt für Primarstufe, Sekundarstufe I oder II), die Bundesländer konnten sich Anfang der 70er Jahre aber nicht auf die Umstellung zum Stufenlehramt einigen, was in der Folge zu einer Weiterführung des schulartbezogenen Lehramts führte (Schützenmeister 2002, 239).

Für die sich herausbildende akademische Lehrer*innenbildung war bedeutsam, dass sie zunehmend in ein Konzept umfassender Vorbereitung für den Beruf eingebettet wurde, das auch eine praktische Vorbereitungsphase enthielt. Während sich für das ‚niedere' Lehramt ein solcher Vorbereitungsdienst erst in den 60er Jahren des 20. Jahrhunderts etablierte, wurde er für die Gymnasiallehrer*innen bereits im Laufe des 19. Jahrhunderts eingeführt (Terhart 2008, 752 f.) und prägte auch die Lehrer*innenbildung in der Bonner Republik.

Kurz vor der deutschen Wiedervereinigung zeichnete Klaus Rothe (1989, 14 f.) folgendes Bild der Politiklehrer*innenbildung, das durch eine recht große Heterogenität gekennzeichnet war: Auf der Ebene der Institutionen fanden sich viele Bundesländer, in denen Universitäten mittlerweile alle Lehramtsstudiengänge anboten, neben einigen Ländern, in denen Pädagogische Hochschulen die nicht gymnasialen Lehrämter abdeckten (Baden-Württemberg, Schleswig-Holstein). Zudem war das Curriculum der Studiengänge nicht einheitlich. Während einige Standorte klar auf die Politikwissenschaft setzten, integrierten andere auch Soziologie und Wirtschaft in die Studiengänge oder ließen den Student*innen die Möglichkeit einer Schwerpunktsetzung. Jura und Geschichte spielten eine nur untergeordnete Rolle. Schließlich gab es auch große Unterschiede bei den fachdidaktischen Studienanteilen. So waren diese v.a. in Studiengängen des nicht gymnasialen Lehramts der noch existierenden oder früheren Pädagogischen Hochschulen, die mittlerweile mit Universitäten fusioniert oder zu diesen aufgewertet wurden, zu finden. Dagegen fand sich im Gymnasiallehramt teilweise überhaupt keine Fachdidaktik.

3.3 Schulische politische Erziehung in der DDR

3.3.1 Politische Rahmung und Entwicklung des Faches

Die alliierte Kontrollmacht in der Sowjetischen Besatzungszone (SBZ) wies Schule und Bildung eine wichtige Rolle zu. Im vielerorts völlig zerstörten Deutschland begann bereits im Sommer bzw. Herbst 1945 das neue Schuljahr. Die Aufgabe von Schule und Unterricht wurde von den noch nicht zwangsvereinigten Parteien SPD (Sozialdemokratische Partei Deutschlands) und KPD (Kommunistische Partei Deutschlands) in der „demokratische[n] Erneuerung Deutschlands" gesehen, was zunächst vornehmlich die Säuberung der Schule von „nazistischen und militaristischen Gedanken" (KPD und SPD [1945] 1986, 391) bedeutete. Damit kamen die Lehrkräfte ebenso wie die Curricula und Unterrichtsmaterialien in den Blick. Auch die Existenz konfessionell oder weltanschaulich orientierter Schulen und das gegliederte Schulsystem sollten nach den Forderungen von KPD und SPD abgeschafft werden. Ganz in diesem Sinne veranlasste die sowjetische Militäradministration das *Gesetz zur Demokratisierung der deutschen Schule*, das im Mai und Juni 1946 in den noch existierenden Bundesländern in der SBZ in Kraft trat. Mit diesem Gesetz wurden die antifaschistische Stoßrichtung der Schule und deren Beitrag zu einer „echten Demokratie" (Land Thüringen 1946, 113) bekräftigt sowie der Umbau des Schulsystems in eine ausschließlich staatliche „demokratische Einheitsschule" (ebd.) mit achtjähriger Grundschule eingeleitet, an die berufsbildende (Berufsschulen) oder studienvorbereitende Schulformen (Oberschule) anschlossen. Diese frühen bildungspolitischen Entscheidungen in der SBZ fanden – selbst nach der Zwangsvereinigung von KPD und SPD zur Sozialistischen Einheitspartei Deutschlands (SED) im April 1946 – noch unter Rahmenbedingungen statt, die es ermöglichten, unterschiedliche Reformideen zu diskutieren. Die Entwicklung der SED zur dominierenden Staatspartei vollzog sich erst mit dem Aufkommen des Kalten Krieges ab 1947. Erst dann wurde der Führungsanspruch der SED durchgesetzt (1947 SED „Partei neuen Typus") und auch die Schule in den Dienst des von der SED geführten Klassenkampfes gestellt (Geissler 1994, 58 f.).

Es folgten nach Gründung der Deutschen Demokratischen Republik (DDR) 1949 zwei Bildungsgesetze, die die Weichenstellungen von 1946 im Großen und Ganzen fortsetzten, aber sehr viel stärker die Funktion der Herrschaftssicherung für die SED erfüllen sollten. Das Gesetz von 1959 (DDR 1959) betonte die Aufgabe der Schule, qualifizierten Nachwuchs für den wirtschaftlichen Aufbau des Sozialismus heranzubilden. Die alte achtjährige Grundschule wurde nun in Allgemeinbildende Polytechnische Oberschule (POS) umbenannt und in eine Unterstufe (Klasse 1 bis 4) und eine Oberstufe (Klasse 5 bis 10) unterteilt. Die Vorbereitung der Schüler*innen auf die zukünftige Aufgabe in der sozialistischen Produktion wurde betont. Nach der achten Klasse konnten Schüler*innen die Erweiterte Oberschule (EOS) besuchen, die in vier Jahren zur Hochschulreife führte (DDR 1959). Im Bildungsgesetz von 1965 (DDR 1965) kam sodann ganz besonders deutlich die system- und herrschaftslegitimierende Rolle der Schule zum Ausdruck, die ihr durch das SED-Regime zugewiesen wurde. Schule und Unterricht sollten der Hervorbringung „allseitig und harmonisch entwickelter sozialistischer Persönlichkeiten" (DDR 1965, 86) gewidmet sein, die „zum Stolz auf die Errungenschaften des Sozialismus" erzogen werden und „alle Kräfte der Gesellschaft zur Verfügung stellen [sollen], den sozialistischen Staat zu stärken und zu verteidigen" (ebd., 87). Eine Veränderung ergab sich noch einmal in den Regelungen zur EOS, für deren Besuch man fortan den Abschluss der zehnjährigen POS benötigte und die damit auf zwei Schuljahre beschränkt blieb.

Wie die Bildungsgesetze zeigen, wurde das gesamte Bildungssystem, das zudem durch Kooperation mit zahlreichen Massenorganisationen (z.B. Freie Deutsche Jugend [FDJ], Gesellschaft für Sport und Technik [GST], Gesellschaft für Deutsch-Sowjetische Freundschaft [DSF]) in die außerschulische Gestaltung des Lebens ausgriff, für die politischen Ziele des sich entwickelnden SED-Regimes in Anspruch genommen. Die Überwindung des Faschismus und die Stabilisierung des DDR-Systems auf wirtschaftlicher und politischer Ebene waren zentrale Aufgaben. Schule insgesamt wurde somit in den Dienst des DDR-Sozialismus gestellt. Gleichwohl wurde bereits früh ein eigenes Unterrichtsfach etabliert, dem eine Schlüsselstellung in der ideologischen Beeinflussung der Schüler*innen zuwuchs (Jehle 2018). Mit der Öffnung der Schulen 1945 wurde vielfach anstelle des Geschichtsunterrichts, der eine wichtige Rolle bei der Vermittlung der NS-Ideologie gespielt hatte, das Fach Gegenwartskunde unterrichtet. 1951 wurde es auf Beschluss des 3. Parteitages der SED offiziell als obligatorisches Unterrichtsfach in der DDR eingeführt. Das Fach wurde zunächst bereits ab der fünften Klasse unterrichtet, wobei in der Frühphase tagesaktuelle Fragen, etwa zu den Nürnberger Prozessen, den Flüchtlingen oder der Bodenreform besprochen oder die Schüler*innen über die Ziele und Umsetzungen der Wirtschaftsplanungen in Kenntnis gesetzt wurden. Mit der Einführung eines ersten Lehrplans für das neue Fach 1953/54 wird eine Orientierung auf den Marxismus-Leninismus als Staatsideologie zwar gesetzt, der Lehrplan selbst aber bezieht sich v.a. auf den Staatsaufbau der DDR (Grammes/Schluß/Vogler 2006, 56). 1957 wird das Fach in *Staatsbürgerkunde* umbenannt. Anschließende Versuche einer Curriculum-Reform, durch die die Ideen des Marxismus-Leninismus stärker zum Unterrichtsgegenstand gemacht werden sollten, gelingen nicht. Bis 1962 bleibt Staatsbürgerkunde stark zeitgeschichtlich, institutionenkundlich und ordnungspolitisch ausgerichtet. Erst mit dem Lehrplan von 1964 „wird der Gegenstand hinsichtlich des Marxismus-Leninismus, der politisch-ideologischen Beschlüsse der SED und der Kenntnisse über ökonomische und gesellschaftspolitische Vorgänge der DDR konkretisiert" (ebd., 66). Im Mittelpunkt dieser Lehrpläne standen somit Geschichts- und Gegenwartsdeutungen auf dem Boden marxistisch-leninistischer Philosophie – womit eine wissenschaftliche Profilierung des Faches gewährleistet werden sollte. Beispielsweise wurden Sozialismus und Kapitalismus gegenübergestellt und die „historische Mission der Arbeiterklasse" vermittelt. Ende der Sechzigerjahre war die Konsolidierung des Faches abgeschlossen. Es wurde bis zum Ende der DDR ab der 7. Klasse mit bis zu zwei Wochenstunden unterrichtet. Staatsbürgerkunde war damit Teil des Fächerkanons der zehnklassigen Polytechnischen Oberschule sowie der Erweiterten Oberschule.

3.3.2 Entwicklung der Theorie und der Unterrichtspraxis

Der Staatsaufbau sowie die Wirtschafts- und Gesellschaftspolitik der DDR orientierten sich am Marxismus-Leninismus und seinen drei Bestandteilen: einer materialistischen Philosophie, einer materialistisch-ökonomisch gedeuteten Geschichte sowie dem wissenschaftlichen Kommunismus als Wissenschaft vom Klassenkampf der Arbeiterklasse. Die bildungspolitische Ausrichtung des Bildungssystems und des Staatsbürgerkundeunterrichts sollte, wie im vorangegangenen Abschnitt deutlich geworden ist, das System legitimieren und stabilisieren. Von den Fachdidaktiker*innen der DDR wurden diese Setzungen nicht infrage gestellt. Eine prägende Figur der DDR-Pädagogik und Staatsbürgerkundedidaktik, Gerhart Neuner (1929–2008), formulierte Erkenntnis- und Fähigkeitsziele für den Fachunterricht, übersetzte aber v. a. die bildungspolitischen Vorgaben bruchlos in eine Reihe von „Überzeugungen", die der Unterricht den Schüler*innen vermitteln sollte. Bei diesen *Überzeugungen* handelt es sich um subjektive Gewissheiten über den Wahrheitsgehalt einer Aussage, die sich nicht nur aus analytischer Erkenntnis, sondern auch aus emotionaler Hingabe speisen und stark handlungswirksam sind:

- „Die Überzeugung vom objektiven Charakter der Gesetzmäßigkeiten der Entwicklung in Natur und Gesellschaft und vom Wahrheitsgehalt und der großen gesellschaftlichen Rolle der marxistisch-leninistischen Theorie.

- Die Überzeugung von der historischen Mission der Arbeiterklasse, geleitet von der Theorie des Marxismus-Leninismus und unter Führung ihrer marxistisch-leninistischen Partei, Ausbeutung, Unterdrückung und Krieg zu überwinden und den Sozialismus und Kommunismus aufzubauen.
- Die Überzeugung, dass der Charakter unserer Epoche durch den weltweiten Übergang vom Kapitalismus zum Sozialismus bestimmt wird und der Sozialismus ebenso gesetzmäßig siegen wird, wie der Imperialismus zum Untergang verurteilt ist.
- Die Überzeugung von den historischen Aufgaben der Deutschen Demokratischen Republik als Vaterland aller guten Deutschen im Kampf um Frieden, Demokratie und Sozialismus in ganz Deutschland.
- Die Überzeugung von der Macht und Sieghaftigkeit des sozialistischen Weltsystems mit der Sowjetunion an der Spitze und der mächtigen Kampffront für Frieden, Demokratie und Sozialismus.
- Die Überzeugung, dass der Sinn des Lebens darin besteht, als Staatsbürger die Rechte und Pflichten gegenüber der Gesellschaft bewusst wahrzunehmen und sein persönliches Leben im Sinne der Grundsätze der sozialistischen Moral zu gestalten" (Neuner/Weitendorf/Lobeda 1969, 10 f.).

Um diese Überzeugungen zu verankern, wurden methodisch auch emotionalisierende Strategien wie literarische Texte und Erzählungen von den Lehrkräften eingesetzt. Während die westdeutsche politische Bildung emotionalisierende Strategien in die Nähe von politischer Propaganda rückte, als Überwältigung ablehnte und von rationaler politischer Bildung abgrenzte, zeigte sich die DDR-Staatsbürgerkunde offen für solche Ansätze.

In der Unterrichtsrealität waren indes deutliche Schwierigkeiten bei der Umsetzung dieser hochgesteckten Ziele zu beobachten. Der Unterricht war häufig durch formales Pauken der Begriffe und Lehrsätze gekennzeichnet, was mit eintönigen, kurzschrittigen, katechetisch-abfragenden Unterrichtsgesprächen einherging (Grammes/Schluß/Vogler 2006, 60 f.). Selbst dort, wo ein lebendigerer, problemorientierter Unterricht angestrebt wurde, gelang es aufgrund der Vorwegnahme von sozialistischen Problemlösungen nicht, einen aktivierenden Problemlöseprozess zu initiieren (Jehle 2018, 29). Dies und die durch empirische Forschung festgestellte zunehmende Distanzierung der Jugendlichen von bestimmten Lehrsätzen der Staatsbürgerkunde im Laufe der 70er und 80er Jahre (Grammes/Schluß/Vogler 2006, 335–413) führten auch zu didaktisch-methodischen Kontroversen unter den Didaktiker*innen – was ansonsten eher weniger zum Stil der wissenschaftlichen didaktischen Community in der DDR gehörte.

Insbesondere die Diskussion der 60er Jahre um die Problemmethode zwischen Ekkehard Sauermann (*1929) und Gerhart Neuner ist hier zu nennen. Anders als in unserem heutigen Verständnis der Problemorientierung versteht Sauermann strittige Ansichten (zum Marxismus-Leninismus) als Problem und stellt die offene Auseinandersetzung und die Agitation für die richtige Position in den Mittelpunkt des Unterrichts. Während der Unterrichtsprozess geöffnet wird, bleibt freilich das Unterrichtsergebnis gesetzt (siehe die Überzeugungen). Sauermann hoffte, mithilfe dieser methodischen Umsetzung eine bessere Überzeugungsbildung bei den Schüler*innen erreichen zu können. Angesichts der Unwägbarkeiten dieses Vorgehens plädiert Neuner eher für eine systematische, logisch-abstrakte Aneignung des Fachwissens. Aus Wissen – so die Hoffnung – entstehen Überzeugungen. Eine weitere Kontroverse fand Ende der 80er Jahre bereits unter dem Eindruck des zerfallenden SED-Staates statt, dem zunehmend die Jugendlichen abhandenkamen. Die Leipziger Arbeitsgruppe um Wolfgang Feige (*1931) schlug einen dialogischen Unterricht vor, der andere Standpunkte zulässt und niemanden zwingt, die DDR-Staatsideologie aktiv zu unterstützen, aber von allen erwartet, die Politik des SED-Regimes zu akzeptieren – auch hier in der Hoffnung, dass die Auseinandersetzung letztlich zur (einzig richtigen) Einsicht führen werde. Freilich blieb es nur beim Auftakt zu einer wissenschaftlichen Diskussion, weil ein argumentativer Austausch über Feiges Ansatz politisch unterbunden wurde (ebd., 249–280).

In der auf die Unterrichtsmethode bezogenen didaktischen Diskussion zeigt sich das „Ringen zwischen prozessualer Offenheit und ergebnisorientierter Geschlossenheit" (Grammes 2014, 210). So deutlich diese widersprüchliche Anforderung unter den extremen Rahmenbedingungen der DDR zutage tritt, so stellt sich doch auch die Frage, ob sie nicht ganz grundsätzlich als Strukturmerkmal politischer Bildung angesehen werden muss. Dies könnte man – so unsere These – nur verneinen, wenn öffentliche politischen Bildung gänzlich auf die Setzung eines Systembezugs verzichten und ihre Legitimation ausschließlich in der Mündigkeit des Subjekts sehen würde (siehe Kap. 3.5).

3.3.3 Entwicklung der Profession(-alisierung)

Ein zentrales Ziel der frühen schulpolitischen Weichenstellungen von 1946 war die Entnazifizierung des Schulwesens. Die damit einhergehende Entlassung von über zwei Dritteln des alten Lehrpersonals in der SBZ verursachte einen erheblichen Lehrer*innenmangel, der als existenzbedrohlich für einen geregelten Schul- und Unterrichtsbetrieb gelten muss. Entsprechend standen die Besatzungsmacht und die deutschen Verwaltungen in den Ländern vor der Herausforderung, schnell pädagogischen Nachwuchs in die Schulen zu bringen. Die in diesem Zuge erfolgende Einrichtung pädagogischer Fakultäten an sämtlichen Universitäten der SBZ brachte eine erhebliche strukturelle Aufwertung der wissenschaftlichen Pädagogik mit sich, konnte aber aufgrund der Dauer der Studiengänge den akuten Lehrer*innenmangel nicht stoppen. In dieser Situation wurden mehrmonatige, nicht akademische Ausbildungskurse eingerichtet, deren Absolvent*innen als ‚Neulehrer*innen' in die Schulen kamen, den Lehrer*innenmangel aber nicht vollends beheben konnten (Vogt/Scholz 2020, 220).

Ausgerichtet am staatlichen Einheitsschulwesen, in dem alle Schüler*innen lernten, und das erst ab der neunten, später ab der elften Klasse eine Differenzierung vorsah, entwickelte sich eine an Schulstufen orientierte Lehrer*innenbildung. So wurden ab 1951 Institute für Lehrerbildung (IfL) eingerichtet, in denen bis zum Ende der DDR Unterstufenlehrer*innen (Klasse 1 bis 4) ausgebildet wurden. Die IfL galten als Fachschulen, zu denen der Zugang auch ohne Hochschulreife möglich war und in denen eine Art Fachabitur nachgeholt wurde. Studiert wurden die Kernfächer Deutsch, Mathematik und Heimatkunde sowie ein Wahlfach (Musik, Zeichnen, Sport, Werken). Seit 1953 fand das Studium für die Klassen 5 bis 8 bzw. (mit Einführungen der zehnklassigen POS) 5 bis 10 an Pädagogischen Instituten (PI) statt, wobei sich diese Studiengänge am Zwei-Fächer-Prinzip orientierten. Voraussetzung für die Aufnahme des Studiums war die Hochschulreife, allerdings blieben auch – insbesondere in Staatsbürgerkunde – Seiteneinstiege möglich, die mitunter ehemalige Mitglieder der bewaffneten Organe – u.a. Nationale Volksarmee (NVA), Grenztruppen (GT), Ministerium für Staatssicherheit (MfS) – an die Schulen brachten. Die PIs sind am ehesten mit den westdeutschen Pädagogischen Hochschulen vergleichbar; angestrebt wurde ein akademisches Studium. Dieser Anspruch wurde 1970/71 mit der Umwandlung aller PIs in Pädagogische Hochschulen (PH) bekräftigt. Oberschullehrer*innen, die für die hochschulvorbereitende EOS vorgesehen waren, studierten zunächst ausschließlich an Universitäten. Ab 1970/71 wurde dann ein gemeinsamer Studiengang für POS und EOS, also die Klassen 5 bis 12, eingeführt, der zum Diplomlehrer führte und an den Universitäten und den neuen PHs studiert werden konnte (ebd.). Ein Referendariat war nicht vorgesehen, jedoch ein integriertes praktisches Jahr am Ende des Studiums. Staatsbürgerkunde wurde zunächst vorrangig von den Neulehrer*innen erteilt, da bis 1963 das Fach nicht studiert werden konnte. Erst danach konnte Staatsbürgerkunde als Hauptfach mit der Fächerkombination Geschichte, Deutsch oder Sport gewählt werden.

Eine umfangreiche Publikationstätigkeit, die Erstellung von Schulbüchern sowie von didaktischen und methodischen Handreichungen setzten ein. Wichtige Studienstandorte waren Leipzig, Halle und Zwickau. Ebenso wie das Unterrichtsfach und die Ausbildungsstruktur waren auch die Studieninhalte landesweit normiert. Zum Curriculum gehörten:

> „Grundlagen des Marxismus-Leninismus, Fachwissenschaften (Staatsbürgerkunde und ein Nebenfach), Erziehungswissenschaften (Pädagogik, Psychologie, Methodik), Logik/Wissenschaftstheorie oder Kybernetik/Datenverarbeitung, Erweiterung der Allgemeinbildung (Fremdsprachen), Praktika, Sport einschließlich vormilitärische Ausbildung" (Schmitt 1980, 104).

Im Studium des Faches wurden – zieht man eine moderne Heuristik heran – unter marxistisch-leninistischen Vorzeichen *policy*- (z.B. sozialistische Kulturpolitik), *polity*- (z.B. Theorie und Recht des sozialistischen Staates) und *politics*-Aspekte (z.B. Klassenkonflikte, Klassenkampf) studiert. Eine abschließende Diplomarbeit, die häufig im Autoren*innenkollektiv verfasst wurde, bildete im Zusammenhang mit dem Großen Schulpraktikum den Abschluss des Studiums (Grammes/Schluß/Vogler 2006, 153).

3.4 Schulische politische Bildung im wiedervereinigten Deutschland

Die Geschichte der politischen Bildung in der Bonner Republik wie auch in der DDR ist mittlerweile gut erforscht, auch wenn man konstatieren muss, dass es gerade im Hinblick auf die Unterrichtsrealität noch größere Forschungslücken gibt. Zu sehr hat sich die Fachgeschichtsschreibung auf die bildungspolitischen Aspekte sowie die Entwicklung der akademischen Diskussion über Konzeptionen konzentriert (zu den Forschungslücken Busch/Grammes 2018), ohne in den Blick zu nehmen, wie sich die unterrichtliche Praxis entwickelt hat. Im Vergleich hierzu ist allerdings – von Ausnahmen abgesehen – die Fachgeschichte nach dem Beitritt der DDR zum Bundesgebiet noch weitgehend unentdeckt. Für die folgenden Ausführungen lässt sich entsprechend nicht auf großangelegte Darstellungen zurückgreifen, wie sie für die Zeit zwischen 1945 und 1989 vorliegen.

3.4.1 Politische Rahmung und Entwicklung des Faches

Bildungspolitisch dominierte zunächst die Aufgabe der Transformation des DDR-Bildungswesens inklusive der Staatsbürgerkunde, also der Wandel eines durch den Marxismus-Leninismus ideologisch geprägten Bildungswesens hin zu einem System, das liberalen und demokratischen Werten verpflichtet ist. Allerdings trügt der in der Politikwissenschaft übliche Begriff der Systemtransformation etwas, da nicht ein Formwandel des alten Systems erfolgte, sondern ein Import westlicher Strukturen und Inhalte in die mit dem Einheitstag 1990 neu gegründeten Bundesländer. Dabei war die friedliche Revolution in der DDR zunächst vorrangig mit Reformforderungen des DDR-Systems gestartet, bei dem Aspekte des Bildungswesens und gerade des DDR-Staatsbürgerkundeunterrichts im Mittelpunkt der Kritik standen. Die ideologischen Denkkorridore der DDR wurden von vielen Bürger*innen gerade im Staatsbürgerkundeunterricht und den weiterführenden Kursen in Marxismus-Leninismus – häufig als sogenannte *Rotlichtbestrahlung* karikiert – erfahren und kritisiert. Eine DDR-interne Reform des Faches in ein neues Fach *Gesellschaftskunde* wurde jedoch von den historischen Entwicklungen, die über die Wirtschafts-, Währungs- und Sozialunion zwischen BRD und DDR am 1. Juli 1990 zur Wiedervereinigung am 3. Oktober 1990 führte, eingeholt. Wenngleich es zunächst viele westdeutsche Stimmen gab, die die Eigenständigkeit des Transformationsprozesses im Osten betonten, setzte bereits vor der Wiedervereinigung, v.a. aber danach, ein massiver Import westdeutscher Standards politischer Bildung in die neuen Länder ein. Fortbildungsangebote, die durch westdeutsche Universitäten, die Bundeszentrale für politische Bildung (BpB) und auch die Deutsche Vereinigung für Politische Bildung (DVPB) getragen wurden, trafen auf eine große Nachfrage (Biskupek 2002, 104–127). Die Unsicherheit bei den alten Staatsbürgerkundemethodikern wie auch der Lehrer*innenschaft sowie die verbreitete Haltung „Sag mir, was ich jetzt tun soll“ trugen zu der so erfolgten „Übernahme westdeutscher Traditionen“ (Sander 2003, 110) bei. Die einsetzende Entlassungswelle des Personals an Schulen und Hochschulen, das sich im Rahmen von Marxismus-Leninismus und Staatsbürgerkunde – wenn auch unter ideologischen Vorzeichen – professionell mit gesellschaftswissenschaftlichen Fragen auseinandergesetzt hatte und eventuell einen inhaltlichen Beitrag zur Transformation hätte leisten können, bestärkte diesen Prozess. Weder in den Studiengängen der Universitäten noch in den von der Bildungspolitik verantworteten Curricula und Schulbüchern finden sich seit dieser Zeit spezifisch ostdeutsche Spuren des Nachdenkens über politische Bildung. Selbst der ‚Geburtsfehler‘ der politischen Bildung in den alten Bundesländern wurde an die neuen Länder weitergegeben – das Fach trägt auch im Osten der Republik unterschiedliche Bezeichnungen (Knothe/May 2020). Entsprechend deutet Gagel (2005, 26) bereits 1995 die Transformation im Osten als „Nachvollzug des Weges, den die Deutschen im Westen 40 Jahre vorher beschreiten konnten.“

Die gesellschaftlichen Entwicklungen des vereinigten Deutschlands in einer zunehmend globalisierten Welt dominierten fortan die bildungspolitischen Themen. Dabei setzte sich grundsätzlich der Trend der 80er Jahre fort: Politische Bildung war kein heiß diskutiertes bildungspolitisches Thema mehr und wurde von den bildungspolitischen Akteur*innen mit einer gewissen Zurückhaltung und Ernüchterung betrachtet. Dies zeigt sich insbesondere an einem nahezu klassischen Thema, das in der Geschichte der Bundesrepublik immer wieder zu politischen Forderungen an die politische Bildung geführt hatte: der Extremismusprävention. Im Zuge der Wiedervereinigung, der zunehmenden Massenarbeitslosigkeit sowie einer ansteigenden Asylmigration insbesondere im Zusammenhang mit den Jugoslawienkriegen (1991–2001) entstand Anfang der 90er Jahre eine asylfeindliche Stimmung, die sich in pogromartigen, tödlichen Übergriffen auf Menschen mit einer Migrationsgeschichte radikalisierte (z. B. Mölln, Hoyerswerda, Rostock, Solingen). Anders als in den vergangenen Jahrzehnten erzeugten diese Übergriffe jedoch nicht in erster Linie den bildungspolitischen Reflex nach mehr, anderer oder besserer politischer Bildung. So hatten die Akteur*innen der politischen Bildung – zuletzt in der Zweiten Grundsatzdebatte des Bundestages zur politischen Bildung, die sich bis 1992 erstreckte – immer wieder deutlich machen können, dass politische Bildung zwar notwendig in einer Demokratie sei, aber nicht als Feuerwehr für gesellschaftliche Krisensymptome missverstanden werden könne (Mambour 2007, 179). Insofern verlagerten sich die politischen Aktivitäten weg vom Gebiet der Bildungspolitik hin zur Sicherheits- und zur Sozialpolitik (z. B. Sozialarbeit) (ebd., 189-192).

Gleichwohl waren auch bildungspolitische Aktivitäten zu verzeichnen, wie die von der KMK herausgegebenen „Empfehlungen zur Interkulturellen Bildung und Erziehung in der Schule“ von 1996 (zuletzt 2013), die explizit als Reaktion auf die Gewaltwelle vom Anfang der 90er Jahre gelesen werden können. In diesen Empfehlungen wie auch in weiteren Empfehlungen zu Demokratiebildung (von 2009 und 2018) und Menschenrechtsbildung (von 1980, 2000 und 2018) seit den 90er Jahren zeigt sich jedoch der Trend, diese Aufgaben der Schule als Lebensort sowie allen Fächern als Querschnittsaufgabe zuzuweisen (siehe dazu auch Kap. 2.4). Die damit einhergehende bildungspolitische Floskel, dass politische Bildung nicht nur separiert in einem Unterrichtsfach, sondern fächerübergreifend und durch das gesamte Schulleben zu vermitteln sei, ist für die politische Bildung jedoch in zweifacher Hinsicht nachteilig. Einerseits folgen den Bekenntnissen zu politischer Bildung als Querschnittaufgabe in Bildungspolitik, Lehrer*innenausbildung und Schule höchst selten Aktivitäten, die politische Bildung als Querschnittsthema nachhaltig verankern. Andererseits dient das Argument der Querschnittsaufgabe dazu, fachpolitische Forderungen nach einer auskömmlichen Stundenausstattung des zuständigen Unterrichtsfaches abzuwehren. Eine *No-win*-Situation für die politische Bildung!

Im Übrigen steht auch der Zeitpunkt des letzten KMK-Beschlusses von 2018 für den bereits mehrfach aufgezeigten, typischen Reflex der Bildungspolitik. So wurde die Forderung nach einer Stärkung der Demokratiebildung gerade dann laut, als gesellschaftliche Schieflagen seitens politischer Entscheidungsträger*innen nicht mehr länger ignoriert werden konnten. Die in Kapitel 2.4.2 genannten Krisendiskurse, die sich verstärkende soziale Spaltung in unserem Land (Butterwege 2020), der zunehmende Verlust an Resonanz zwischen dem politischen System und nicht unerheblichen Teilen der Bevölkerung (Rosa 2016), die voranschreitende Erosion des gesellschaftlichen Zusammenhalts (Deitelhoff/Groh-Samberg/Middell 2020), das Erstarken rechtspopulistischer und -extremer Kräfte (auch in staatlichen Organen wie etwa der Bundeswehr, der Polizei und zuletzt der Feuerwehr), Übergriffe auf Geflüchtete und/oder Menschen, die phänotypisch als ‚undeutsch' tituliert werden (diese Liste ließe sich noch ziemlich lange fortführen) – angesichts solcher Phänomene wird die politische Bildung von bildungspolitischer Seite erneut besonders häufig „bloß instrumentell" zur Behebung gesellschaftlicher Schieflagen und Krisen „angefragt und auf schnelle Gegenstrategien reduziert" (Gessner 2021, 72), also in die Rolle einer Art ‚schnellen Eingreiftruppe' gedrängt.

Zwei weitere bedeutsame und von der KMK adressierte Themen seit den 90er Jahr sind die Medienbildung (von 1995 und 2012) und die Bildung für nachhaltige Entwicklung (BNE) (von 1980, 1998 und 2007). Während die Medienbildung auf die zunehmende Mediatisierung der Gesellschaft reagiert und die Nutzung sowie den kritischen Umgang mit (digitalen) Medien in den Mittelpunkt rückt (und mittlerweile um eine Strategie *Bildung in der digitalen Welt* ergänzt wurde), ist die Empfehlung zur BNE infolge der Klimakonferenzen von Rio de Janeiro (1992) und der 2002 von den Vereinten Nationen ausgerufenen Weltdekade *Bildung für nachhaltige Entwicklung* zu sehen. Nachhaltiges Denken und Handeln sollen in Schule und Unterricht vermittelt werden (zu den Themen KMK o.J.; zu BNE auch Mambour 2007, 192-194). Inwiefern all diese Empfehlungen auf die politische Bildung in der Schule und v.a. im jeweiligen Fach der politischen Bildung wirkten und wirken, ist bislang allerdings kaum systematisch untersucht.

Ein weiterer bildungspolitischer Impuls für die Fächer und auch den Unterricht in politischer Bildung ging von einer wissenschaftlichen Studie aus – dem von einer internationalen Organisation (OECD – Organisation für wirtschaftliche Zusammenarbeit und Entwicklung) initiierten *Programme for International Student Assessment* (PISA). Diese Studie, die im Abstand von drei Jahren durchgeführt wird, vergleicht die Schulleistungen der Mitgliedstaaten. Die bildungspolitische Wirkung kann hierbei durch den Vergleichscharakter erklärt werden: Kein Land und auch kein Bundesland möchte im internationalen Wettbewerb in Bildungsfragen schlecht abschneiden. Auf diese Weise nehmen die PISA-Studien also eine implizite Normsetzung vor, der sich die Bildungspolitik nicht entziehen kann. Die wissenschaftlichen Vergleichskriterien müssen durch die Bildungspolitik in die Steuerung von Schule und Unterricht überführt werden, wenn man erfolgreich abschneiden möchte. Daran anschließend entwickelte die vom Bundesministerium für Bildung und Forschung (BMBF) herausgegebene sogenannte Klieme-Expertise (benannt nach deren Verfasser Eckard Klieme) „Zur Entwicklung nationaler Bildungsstandards“ ein entsprechendes Steuerungskonzept. Im Zentrum der Steuerung sollten die Testung der Erreichung von Bildungsstandards stehen. Auf diese Weise soll der Leistungsstand im Hinblick auf die Erreichung von Bildungsstandards an die Bildungspolitik und die Lehrkräfte rückgemeldet werden.

> „Die Bildungsstandards legen fest, welche Kompetenzen die Kinder oder Jugendlichen bis zu einer bestimmten Jahrgangsstufe erworben haben sollen. Die Kompetenzen werden so konkret beschrieben, dass sie in Aufgabenstellungen umgesetzt und prinzipiell mit Hilfe von Testverfahren erfasst werden können“ (Klieme u.a. 2003, 19).

In den Kultusministerien der Länder musste es vor diesem Hintergrund notwendig erscheinen, auch den Unterricht selbst – durch eine Reform der Curricula – auf die Erlangung von Standards und den Erwerb der Kompetenzen umzustellen, was auch erfolgte. Die politische Bildung blieb von dieser Entwicklung nicht ganz verschont. Zwar wird wegen der Randstellung des Faches und aufgrund wissenschaftlicher Probleme bei der Testung solch komplexer Konstrukte wie politischer Urteilskompetenz die politische Bildung nicht mit in die PISA-Studien einbezogen. Gleichwohl fand aber auch hier – von den Fachgesellschaften begleitet – eine weitgehende Umstellung der Curricula auf Kompetenzen statt (Knothe/May 2020) und auch in Lehrbüchern ist das Signalwort *Kompetenz* mitunter explizit zu lesen.

In der Zeit dieser didaktischen und inhaltlichen Entwicklungen konnte sich die strukturelle Verankerung des Faches in den Stundentafeln auf niedrigem Niveau stabilisieren, wobei es große Unterschiede zwischen den Bundesländern gibt. Es existiert – bezogen auf die Stundenzahl – kein bundeseinheitlicher Standard für die Versorgung mit politischer Bildung und auch zwischen den Schulformen gibt es erhebliche Unterschiede, sodass bspw. soziale Ungleichheiten z.T. massiv reproduziert werden. So wurden etwa im Schuljahr 2018/19 „an Hauptschulen in Nordrhein-Westfalen 90,1 Prozent des Unterrichts im Schulfach ‚Politik/Wirtschaft' fachfremd erteilt. An Gymnasien waren es ‚nur' 25,6 Prozent" (Engartner/Hedtke/Zurstrassen 2021, 67).[8] Von fachpolitisch großer Bedeutung ist diesbezüglich das von Wissenschaftlern der Universität Bielefeld seit 2017 erstellte „Ranking Politische Bildung" (zuletzt Hedtke/Gökbudak/Hagedorn 2021), das die Lage des Faches in bislang nicht gekannter Genauigkeit aufzeigt. Angesichts der nach wie vor recht prekären Lage der politischen Bildung an deutschen Schulen ist es durchaus als Erfolg zu werten, dass diese Rankings zumindest einige Kultusministerien der Länder unter Druck gesetzt und zu Reaktionen veranlasst haben (nachzulesen etwa in Gökbudak/Hedtke 2019, 39-42). Und auch von den Fachverbänden wie der DVPB und von Gewerkschaften wird zuletzt mit immer größerem Nachdruck eine Erhöhung des Stundenanteils politischer Bildung auf zwei Wochenstunden ab der fünften Klasse gefordert. Übrigens verschärft der seit dem ersten Jahrzehnt unseres Jahrtausends eingesetzte Lehrer*innenmangel erneut das Problem des fachfremden Unterrichts. So ist es bemerkenswert, dass es ausgerechnet die sozialwissenschaftlichen Unterrichtsfächer insgesamt sind, die am häufigsten von Lehrkräften unterrichtet werden, die über keinerlei Lehrbefähigung dafür verfügen (Engartner/Hedtke/Zurstrassen 2021, 49).

3.4.2 Entwicklung der Profession(-alisierung)

Während der Umfang des Faches in der Schule also eher stagnierte und sich Probleme bei der Versorgung mit professionellem Personal an den Schulen verschärften, fanden beachtliche Entwicklungen in der universitären Phase der Ausbildung statt. Hierbei kam den neuen Bundesländern durchaus eine Vorreiterrolle zu. Durch die Entlassungen der alten Staatsbürgerkundelehrer*innen entstand in den neuen Bundesländern ein erheblicher Fachlehrer*innenmangel, der zunächst durch Weiterbildungsmaßnahmen aufzufangen versucht wurde. Hierzu stellte die Bundesregierung erhebliche Finanzmittel über die Bundeszentrale für politische Bildung bereit, die in Kooperation mit der Freien Universität Berlin und dem Deutschen Institut für Fernstudien diese Weiterbildungen

8 Engartner/Hedtke/Zurstrassen (2021, 67) sprechen daher völlig zurecht von einer „institutionellen Diskriminierung".

anbot (Mambour 2007, 188). Bereits während, aber auch nach dem Ende dieses Programms 1999 (Dürr 2003, 64-70) fanden durch die Bundesländer sowie deren Fortbildungsinstitute und Universitäten selbst organisierte Weiterbildungen statt (vgl. die Beiträge zu den Bundesländern in Wallraven 2003). Der Fokus auf Weiterbildungsmaßnahmen für Lehrer*innen, die bereits im Schuldienst waren, erklärt sich nicht nur aus dem erheblichen Bedarf, der durch relativ kurze Weiterbildungsstudiengänge gedeckt werden sollte, sondern auch durch den großen Lehrer*innenüberhang in den 90er Jahren, durch den nur wenige neu ausgebildete Lehrer*innen an die Schulen kamen. Durch all diese Bemühungen erhielten jedenfalls Tausende Lehrkräfte eine Lehrbefähigung für politische Bildung an Schulen. Dies konnte jedoch den fachfremden Unterricht nicht verhindern. Eine Kleine Anfrage im Thüringer Landtag ergab noch für das Jahr 2014/15, dass 421 von 774 Sozialkundelehrer*innen an allgemeinbildenden und berufsbildenden Schulen fachfremd unterrichteten. Durch die deutlich gestiegenen Einstellungszahlen profitieren allerdings mittlerweile auch die Unterrichtsfächer der politischen Bildung.

Gestärkt durch den hohen Bedarf in den neuen Bundesländern konnten sukzessive politikdidaktische Professuren an den Universitäten etabliert werden – wobei dieser Prozess noch nicht abgeschlossen ist. Auf diese Weise entwickelten sich im Osten der Republik sukzessive Studiengänge, in denen die zu studierenden Bereiche Fachdidaktik, Fachwissenschaft und Erziehungswissenschaft auf professoraler Ebene vertreten sind. Damit konnten die ostdeutschen gegenüber den westdeutschen Bundesländern, die teilweise zunächst noch nicht über die Ende der 80er Jahre vorherrschende Situation hinausgekommen waren (siehe Kap. 3.2.3), zwischenzeitlich durchaus einen Modernisierungsvorsprung erarbeiten. Trotz einiger Diskussionen um die Notwendigkeit, Fachdidaktiken durch Professuren zu vertreten (KVFF 1998), bilden heute Studiengänge der politischen Bildung, die in den drei konstituierenden Bereichen, insbesondere der Politikdidaktik, *nicht* professoral vertreten sind, die Ausnahme.

Zu Beginn der 2000er Jahre verstärkten sich im Zuge der sogenannten *Bologna-Reform* Bestrebungen, auch die Studiengänge der Lehrer*innenbildung zu reformieren. Die Grundidee der Bologna-Reform bestand darin, sämtliche Studiengänge (also nicht nur Lehramtsstudiengänge) in einen grundständigen (Bachelor) und einen Aufbaustudiengang (Master) einzuteilen, wobei man nach dem grundständigen Studiengang bereits über einen Abschluss verfügen soll, mit dem man auf dem Arbeitsmarkt eingestellt werden kann. Auf diese Weise sollten mehr junge Menschen für ein gegebenenfalls nur grundständiges Studium begeistert sowie durch Angleichung der Strukturen auf europäischer Ebene Studienortwechsel und Auslandsaufenthalte erleichtert werden (Winter 2015). Ein Schwerpunkt der Debatte richtete sich auf die Frage der Polyvalenz, einem Grundsatz der Reform, nach dem Bachelorabsolvent*innen mit unterschiedlichen Masterstudiengängen anschließen können. Dies bereitete den Lehramtsstudiengängen Schwierigkeiten, da diese traditionell häufig von Anfang an einen starken Professionsbezug aufwiesen und auf das Lehramt vorbereiteten. Mit dieser Spannung gingen die Universitäten auf unterschiedliche Weise um. Vor allem bei der Polyvalenz in den Bachelorstudiengängen und bei der Aufrechterhaltung von Staatsexamensstudiengängen gehen die Bundesländer unterschiedliche Wege, aber auch im Zuge der konkreten Ausgestaltung des Schulartbezugs (Gymnasium, Gemeinschaftsschule, Realschule usw.). Hinzu kommen unterschiedliche Modelle zur Integration von Praxisphasen im Studium (Massing 2015, 236-242). Obwohl die Bologna-Reform mit ihrer Umstellung auf das Bachelor-Master-System mehr Vergleichbarkeit und internationalen Wettbewerb sichern wollte, ist im Lehramt ein Flickenteppich das Ergebnis.

Vereinheitlichende Orientierungspunkte bilden diesbezüglich seit Beginn des Jahrtausends die Standards der KMK (für die Bildungswissenschaften erstmals 2004, für das Fachstudium und die Fachdidaktik erstmals 2008) sowie die der fachdidaktischen Fachgesellschaften zur Lehrer*innenbildung (GFD 2004, GPJE 2004). Ähnlich den unterrichtsbezogenen Standards werden hier zentrale Wissens- und Kompetenzziele des Lehramtsstudiums formuliert. Für Studiengangverantwortliche, Dozent*innen wie Studierende gleichermaßen bilden diese Papiere die Grundlagen des Lehrens und Lernens in den Lehramtsstudiengängen. Vernachlässigen wir in dieser Einführung die Standards der Bildungswissenschaften und fokussieren wir uns auf die fachlichen und fachdidaktischen Studienanteile, so ergibt sich folgendes Bild: Für das Fach *Sozialkunde/Politik/Wirtschaft* werden Studienschwerpunkte in den Bereichen *Grundlagen und Methoden*, *Politikwissenschaft*, *Soziologie*, *Wirtschaftswissenschaft* und *Fachdidaktik* festgelegt (KMK 2019). Politikwissenschaft ist in der Realität häufig die „zentrale fachwissenschaftliche Bezugsdisziplin" (Oberle/Pohl 2020, 509) und wird durch andere Fachrichtungen flankiert. In der Fachdidaktik geht es – stark zusammengefasst – um die an politikdidaktischen Konzeptionen (Philosophie des Faches, Ziele, Inhalte, Methoden) orientierte sowie auf empirischen Erkenntnissen fußende Planung, Durchführung und Diagnose von Lehr-Lernprozessen. Die Querschnittsthemen *Inklusion*, *multiprofessionelle Teams* und *Digitalisierung* werden auf fachliches Lernen bezogen (KMK 2019). Die Ausbildung in der zweiten Phase knüpft unmittelbar an die in der ersten Phase zu erwerbenden fachdidaktischen Fähigkeiten an. Während es in der ersten Phase um „erste Erfahrungen“ ging, sollen die Referendar*innen am Ende der zweiten Phase die Kompetenzen im Schulalltag weitestgehend „beherrschen“ (ebd., 58). Fachspezifische Leitlinien für die dritte Phase der Fort- und Weiterbildung finden sich in den KMK-Vorgaben nicht. Allgemein soll angestrebt werden, sich in Fort- und Weiterbildungen „fachlich und persönlich in der Rolle als Lehrerin bzw. Lehrer weiter[zu]entwickeln“ (ebd., 59).

Trotz der deutlich erkennbaren Professionalisierung im Lehramtsstudium allgemein und in politischer Bildung im Besonderen weisen Studienergebnisse darauf hin, dass politikdidaktische Vorstellungen und Kriterien nur sehr zögerlich von den Lehrer*innen aufgenommen werden. Bereits in einer Studie von 1989, kurz vor der deutschen Wiedervereinigung, kamen Hermann Harms und Gotthardt Breit (1992, 62) zu dem Ergebnis, dass von den Lehrer*innen „der Fachdidaktik keine oder geringe Bedeutung für die Unterrichtstätigkeit“ zugemessen wird. Mehr als 15 Jahre später kann Andreas Klee (2008, 265–268) ganz in diesem Sinne zeigen, dass die politikdidaktischen Vorstellungen von politischer Urteilsbildung bei den Lehrer*innen nicht angekommen sind. In Untersuchungen zu Alltagsdidaktiken von Politiklehrer*innen legte Peter Henkenborg (2006) aber dar, dass es zahlreiche Typen von Alltagsdidaktiken gibt, unter denen durchaus einige an politikdidaktische Standards anknüpfen (z. B. „Typ Mündigwerden“). Interessant ist auch eine Untersuchung von Anja Besand (2006), in der deutlich wird, dass die jüngere Generation von Politiklehrer*innen sich deutlich von einer politischen Indienstnahme politischer Bildung und damit von einer 68er-Vorgängergeneration absetzt und die eigenständige Urteilsbildung der Schüler*innen im Blick hat – was als ein Professionalisierungsgewinn gedeutet werden kann. Die Stärkung und voranschreitende Professionalisierung der Politikdidaktik an den Universitäten trug seit den 90er Jahren auch zur Entwicklung politikdidaktischer Forschung bei. In den zentralen Bereichen – Forschungen zur Philosophie des Faches, Forschungen zu didaktisch-methodischen Konzeptionen sowie Forschungen zur empirisch vorfindbaren Unterrichtswirklichkeit – wurden vielfältige Arbeiten vorgelegt.

3.5 Politische Bildung auf dem Weg zur Mündigkeit? Oder: Kann öffentliche politische Bildung ein normales Fach sein?

Die politische Abkehr von monarchischen oder autoritären Staatsideen sowie die Westorientierung der Bundesrepublik ab 1945, also die „Angleichung der bundesrepublikanischen Gesellschaft an die anderen freien Gesellschaften des Westens“ (Gagel 2005, 22), waren zentrale Rahmenbedingen für die Entwicklung der politischen Bildung. Deren Geschichte in Deutschland wird entsprechend zumeist als eine Entwicklung von der Herrschaftslegitimation und Mission hin zur Mündigkeit der Bildungssubjekte erzählt. Stand politische Bildung im Kaiserreich (1871–1918/19) im Dienste der Stabilisierung der monarchischen Herrschaft, auch gegenüber innenpolitischen Feinden, und sollte sie bspw. im Rahmen des Re-Education-Ansatzes zur Umerziehung der Bevölkerung genutzt werden, so entwickelte sich während der Bonner Republik in Theorie und Praxis eine politische Bildung, die die mündige Urteils- und Handlungsfähigkeit der Schüler*innen in den Mittelpunkt stellte (Sander 2003, 148). Politische Bildung finde heute „zwar auf einer demokratischen Grundlage, nicht aber als eine Art demokratische Ideologievermittlung“ (ebd., 159) statt. Insofern habe eine Ablösung von „affirmativen Konzepte[n]“ durch „konfliktpädagogische und gesellschaftskritische Ansätze“ stattgefunden (Widmaier 2020, 17). Dieser Wandel der politischen Funktion politischer Bildung – so der Tenor der Argumentation – ging auch mit einer Professionalisierung politischer Bildung einher. Während politikdidaktische Theorie und unterrichtliche Praxis zunächst – v.a. im Zuge missionarischer politischer Bildung der Re-Education und linksorientierter Konzepte der 60er und 70er Jahre – durch ein Übermaß an Moralisierung und Gesinnungspädagogik gekennzeichnet gewesen seien, habe sich – auf der Grundlage einer gefestigten demokratischen Orientierung und des Beutelsbacher Konsenses – sukzessive eine „Normalisierung der politischen Bildung“ und damit die Erkenntnis durchgesetzt: „Die politische Bildung ‚macht‘ die Politik nicht; sie kann sie nur zugänglich machen“ (Giesecke 1996, 109). Dies habe Spielräume zu einer „Versachlichung pädagogischer Arbeit“ (ebd., 110) und zu einem Voranschreiten „fachlicher und pädagogischer Professionalität“ (Sander 2003, 160) eröffnet.

Nach unserer Auffassung beschreibt diese Darstellung zutreffend die Tendenz der historischen Entwicklung. Sie läuft aber Gefahr, die notwendigerweise gegebene und im bildungspolitischen wie wissenschaftlichen Diskurs auch betonte affirmative Dimension öffentlicher politischer Bildung zu vernachlässigen. Denn durchaus im Widerspruch zum Mündigkeitsnarrativ begreifen bildungspolitische Vorgaben, wie etwa die Schulgesetze der Bundesländer und die KMK-Beschlüsse, die Aufgabe von Schule und (politischer) Bildung als eine *Orientierung* der Schüler*innen auf die Grundwerte des Grundgesetzes. Im KMK-Beschluss zur Demokratiebildung liest sich dies wie folgt:

> „Kinder und Jugendliche brauchen ein Wertesystem, in dem sie sich orientieren können. Schule ist dafür verantwortlich, ihnen eines zu vermitteln, das den freiheitlichen und demokratischen Grund- und Menschenrechten entspricht“ (KMK 2018, 3).

Und zumindest in den Randbereichen politischer Bildung, die sich mit demokratieskeptischen Einstellungen in der Schüler*innenschaft befassen, stellen sich Fragen der Zustimmungserzeugung zu demokratischen Prinzipien überdeutlich (May/Heinrich 2020, 9–13). Eine „demokratische Grundlage" (Sander 2003, 159) des Lernens in der politischen Bildung wird von vielen bildungspolitischen, wissenschaftlichen und praktizierenden Akteur*innen aus diesem Grund auch nicht vorausgesetzt, sondern vielmehr zur zentralen Aufgabe gemacht. Nach unserer Auffassung verläuft die historische Entwicklung deshalb von der Herrschaftslegitimation und Mission weniger – oder zumindest nicht ausschließlich – zur Mündigkeit, sondern zur kritischen Systemloyalität (May 2021, Partetzke 2017).

Insofern kann politische Bildung, wie die zahlreichen Anfeindungen demokratischer Prinzipien im In- und Ausland zeigen, auch niemals als ein „Schulfach [...] wie andere auch" (Giesecke 1996, 110 f.) beschrieben werden, denn die demokratischen Grundlagen müssen im Einklang mit den demokratischen Grundprinzipien unserer Verfassung immer wieder neu hergestellt werden. Dass die Bildungssubjekte nicht übergangen werden und deren Weltsichten zu Geltung kommen sollen, unterscheidet politische Bildung von politischer Erziehung und ermöglicht sowohl die eigenständige Urteilsbildung als auch die Entwicklung der Demokratie (Massing 2021, 10–13). Die Berücksichtigung der Bildungssubjekte hebt aber die affirmative Dimension politischer Bildung nicht grundsätzlich auf. Erst wenn neben der Orientierung auf die Bildungssubjekte und deren Mündigkeit auch die affirmative Dimension öffentlicher politischer Bildung akzeptiert und als legitimer Teil der Fachgeschichte erzählt wird, können die damit einhergehenden Spannungen der professionellen Reflexion zugänglich gemacht werden. Der Weg der politischen Bildung zu mehr Professionalisierung müsste dann nicht als die Überwindung von Affirmation, sondern als die (Aus-)Balancierung von Affirmation und Mündigkeit (May 2021, 20 f.) beschrieben werden.

4 Essentials der Politikdidaktik und politischen Bildung

Die nachfolgenden Ausführungen sollen Sie mit den Essentials der Politikdidaktik und politischen Bildung vertraut machen. Notgedrungen können diese Ausführungen keine Vollständigkeit für sich beanspruchen und tun dies auch nicht. Gleichwohl ist es uns ein wichtiges Anliegen, Ihnen die aus unserer Sicht zentralen Begrifflichkeiten, Konzepte und Kontroversen der Politikdidaktik und politischen Bildung näherzubringen. Der besseren Übersichtlichkeit halber beginnen wir mit den Grundbegriffen und gehen dann zu den (aktuellen) Kontroversen über.

4.1 Grundlagen und Grundbegriffe

4.1.1 Didaktische Analyse als Kern der Unterrichtsvorbereitung

Wolfgang Klafki und dessen Bedeutung für die Didaktik im Allgemeinen und die Politikdidaktik im Besonderen sind weiter oben bereits herausgestellt worden. Wie ebenfalls bereits erwähnt, ist die sogenannte *bildungstheoretische Didaktik* Klafkis ein Versuch, mögliche Unterrichtsinhalte begründet zu identifizieren. Kern dieser Didaktik ist die *didaktische Analyse*. So schlägt Klafki (1958, 15) vor, „fünf didaktische Grundfragen" an diejenigen Gegenstände zu stellen, denen Lehrer*innen begegnen. Diese Fragen lauten:

1. „Welchen größeren bzw. welchen allgemeinen Sinn- und Sachzusammenhang vertritt oder erschließt dieser Inhalt? Welches Urphänomen oder Grundprinzip, welches Gesetz, Kriterium, Problem, welche Methode, Technik oder Haltung lässt sich in der Auseinandersetzung mit ihm *exemplarisch* erfassen? […]
2. Welche *Bedeutung* hat der betreffende Inhalt bzw. die an diesem Thema zu gewinnende Erfahrung, Erkenntnis, Fähigkeit oder Fertigkeit bereits *im geistigen Leben der Kinder* meiner Klasse, welche Bedeutung sollte er – vom pädagogischen Gesichtspunkt aus gesehen – darin haben? […]
3. Worin liegt die *Bedeutung* des Themas *für die Zukunft der Kinder*? […]
4. Welches ist die *Struktur des* […] *Inhalts*? […]
5. Welches sind die besonderen Fälle, Phänomene, Situationen, Versuche, in oder an denen die Struktur des jeweiligen Inhalts den Kindern dieser Bildungsstufe, dieser Klasse *interessant*, *frag-würdig*, *zugänglich*, *begreiflich*, *anschaulich* werden kann?" (ebd., 15-22; dort anders hervorg.).

Erst wenn auf all diese Fragen und deren Unterfragen befriedigende Antworten gefunden worden sind, kann, so Klafki, vom *Gehalt* eines möglichen Bildungsinhaltes gesprochen werden. Erst dann kann dieser Inhalt also tatsächlich im Unterricht zum Gegenstand gemacht und dort behandelt werden.[9] Nun ließe sich einwenden, dass Lehrpläne Unterrichtsinhalte ja bereits zur Genüge vorgeben, Lehrer*innen eine didaktische Analyse also überhaupt nicht durchführen müssen. Dem entgegenhalten ließe sich dann aber, dass es

a. durchaus angebracht erscheint, dass Lehrer*innen „die in den Lehrplänen verborgenen pädagogischen Vorentscheidungen der Lehrplangestalter gleichsam noch einmal nachvollziehen“ (ebd., 8; Kritikfähigkeit),
b. Lehrkräfte ja selbst zum Team der Lehrplangestalter*innen gehören können (Stichwort *schulinternes Curriculum*) und damit entscheiden müssen, was aus welchen Gründen darin aufgenommen wird und was nicht, und schließlich, dass
c. Rahmenrichtlinien und -lehrpläne und nicht zuletzt die Kompetenzorientierung Unterrichtsinhalte – aus guten Gründen – auf einem solch abstrakten Niveau belassen, dass Lehrer*innen *de facto* nicht um eine didaktische Analyse(-fähigkeit) umhinkommen.

Gleichwohl, und diesen Vorwurf hat sich bereits Klafki gefallen lassen müssen, auch wenn er seine Didaktik durchaus weiterentwickelt hat (Klafki 1985): So wichtig diese didaktische Analyse als Kern der Unterrichtsvorbereitung auch immer sein mag, mit Blick auf die Planung einer konkreten Unterrichtsstunde und/oder -reihe bleibt sie doch zu abstrakt. Die Einschätzung Paul Heimanns (1976, 146), Klafki betreibe „bildungsphilosophisches Stratosphärendenken“, ist insofern also zumindest nicht völlig aus der Luft gegriffen. Vor allem die relative Vernachlässigung der Lernvoraussetzungen sowie der unterrichtsmethodischen Fragen bei Klafki ist kritisiert worden, weshalb andere didaktische Modelle darauf reagierten.

4.1.2 Bedingungsfelder des (Politik-)Unterrichts

Das wohl am häufigsten zur Anwendung kommende didaktische Modell ist das sogenannte *Berliner*, später *Hamburger Modell* (Abb. 3; ausführlicher dazu Jank/

9 Die permanente Vorläufigkeit der Antworten auf die oben genannten Fragen kommt sicher am besten bei Frage 3 zum Ausdruck, denn wir alle kennen die Zukunft (oder mögliche Zukünfte) nicht.

Meyer 2008, 282–284), das mehrfach auch politikdidaktisch ausbuchstabiert worden ist (so bspw. von Ackermann u.a. 1994 oder Breit/Weißeno 2012). Mit seinen *Bedingungs- und Entscheidungsfeldern* bietet es nicht nur konkrete Ansatzpunkte für die Planung, Analyse und Reflexion von Unterricht, sondern verweist damit implizit auch auf die hier zur Disposition stehenden Essentials.

Abb. 3: Berliner Modell

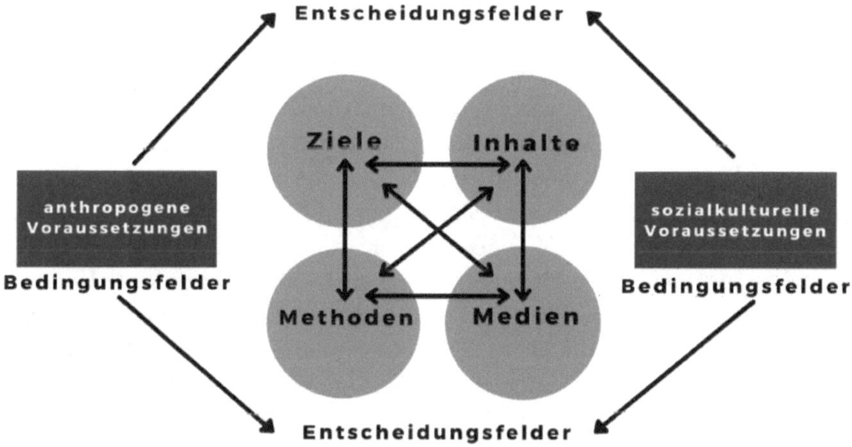

Quelle: Eigene Darstellung.

Die Doppelpfeile im Zentrum von Abbildung 3 stellen den „Implikationszusammenhang" (Blankertz 1973, 94) zwischen den Entscheidungsfeldern dar und machen deutlich, dass sich jede Entscheidung in einem Feld auf alle anderen Felder auswirkt. Wir gehen im Folgenden auf die einzelnen Bedingungs- und Entscheidungsfelder ein.

a) Anthropogene Voraussetzungen

Beginnen wir mit den *Bedingungsfeldern des Unterrichts*, auf die Sie als Politiklehrkräfte zwar keinen unmittelbaren Einfluss nehmen können, die aber einen z.T. massiven Einfluss auf Ihren Unterricht haben. Als *anthropogene Voraussetzungen* sind alle Voraussetzungen zu verstehen, die aufgrund der Tatsache existieren, dass diejenigen, die das komplexe Sozialsystem *Unterricht* konstituieren, gleichermaßen Individuen und Vertreter*innen einer ganz bestimmten Spezies mit ihren typischen Merkmalen sind. Insbesondere geht es hier um die Voraussetzungen, die Ihre Schüler*innen mit in den Unterricht hineinbringen, und die sich „anlage- und reifebedingt unabhängig vom Einfluss des Lehrers immer wieder durchsetzen" (Meyer 2005, 119). Als die wichtigsten dieser Voraussetzungen können die entwicklungs- und lernpsychologischen Voraussetzungen angesehen werden – übrigens einer der Gründe dafür, dass Sie während Ihres Studiums Veranstaltungen in Pädagogischer Psychologie besuchen (oder jedenfalls dringend besuchen sollten). So ist es von essenzieller Bedeutung, dass Sie zumindest über fundamentale Kenntnisse im Hinblick auf Kognition, Motivation und Emotionen sowie deren Zusammenspiel, Lernen und Wissenserwerb sowie Diagnostik und Evaluation verfügen (anstelle vieler sei Ihnen das Standardwerk von Seidel/Krapp 2014 empfohlen). Tun Sie dies nicht, so laufen Sie Gefahr, Ihre Schüler*innen zu über- oder unterfordern, zu langweilen, kein Interesse zu wecken, nicht zu verstehen, was aus welchen Gründen gut oder schlecht funktioniert (hat), keinen Ansatzpunkt zur Verbesserung von Lehr-Lernsettings zu finden usw. usf. Eine besondere Bedeutung kommt in diesem Zusammenhang auch den unterschiedlichen Lerner*innentypen im Politikunterricht zu, die Weißeno (1989) und Schelle (1995) rekonstruieren konnten (siehe Kap. 5.3.3). Als eine insgesamt recht neue Herausforderung tritt zudem der gesamte Komplex der inklusiven politischen Bildung hinzu (dazu etwa Dönges/Hilpert/Zurstrassen 2016; Hölzel/Jahr 2019), deren rechtliche Grundlage die Behindertenrechtskonvention der Vereinten Nationen ist (UN 2006; Beauftragte der Bundesregierung 2017, siehe Kap. 6.2). Eine Übersicht darüber, was die politikdidaktische Forschung über Ihre zukünftigen Schüler*innen herausgefunden hat, finden Sie in den Kapiteln 5.3.2 und 5.3.3.

b) Sozialkulturelle Voraussetzungen

Neben den anthropogenen stellen die *sozialkulturellen Voraussetzungen* Bedingungsfelder des Unterrichts dar. Zwar sind diese grundsätzlich einem gesellschaftlichen Wandel unterworfen, doch trotz ihres konkreten Situationsbezugs mit Blick auf eine bestimmte Schule, Klasse, Unterrichtsstunde und/oder Lernende sind diese Voraussetzungen durch Lehrpersonen nicht unmittelbar zu beeinflussen bzw. zu verändern. Da die Fülle dieser Voraussetzungen im Sinne gesellschaftlicher Rahmenbedingungen des politischen Lehrens und Lernens so immens groß ist (u.a. Schulsystem, Schultyp, Klassenklima, Elternhaus, Stadtteil), können diese hier unmöglich auch nur annähernd erschöpfend behandelt werden (dazu überblicksartig Seidel/Krapp 2014, siehe Kap. 5.3.2 und 5.3.3). Stattdessen wird der Blick an dieser Stelle exemplarisch auf eine dieser Voraussetzungen gerichtet, die besonders relevant für den Politikunterricht ist: die politischen Orientierungen von Kindern, Jugendlichen und jungen Erwachsenen. Dass man sich überhaupt für deren Orientierungen (kognitiv, affektiv, evaluativ) interessiert, liegt in der Grundannahme der politischen Kulturforschung (grundlegend dazu Almond/Verba 1965; überblicksartig Pickel/Pickel 2006) begründet, dass die Stabilität (besser: Persistenz) eines politischen Systems nicht nur von strukturellen Minimalbedingungen wie Rechts- und Verfassungsstaatlichkeit, Gewaltenteilung, einem pluralen Parteiensystem, regelmäßig stattfindenden, freien und fairen Wahlen usw. abhängig ist, sondern eben auch von den politischen Orientierungen (Werte, Einstellungen, Meinungen) der Bürger*innen gegenüber diesem System. Kurz gesagt: Umso mehr die Bürger*innen über ihr politisches System wissen, umso mehr sie sich für Politik interessieren, umso ausgeprägter ihre emotionalen Bindungen an das System, dessen Institutionen und deren Personal sind (politisches Vertrauen) und umso besser all diese Aspekte von den Bürger*innen bewertet werden (politische Unterstützung), desto weniger anfällig ist dieses System mit Blick auf sein potenzielles Scheitern. Da Kinder, Jugendliche und junge Erwachsene nun einerseits der Seismograf künftiger gesellschaftlicher Entwicklungen sind und andererseits die Demokratie als Staatsform zwingend auf politisch gebildete Bürger*innen angewiesen ist (Breit/Schiele 2004), weil sie stets neu erlernt werden muss und nicht aus sich selbst heraus existieren kann,[10] sind die politischen Orientierungen dieser Gruppe mithin von ganz besonders großem Interesse.

Nun können die Ergebnisse der politischen Kulturforschung sowie die der Kinder- und Jugendforschung hier nicht ausgebreitet werden (siehe dazu etwa die regelmäßig erscheinenden Shell-Jugendstudien), auf einen Aspekt wollen wir aber gleichwohl eingehen. Im Zusammenhang mit den politischen Orientierungen Jugendlicher wird mit einer doch erstaunlichen Regelmäßigkeit auf die *Politikverdrossenheit* dieser Gruppe verwiesen (zur Unbrauchbarkeit dieses Begriffs siehe insb. Arzheimer 2002). Fakt ist jedoch, dass die Rede von der Politikverdrossenheit von Kindern, Jugendlichen und jungen Erwachsenen empirisch schlicht nicht triftig ist (knapp dazu Partetzke 2016, 1–9). Sie tun als (zukünftige) Politiklehrkräfte also sehr gut daran, entsprechende Behauptungen nicht ungeprüft hinzunehmen, sondern stattdessen selbst einen kritischen Blick in entsprechende Studien zu werfen und/oder gegebenenfalls eigene kleine Erhebungen in den von Ihnen unterrichteten Klassen durchzuführen. Schließlich wäre es fatal, Sie würden in der Annahme, Ihre Schüler*innen interessierten sich nicht für Politik, wüssten kaum etwas darüber usw., im gut gemeinten Sinne da-

10 So auch das bekannte Diktum des ehemaligen Richters am Bundesverfassungsgericht Böckenförde (1991, 112): „Der freiheitliche, säkularisierte Staat lebt von Voraussetzungen, die er selbst nicht garantieren kann."

zu möglichst passende Lehr-Lernsettings entwerfen, in Wahrheit aber säßen hochpolitische (und hochpolitisierte) Lernende vor Ihnen, die sich dann – völlig zurecht – von Ihnen nicht ernst genommen fühlten. So zeigen die bereits erwähnten Shell-Jugendstudien, die in einem Abstand von ca. vier Jahren regelmäßig erscheinen, relativ stabil, dass zwar politisches Engagement nicht zu den *hot topics* der Jugendlichen zählt, aber vielen von ihnen Werteorientierungen wichtig sind, die eine klare politische Dimension haben (z.B. umweltbewusstes Leben, Wohlstand, Hilfe für sozial Benachteiligte). Politikunterricht sollte die politische Dimension der Werteorientierung von Jugendlichen deutlich machen. Dazu passt auch das Ergebnis der Shell-Jugendstudien, dass zwar eine relativ große Distanz gegenüber konventionellen Formen der Parteipolitik besteht, aber themenspezifisches und projektartiges politisches Engagement durchaus wichtig für Jugendliche sind (zuletzt Albert u.a. 2019, 101, 109).

4.1.3 Zur Rolle der Lehrperson

Bevor nachfolgend die Entscheidungsfelder des Unterrichts näher erläutert werden, lassen Sie uns zunächst noch einen Blick auf Sie selbst als (zukünftige) Politiklehrer*innen werfen. Sie nämlich stehen gewissermaßen im Raum zwischen den beiden Feldern, werden aber häufig übersehen. So können Sie sich zwar langfristig in Ihrer Lehrer*innenpersönlichkeit, professionalität und in Ihrem Selbstverständnis verändern und – im besten Falle – positiv weiterentwickeln. Gleichwohl stellen Sie aber selbst einen nicht unerheblichen Einflussfaktor auf Unterricht dar, der sich nicht ohne Weiteres *on the job* verändern lässt. Zur Verdeutlichung dieses Gedankens sollen uns die *Paradigmen der Lehrer*innenforschung* dienen, also Antworten auf die Frage danach, wodurch sich gute Lehrer*innen auszeichnen (ausführlicher dazu Bromme u.a. 2006, 296–334). War zunächst das *Persönlichkeitsparadigma* leitend (gute Lehrer*innen verfügen über bestimmte (Charakter-)Tugenden), das vom *Prozess-Produktparadigma* abgelöst worden ist (bestimmte Merkmale des Lehrer*innenhandelns wirken sich positiv auf Schüler*innenverhalten aus), hat sich inzwischen das *Expert*innenparadigma* durchgesetzt. Demgemäß verfügen gute Lehrer*innen über ein „Ensemble von Fertigkeiten und Wissen, das für die Bewältigung der beruflichen Anforderungen erforderlich ist“ (ebd., 304 f.). Neben dem „handlungsleitenden Wissen und Können“ (fachliches, pädagogisches, fachdidaktisches Wissen, Selbstregulation usw.) ist die Wahrnehmung von Lehrpersonen hinsichtlich der Ziele und Anforderungen „zur Bewältigung anstehender Unterrichtsaufgaben“ (Überzeugungen, Motivation usw.) Teil dieses Ensembles (ebd., 305). Da nun davon ausgegangen wird, dass sich dieses Ensemble durch Studium, Referendariat sowie Fort- und Weiterbildung erwerben und weiterentwickeln lässt, stellt der sogenannte *Reflective Practitioner* (Schön 1983) inzwischen ein weithin anerkanntes Leitbild der Lehrer*innenbildung dar (kritisch dazu Leonhard/Abels 2017). Damit ist eine Persönlichkeit gemeint, die über praxistaugliches Wissen und routiniertes Können verfügt, dabei aber nicht in ‚blinder Routine' gefangen bleibt, sondern die eigenen Ansichten und das eigene berufliche Tun immer auch professionell hinterfragt und weiterentwickelt. Hierbei geht es auch darum, dass Sie als *Reflective Practitioner* – jedenfalls perspektivisch – nicht nur zu einer *reflection-on-action*, sondern auch zu einer *reflection-in-action* in der Lage sind. Sie sollen also zu einem bestimmten Zeitpunkt Ihrer Berufslaufbahn nicht nur über die Fähigkeit verfügen, sensibel für Ihre „eigenen Verstrickungen" in pädagogischen Situationen zu sein und diese Situationen „systematisch für sich und im Austausch mit der Gemeinschaft" (bspw. dem Kollegium) zu analysieren (*reflection-on-action*). Zudem sollen sie auch dazu in der Lage sein, im Moment des Unterrichtens selbst auf diese Situationen zu reagieren (*reflection-in-action*), sie also auf ihre „fachlichen, fachdidaktischen und pädagogischen Anforderungen, unterschiedliche Ausgangslagen in heterogenen Lerngruppen und in Bezug auf institutionelle Rahmungen und Widersprüche" hin zu untersuchen (ZfLB Bremen o.J.). Da diese Form der Reflexionsfähigkeit nicht nur hoch anspruchsvoll, sondern v.a. von Berufsanfänger*innen nicht zu erwarten ist, sind Sie als Lehrende also mitunter selbst ein recht stabiler Bedingungsfaktor von Unterricht (weitere Ansätze professionellen Lehrer*innenhandelns und Ergebnisse empirischer Studien zum Denken und Handeln von Lehrer*innen finden sich überblicksartig in Kap. 5.3.3).

4.1.4 Entscheidungsfelder des (Politik-)Unterrichts

a) Ziele des Politikunterrichts

Wie in Abb. 3 zu erkennen, existieren insgesamt vier Entscheidungsfelder des Politikunterrichts. Lassen Sie uns mit den *Zielen* politischer Bildung beginnen. Da hier – zumindest auf den ersten Blick – eine recht große Unübersichtlichkeit herrscht, schlagen wir folgenden Systematisierungsversuch vor, um dem ‚Zielkonvolut' etwas näher zu kommen.

Politische Mündigkeit und Emanzipation

Als das ‚Megaziel' politischer Bildung ist die politische *Mündigkeit* zu bezeichnen. Diese wird mit Immanuel Kant (1724–1804) als das Vermögen verstanden, sich seines eigenen Verstandes zu bedienen – und zwar ohne die Leitung eines anderen (Kant 1784, 481). Mit anderen Worten: Sie selbst sollen sich durch, mit und in Ihrem Unterricht letztlich mehr und mehr überflüssig machen. Wenn man von Mündigkeit spricht, so kommt man zudem nicht an Adorno vorbei, der sich kritisch mit Kant und dem Vernunftbegriff der Aufklärung auseinandergesetzt hat (Adorno 1971). Mündigkeit wird von Adorno nicht nur als ein gesellschaftlicher, sondern auch als ein politischer Begriff, v.a. aber als ein dynamisches Konzept verstanden. In dessen Zentrum steht das Nachdenken über die sich permanent wandelnde, gesellschaftlich bedingte Unmündigkeit (etwa durch Werbung, Kulturindustrie, Konsumgesellschaft). So verwundert es auch nicht, dass dem Begriff der Mündigkeit von einigen Erziehungswissenschaftler*innen und Politikdidaktiker*innen der Begriff der *Emanzipation* (lat. *ex manu capere*, deutsch *Freilassung*) zur Seite (gelegentlich auch gegenüber-) gestellt worden ist (Mollenhauer 1969; Lempert 1971; Greco/Lange 2017). Während Mündigkeit die Fähigkeit des Selbstdenkens betont, richtet sich Emanzipation auf die Freisetzung der Individuen aus unbegründeten Einschränkungen und Herrschaftsverhältnissen. An der Frage *Mündigkeit vs. Emanzipation* hat sich eine heftige und nach wie vor anhaltende Kontroverse innerhalb der Politikdidaktik und politischen Bildung entsponnen (dazu etwa Görtler u.a. 2017), die sich bei genauerer Betrachtung jedoch als Scheindebatte offenbart (Partetzke 2017).

Als Unterrichtsziele sind Mündigkeit und/oder Emanzipation jedenfalls einigermaßen abstrakt. Dennoch sind diese abstrakten Begriffe für Ihre konkrete Unterrichtsarbeit nicht wertlos. Zwar lassen sich keine Unterrichtsziele oder Unterrichtsverfahren bestimmen, deren Erreichen Ihnen die Gewissheit geben könnte, dass Ihre Schüler*innen nach Ihrem Unterricht etwas mündiger oder emanzipierter geworden sind, Unterrichtsarrangements lassen sich aber sehr gut daraufhin reflektieren (Stichwort: *Reflective Practitioner*), ob sie Mündigkeit (Selbstdenken) und Emanzipation (Kritik von unbegründeten Einschränkungen) verhindert haben. Gerade in Zeiten der Kompetenzorientierung, die abrechenbare Kompetenzziele in den Mittelpunkt stellt, sollte man hin und wieder überlegen, ob der eigene Unterricht Mündigkeit und Emanzipation möglicherweise nicht systematisch verhindert.

Demokratisch-politisches Bewusstsein

Als etwas konkreter nimmt sich das zweite Leitziel der politischen Bildung aus: die Entwicklung eines demokratisch-politischen Bewusstseins (Lange 2008b). Ohne hier auf die vielfältigen Facetten des Bewusstseinsbegriffs und seine mitunter ideologischen Färbungen eingehen zu können, lässt sich festhalten, dass der Begriff in der Politikdidaktik stark in die Nähe von Wissen und subjektiven Theorien über Gegenstände der Welt gerückt und weniger im Sinne von Bewusstsein der eigenen Person verwendet wird. Danach ist das politische Bewusstsein der Teil des menschlichen Bewusstseins, in dem „Vorstellungen über Politik aufgebaut werden“ (Lange 2005, 260). Mit Blick auf den konkreten Politikunterricht hilft jedoch auch dieses Leitziel nicht so recht weiter.

Bürgerleitbilder

Anders verhält es sich mit den sogenannten Bürgerleitbildern der politischen Bildung. Die Diskussion geht zunächst einmal von verschiedenen Bürgertypen aus, die sich durch unterschiedliche Ausprägungsgrade ihres politischen Engagements unterscheiden. Neben dem *enthusiastisch-idealistischen Bürgerleitbild* der politischen Pädagogik (dazu Detjen 2013a, 216-226) und dem *politischen Aktivisten* als Leitbild der kritisch-emanzipatorischen politischen Bildung (dazu ebd., 218-220) fungiert v.a. das *differenzierend-realistische Bürgerleitbild* (dazu ebd., 220-226) als Richtschnur und Zielorientierung gegenwärtiger politischer Bildung – und zwar nicht zuletzt deshalb, weil es aus einer empirisch gesicherten Bürgertypologie abgeleitet worden ist.[11] Folgende Tabelle gibt einen Überblick über die Bürgertypen dieses Leitbildes (Tab. 2).

11 Als *enthusiastisch-idealistisch* wird das eine Bürgerleitbild bezeichnet, weil es „von einer faktisch unbegrenzten Bereitschaft des Einzelnen zum politischen Engagement“ (Detjen 2013a, 216) ausgeht. Das Leitbild des *politischen Aktivisten* ist wiederum stark von der Kritischen Theorie beeinflusst und fokussiert ebenfalls auf politische Partizipation, allerdings in explizit „gesellschaftskritischer Absicht“ (ebd., 219). Das *differenzierend-realistische* Bürgerleitbild schließlich stellt in Rechnung, dass die Bürger*innen eines Landes weder mit Blick auf ihre reale politische Partizipation in einen Topf geworfen werden können noch im Hinblick auf das von ihnen erwünschte politische Handeln (ebd., 220), denn wenn alle permanent politisch aktiv sind, wer soll dann noch Brötchen backen, Haare schneiden, Kinder unterrichten, Straßen bauen usw. usf.?

Tab. 2: Bürgertypen des differenzierend-realistischen Bürgerleitbildes der politischen Bildung

Desinteressierte	(entspricht nicht der Zielorientierung politischer Bildung)
reflektierende Zuschauer*innen	„Dieses sehr reduzierte Bürgerkonzept beschreibt den Bürger als einen ‚bloß' wissenden Bürger. Er muss, wie bei einem Fußballspiel, die Regeln kennen, um das Spiel verstehen zu können. Es handelt sich im optimalen Fall um den Typ des gut informierten Zeitungslesers, der (gut informiert) differenziert diskutieren kann" (Deichmann 2004, 30).
Interventions-bürger*innen	„Der interventionsfähige Bürger besitzt die doppelte Kompetenz des Urteils: Er weiß, wann die eigene Einmischung in das politische Geschehen notwendig wird, wo und wie sie wirksam werden kann" (ebd.).
politische Aktivbürger*innen	„Der Aktivbürger sieht seine wichtigste Aufgabe darin, sich aktiv am politischen Geschehen in Verbänden, Parteien, Vertretungskörperschaften auf allen Ebenen zu beteiligen" (ebd.).

Quelle: Eigene Darstellung.

Die Frage, welchen Bürgertypus Sie Ihrer Arbeit zugrunde legen sollten, führt zu den Bürgerleitbildern und ist eine umstrittene. Für gewöhnlich wird in dem*r reflektierten Zuschauer*in das Minimal-, in dem*r interventionsfähigen Bürger*in das Regel- und in dem*r politischen Aktivbürger*in das Maximalziel politischer Bildung gesehen (dass und warum aber die*der Aktivbürger*in das Regelziel sein sollte, wird in Partetzke 2016, 132–136 diskutiert). Mitunter wird auch darauf hingewiesen, dass die Entscheidung für einen Bürgertypus gar nicht von Lehrer*innen zu treffen ist, sondern – Stichwort: *Mündigkeit* – Schüler*innen überlassen bleiben muss, da es eine Reihe legitimer Bürgertypen gibt. Die Aufgabe der Lehrer*innen bestünde dann hauptsächlich darin, den Schüler*innen Gelegenheiten dazu zu geben und sie in die Lage dazu zu versetzen, ihre eigene Bürgerrolle in der Demokratie zu finden. Ungeachtet dessen bleibt aber gültig, dass ein desinteressierter Bürger nicht das Ziel politischer Bildung sein kann (Sander 2013c, 49).

Die politikdidaktischen Überlegungen zu den Bürgerleitbildern werden in jüngster Zeit von einer Diskussion um *Citizenship* aufgegriffen und – beeinflusst durch internationale Konzepte – weitergeführt. Während die Bürgerleitbilder vornehmlich die Ausprägung und Intensität der Partizipation thematisierten, fragt die neue *Citizenship*-Diskussion stärker nach den inhaltlichen Herausforderungen von Bürgerschaft in modernen Gesellschaften. Dafür werden Phänomene wie der Abbau des Sozialstaates, der Bedeutungsverlust des Nationalstaates (transnationale Regime), Globalisierung und Migration, aber auch Digitalisierung aufgegriffen und im Hinblick auf ihre Bedeutung für die Bürgerschaft untersucht. Inwiefern geht die Bürgerrolle in der einer*s Konsument*in auf? Mit welchen Einschränkungen haben Bürger*innen zu tun, wenn sie auf transnationale Entscheidungsfindung kaum noch Einfluss haben? Wer gehört in Zeiten von Migration dazu? Wie verändern sich Partizipationsmöglichkeiten und -praktiken durch Digitalisierung? (Eis 2020, Grammes/Torrau 2021, Kenner/Lange 2018).

Domänenspezifische Kompetenzen

Mit den sogenannten *domänenspezifischen Kompetenzen* gehen wir nun noch eine Stufe weiter hinab und werden damit im Hinblick auf Politikunterricht ein ganzes Stück konkreter. Zuvor müssen wir allerdings etwas ausholen. Zunächst einmal ist der Kompetenzbegriff, auch wenn er seit einiger Zeit in aller Munde ist, keineswegs ein neuer. So existiert bereits seit Anfang der 1970er Jahre ein auf pädagogisch-anthropologischen Überlegungen ruhender Kompetenzbegriff, den Heinrich Roth (1906–1983) in die Diskussion eingeführt hat. Dieser verstand Kompetenz

> „in einem dreifachen Sinne: a) als *Selbstkompetenz* […], d.h. als Fähigkeit, für sich selbst verantwortlich handeln zu können, b) als *Sachkompetenz*, d.h. als Fähigkeit, für Sachbereiche urteils- und handlungsfähig und damit zuständig sein zu können, und c) als *Sozialkompetenz*, d.h. als Fähigkeit, für sozial, gesellschaftlich und politisch relevante Sach- oder Sozialbereiche urteils- und handlungsfähig und also ebenfalls zuständig sein zu können" (1971, 180).

Lange Zeit hat sich dieser *inputorientierte* Kompetenzbegriff als tragfähig erwiesen. *Inputorientiert* bedeutet, dass sich politische Bildner*innen vornehmlich über die Gestaltung von Lernangeboten Gedanken gemacht haben, die dazu beitragen sollten, die entsprechenden Kompetenzen bei Lernenden auszuprägen. Auch in der Politikdidaktik und politischen Bildung ist ein solches kompetenzorientiertes Denken keineswegs neu. Insbesondere die Orientierung des Unterrichts – gleichsam im Bereich der Sachkompetenz – auf politische Urteilsfähigkeit ist seit den 1960er Jahren in der Diskussion (Engelhardt 1968). Spätestens mit der ersten PISA-Studie (Baumert u.a. 2001) und dem schlechten Abschneiden deutscher Schüler*innen in dieser und weiteren, international vergleichenden Schulleistungsstudien (sogenannter *PISA-Schock*) hat sich im Land der Dichter und Denker aber eine tiefgreifende kulturelle Kränkung breitgemacht

(Besand 2007, 9). Diese Kränkung hat nicht weniger als einen bildungspolitischen Katastrophenalarm ausgelöst, im Zuge dessen sich eine maßstabgebende Idee durchsetzen konnte:

> „dem deutschen Bildungssystem durch die Formulierung klarer und überprüfbarer Zielvorgaben aus der Krise zu helfen. Diese Zielvorgaben [...] sollten so formuliert sein, dass sie eine Leistungskontrolle und Evaluation ermöglichen und damit letztlich zu einer Steigerung von Vergleichbarkeit, Verbindlichkeit und Effektivität des schulischen Unterrichts führen" (ebd., 11).

Beschritten worden ist damit also ein neuer Weg – der alte Kompetenzbegriff Roths wird durch einen neuen Kompetenzbegriff empirisch-psychologischer Provenienz abgelöst. Zwar existieren viele verschiedene Definitionen dieses neuen Begriffes, die zweifelsfrei prominenteste aber stammt von Franz E. Weinert (1930–2001). Dieser versteht unter Kompetenz

> „die bei Individuen verfügbaren oder durch sie erlernbaren kognitiven Fähigkeiten und Fertigkeiten, um bestimmte Probleme zu lösen, sowie die damit verbundenen motivationalen, volitionalen und sozialen Bereitschaften und Fähigkeiten, um die Problemlösungen in variablen Situationen erfolgreich und verantwortungsvoll nutzen zu können" (2002, 27 f.).

Mit diesem neuen Kompetenzbegriff vollzog sich auch ein Paradigmenwechsel hin zur *Outputorientierung*, wonach sich der Unterricht im wahrsten Sinne des Wortes daran messen lassen muss, ob die angestrebten Kompetenzziele auch erreicht werden. Die Messbarkeit von Kompetenzzielen ist mithin integraler Bestandteil der neuen Kompetenzorientierung – was aber, wenn man bestimmte Kompetenzen gar nicht messen kann?

Jedenfalls ist im Jahr 2004 die Gesellschaft für Politikdidaktik und politische Jugend- und Erwachsenenbildung (GPJE) gewissermaßen proaktiv tätig geworden und hat einen eigenen Entwurf eines Kompetenzmodells für die politische Bildung vorgelegt (Abb. 4). Erstmals wurde damit für die Unterrichtsfächer der politischen Bildung ein – zunächst – weithin konsensuelles Kompetenzstrukturmodell präsentiert, im Rahmen dessen konkretisiert wurde, was Roth als „Sachkompetenz" bezeichnet hatte.

Abb. 4: GPJE-Kompetenzmodell

Konzeptuelles Deutungswissen

Politische Urteilsfähigkeit Politische Ereignisse, Probleme und Kontroversen sowie Fragen der wirtschaftlichen und gesellschaftlichen Entwicklung unter Sachaspekten und Wertaspekten analysieren und reflektiert beurteilen können	**Politische Handlungsfähigkeit** Meinungen, Überzeugungen und Interessen formulieren, vor anderen angemessen vertreten, Aushandlungsprozesse führen und Kompromisse schließen können
Methodische Fähigkeiten Sich selbständig zur aktuellen Politik sowie zu wirtschaftlichen, rechtlichen und gesellschaftlichen Fragen orientieren, fachliche Themen mit unterschiedlichen Methoden bearbeiten und das eigene politische Weiterlernen organisieren können	

Quelle: GPJE (2004, 13).

Freilich hat es sich dabei auch um ein strategisches Papier gehandelt, das mit relativ heißer Nadel gestrickt worden ist. Auch wenn dieser Prozess, der im Nachgang innerhalb der Politikdidaktik zu einigen massiven und teilweise bis heute andauernden Kontroversen geführt hat, hier nicht ausführlich nachgezeichnet werden kann, so seien doch zumindest einige zentrale Wegmarken genannt.[12] So hat mit dem Entwurf der Fachgruppe Sozialwissenschaften (Behrmann/Grammes/Reinhardt 2004) noch im gleichen Jahr ein Alternativmodell zu dem der GPJE vorgelegen. Dieses Modell unterscheidet die fünf Kompetenzen 1.) soziale Perspektivenübernahme, 2.) Konfliktfähigkeit, 3.) sozialwissenschaftliches Analysieren, 4.) politische Urteilsfähigkeit und 5.) demokratische Handlungsfähigkeit (ebd. 337 f.). Im Gegensatz zum GPJE-Modell wird hier ein theoretisch begründeter Vorschlag unterbreitet, die verschiedenen Kompetenzen in unterschiedliche Niveaus zu differenzieren (zu graduieren). Demnach werden die fünf Kompetenzen auf einem personalisierenden Niveau, einem institutionellen Niveau und einem systemischen Niveau entfaltet (siehe zur weiteren Erläuterung Kap. 5.3.3).

12 Explizit Erwähnung finden soll allerdings, dass eigentlich nötige Reflexionen über den „standardisierten Schüler" (Spinner 2005) oder den durchaus im mehrfachen Wortsinn zu begreifenden „vermessenen Menschen" (Dust/Mierendorff 2010) innerhalb der Politikdidaktik weitgehend ausgeblieben sind (eine der wenigen Ausnahmen ist Sander 2013a).

Eingeschlagen hat sodann das 2010 erschienene Buch „Konzepte der Politik. Ein Kompetenzmodell" von Weißeno u.a. Diese Publikation hat derart viel Kritik auf sich gezogen, dass ihr nur ein Jahr darauf eine Streitschrift mit dem Titel „Konzepte der politischen Bildung" gefolgt ist (Autorengruppe Fachdidaktik 2011). Davon relativ unbeeindruckt haben seine Autor*innen jedoch konsequent an ihm weitergearbeitet und 2012 ein Modell der *Politikkompetenz* vorgelegt (Detjen u.a. 2012), das mit dem Anspruch auftritt, nun auch ein Kompetenzmodell zu sein, das sich im Rahmen von Kompetenztestungen operationalisieren (also in Messinstrumente übersetzen) lässt. Im Mittelpunkt dieses Kompetenzmodells stehen die Kompetenzdimensionen 1.) politisches Wissen, 2.) politische Urteilskompetenz, 3.) politische Handlungskompetenz und 4.) politisches Interesse und politische Einstellungen. Allerdings ist es den Vertreter*innen dieses Modells noch nicht gelungen, theoretisch fundierte und empirisch gesicherte Stufen oder Niveaus der einzelnen Kompetenzen zu modellieren.

Für Sie besonders wichtig: Die in den unterschiedlichen Kompetenzmodellen versammelten Kompetenzen widersprechen sich kaum und stehen eher in einem Überschneidungs- und Ergänzungsverhältnis zueinander. Angesichts der Vielfalt in der wissenschaftlichen Diskussion sind für Sie als (zukünftige) Politiklehrkräfte indes zwei weitere Aspekte von Belang:

a. Wie gezeigt, ist die Frage der Kompetenzorientierung eine hochgradig umstrittene und der wissenschaftliche Diskurs zu ihr ist keineswegs abgeschlossen. Gleichwohl müssen Ihre Schüler*innen von Ihnen kompetenzorientiert beschult werden. Die diesbezüglichen Einlassungen in den Lehrplänen sind aber stets bildungspolitisch gerahmt, vorläufig und jeweils beeinflusst von der Handschrift unterschiedlicher Kolleg*innen und deren Positionen innerhalb der oben skizzierten Debatte.
b. Bei Kompetenzen handelt es sich um theoretische Konstrukte. Im Unterricht verlangt und in Testsituationen gemessen werden aber immer nur beobachtbare Handlungen, also das, was die Schüler*innen mit ihren Kompetenzen zustande bringen, die sogenannten Performanzen. Solche Performanzen sind etwa politische Urteile zu artikulieren, Lösungsvorschläge für politische Probleme oder Konflikte zu unterbreiten oder sich in sozialer Auseinandersetzung politisch zu streiten. Wollen Sie die Performanzen Ihrer Schüler*innen weiterentwickeln und/oder messen, dann müssen Sie diesen also überhaupt erst die Möglichkeit dazu geben, wirklich performen zu können. Daher sollten Anforderungs-

situationen, die die Schüler*innen zu einer Performanz auffordern, das didaktische Zentrum eines politisch-sozialwissenschaftlichen Unterrichts bilden (May 2011).

Kompetenzen und Standards unterrichtspraktisch gewendet – Anforderungssituationen

Vom amerikanischen Philosophen und Pädagogen John Dewey stammt der Satz, eine „einleitende Zielangabe hat auf die geistige Haltung der Schüler kaum mehr Einfluss als das Schellen einer Glocke" ([1909] 2002, 150 f.). Es spricht natürlich nichts dagegen, den Schüler*innen das Ziel des Unterrichts mitzuteilen (Grammes 2012, 199–211), aber die Aussage von Dewey macht darauf aufmerksam, dass eine bloße Zielangabe, noch dazu, wenn sie im Didaktikjargon daherkommt (z.B. Urteilskompetenzen, Handlungskompetenz, sozialwissenschaftliches Analysieren), die Schüler*innen nicht in die Auseinandersetzungen mit Unterrichtsgegenständen involviert, in denen dann die angestrebten Ziele erreicht werden. Gerade wenn es im Politikunterricht nicht nur um die Vermittlung von Wissen, sondern um die Entwicklung von Kompetenzen (= Fähigkeiten zur Bearbeitung komplexer Problemsituationen, siehe dieses Kapitel oben) gehen soll, müssen Lehrkräfte Entscheidungen darüber treffen, wie die Kompetenzausprägung angeregt werden kann. Einfach ausgedrückt, besteht das Vorgehen darin, die Schüler*innen mit genau solchen Problemen oder problemhaften Situationen zu konfrontieren, zu deren Bewältigung sie die Kompetenzen brauchen bzw. erst entwickeln müssen. Das didaktische Entscheidungsdenken der Lehrkräfte besteht also darin, von den Kompetenzen auf *inhaltlich-problemhafte Anforderungssituationen* zu schließen, die *Begegnung* der Schüler*innen mit einer Anforderungssituation zu inszenieren und den Unterricht als eine Auseinandersetzung mit der Anforderungssituation zu organisieren (May 2011, May 2015b, Hahn-Laudenberg 2022).

Für den Politikunterricht lassen sich unterschiedliche Typen solcher Anforderungssituationen festhalten, die für konkrete Unterrichtsvorhaben thematisch konkretisiert werden müssen und vielfältige Gelegenheiten für die Anwendung und Entwicklung der Kompetenzen bieten (folgende Zusammenstellung leicht verändert nach May 2015b, 51 f.):

- Begegnung mit gesellschaftlichen oder politischen Problemen, also Zuständen oder Entwicklungen, die bedrohlich wirken und nach Abhilfe verlangen (z.B. demografischer Wandel, Umweltzerstörung, Arbeitslosigkeit), ohne dass die Mittel der Problembereinigung bereits offensichtlich wären.
- Begegnung mit politischen Konflikten, die in der Gesellschaft latent angelegt oder manifest gegeben sind. Gemeint sind nicht (nur) persönliche Auseinandersetzungen, sondern Konflikte zwischen aggregierten gesellschaftlichen Interessen (Parteien, Verbänden), die im Kontext rechtlicher Rahmenbedingungen ausgetragen werden.
- Begegnung mit politischen Urteilen und an diesen ausgerichteten Forderungen oder Entscheidungen. Bürger*innen sowie Politiker*innen verfolgen Interessen, fällen moralisch brisante Urteile, treffen Entscheidungen und fordern damit Mitbürger*innen heraus. Sie rufen Reaktionen und (zustimmende, ablehnende, differenzierende) Positionierungen hervor.
- Begegnung mit personalisierten Problemen, Konflikten oder Entscheidungen, d.h. die Begegnung mit Fällen. In Fällen handeln natürliche oder juristische Personen als Protagonisten. Sie bewegen sich in Problem-, Konflikt- oder Entscheidungskontexten. So kann das Problem des Klimawandels an betroffenen Landwirten, der Konflikt um das Tragen des Kopftuches in öffentlichen Gebäuden am Beispiel der eigenen Schule und die Entscheidung zur Erhöhung des Bürgergeldes an betroffenen Familien thematisiert werden. Fälle liegen somit quer zu den ersten drei Anforderungssituationen und können verschiedene politische Materien (Probleme, Konflikte, Entscheidungen) in sich aufnehmen.
- Begegnung mit politischen Manifestationen. Politische Urteile begegnen uns oft nicht unmittelbar, sondern in Form von Zeitungsartikeln, Karikaturen, Plakaten, Werbespots oder Reden. In dieser Form erscheinen sie oft rätselhaft und unklar und verlangen nach Dechiffrierung und Deutung.
- Begegnung mit unklaren Situationen und Informationsdesideraten, bei denen Wissen zu gesellschaftlichen und politischen Phänomenen fehlt (z.B. Wähler*innenverhalten, Wahlverhalten bei der Schulwahl, fremdenfeindliche Einstellungen an unserer Schule) und die nach der Generierung von Wissen verlangen.

Bildungsstandards

Noch konkreter als Mündigkeit und Emanzipation, demokratisch-politisches Bewusstsein, Bürgerleitbilder und domänenspezifische Kompetenzen sind schließlich die sogenannten *Bildungsstandards*. Diese Standards, die als Minimal-, Regel- und Maximalstandards ausbuchstabiert werden können (KMK 2004, 9), beschreiben u.a. diejenigen domänenspezifischen Kompetenzen, die Schüler*innen eines bestimmten Schultyps bis zu einem bestimmten Zeitpunkt ihrer Bildungs- bzw. Schullaufbahn erreicht haben sollen (dazu und weiterführend ebd., 6). In aller Regel drücken sich diese Standards über *Operatoren* aus. Schüler*innen der Unterrichtsfächer der politischen Bildung sollen Phänomene der politischen/sozialen Realität (dazu Deichmann 1981) also u.a. identifizieren, benennen, betrachten, beschreiben, einordnen, reflektieren, analysieren, bewerten, entschlüsseln, beurteilen, sich dazu kritisch ins Verhältnis setzen, eine begründete Position zu ihnen beziehen können usw. usf. In der politischen Bildung existieren jedoch Schwierigkeiten, solche Standards zu formulieren, gerade dann, wenn sie auch – bspw. orientiert an den Niveaus und Stufen der Kompetenzen – empirisch abgesichert sein, also in der Realität tatsächlich vorkommen sollen. Denn was etwa eine basale, eine mittlere und eine hochentwickelte politische Urteilskompetenz ausmacht und was Schüler*innen tun müssen, um diese Standards nachzuweisen, ist theoretisch und empirisch nach wie vor unklar. Dies wird insbesondere dann deutlich, wenn man die Curricula der politischen Bildung an Schulen untersucht: Zwar werden hier durchaus unterschiedliche Kompetenzstandards für die Schuljahrgänge angegeben, der Lernfortschritt orientiert sich aber eher an inhaltlichen und thematischen Aspekten als etwa an einer Vorstellung unterschiedlicher Ausprägungsgrade einer Kompetenz. Dies wird – um ein relativ aktuelles Beispiel anstelle vieler anderer zu wählen – am Curriculum aus Sachsen am Beispiel der politischen Urteilskompetenz deutlich:

- Am Ende der Klassenstufe 8: „Die Schüler entwickeln Urteilsfähigkeit, indem sie sich mit politischen Prozessen auf kommunaler Ebene kritisch auseinandersetzen [und] die Rolle der Medien reflektieren“.
- Am Ende der Klassenstufe 9: „Die Schüler entwickeln Urteilsfähigkeit, indem sie durch kontroverse Gesprächsführung sich mit vielfältigen Argumenten auseinandersetzen, ihre eigene Meinung hinterfragen und so zu einem reflektierten Werturteil gelangen [sowie] sich mit Chancen und Gefahren im Umgang mit traditionellen und digitalen Medien auseinandersetzen“.

- Am Ende der Klassenstufe 10: „Die Schüler entwickeln Urteilsfähigkeit, indem sie das Wirken der Europäischen Union als Akteur der internationalen Politik reflektieren“ (Sächsisches Staatsministerium für Kultus 2019, 8).

b) Beutelsbacher Konsens

Im Zusammenhang mit den beschriebenen Zielen wird immer wieder die Frage diskutiert, wie politisch die politische Bildung eigentlich selbst sein darf (siehe dazu auch Kap. 3.5). Dass sie es – insbesondere in ihrer Ausprägung als politische Erziehung – lange Zeit gewesen ist, steht völlig außer Zweifel (Abb. 5). So ist politische Bildung immer dann, wenn sie rein funktional und instrumentell gefasst ist, eine reine Gesinnungsangelegenheit. Lernende sollen sich dann etwa nicht mit der Frage auseinandersetzen, *ob* das politische System, in dem sie leben, das Beste ist, sondern lediglich affirmativ begründen, *warum* dies der Fall ist.

Abb. 5: Beispiel für politische Erziehung in der DDR

Quelle: Entnommen aus Lukasch (2012, 379).

Giesecke (1971, 14) konstatiert in diesem Zusammenhang, dass die politische Bildung – jedenfalls in ihrer staatlich organisierten Form – stets als „ein Reflex des herrschenden politischen Selbstverständnisses“ zu verstehen sei. Und Schmiederer (1977, 44) geht noch einen Schritt weiter, wenn er festhält, dass sich die These von Karl Marx (1818–1883) bestätige, dass „die herrschende Erziehung immer die Erziehung der Herrschenden sei." Es ist kein Zufall, dass hier ausgerechnet diese beiden Autoren zu Wort kommen, sind doch gerade die 1960/70er Jahre von einem heftigen Streit über die legitimen Ziele politischer Bildung durchzogen (siehe Kap. 3.3; anstelle vieler Sutor 2002). An dessen (vorläufigem) Ende aber steht der sogenannte *Beutelsbacher Konsens*, der auf eine Tagung der baden-württembergischen Landeszentrale für politische Bildung im schwäbischen Beutelsbach im Jahr 1976 zurückgeht und der gewissermaßen als der Minimalkonsens des oben genannten Streits verstanden werden kann.[13] Seine Grundsätze lauten:

1. „*Überwältigungsverbot*. Es ist nicht erlaubt, den Schüler – mit welchen Mitteln auch immer – im Sinne erwünschter Meinungen zu überrumpeln und damit an der ‚Gewinnung eines selbstständigen Urteils' zu hindern. Hier genau verläuft nämlich die Grenze zwischen Politischer Bildung und Indoktrination. Indoktrination aber ist unvereinbar mit der Rolle des Lehrers in einer demokratischen Gesellschaft und der – rundum akzeptierten – Zielvorstellung von der Mündigkeit des Schülers.
2. Was in Wissenschaft und Politik kontrovers ist, muß auch im Unterricht *kontrovers* erscheinen. Diese Forderung ist mit der vorgenannten aufs engste verknüpft, denn wenn unterschiedliche Standpunkte unter den Tisch fallen, Optionen unterschlagen werden, Alternativen unerörtert bleiben, ist der Weg zur Indoktrination beschritten. Zu fragen ist, ob der Lehrer nicht sogar eine *Korrekturfunktion* haben sollte, d.h. ob er nicht solche Standpunkte und Alternativen besonders herausarbeiten muß, die den Schülern (und anderen Teilnehmern politischer Bildungsveranstaltungen) von ihrer jeweiligen politischen und sozialen Herkunft her fremd sind. Bei der Konstatierung dieses zweiten Grundprinzips wird deutlich, warum der persönliche Standpunkt des Lehrers, seine wissenschaftstheoretische Herkunft und seine politische Meinung verhältnismäßig uninteressant werden. Um ein bereits genanntes Beispiel erneut aufzugreifen: Sein Demokratieverständnis

---

13 Neuere Beiträge zur Fachgeschichte können allerdings – zumindest in Ansätzen – zeigen, dass 1.) Elemente des späteren Konsenses bereits lange vorher existiert haben, 2.) Beutelsbach die bestehenden Spannungen und Kontroversen keineswegs beendet hat und dass es sich bei dem Konsens daher 3.) vielmehr um ein Narrativ handelt. Als Wendepunkt in der Politikdidaktik und politischen Bildung seien die Beutelsbacher Tagung und der auf sie zurückgehende Konsens jedenfalls nicht zu verstehen (Pohl/Will 2016, hier 58).

stellt kein Problem dar, denn auch dem entgegenstehende andere Ansichten kommen ja zum Zuge.

3. Der Schüler muß in die Lage versetzt werden, eine *politische Situation* und seine *eigene Interessenlage zu analysieren*, sowie nach Mitteln und Wegen zu suchen, die vorgefundene politische Lage im Sinne seiner Interessen *zu beeinflussen*. Eine solche Zielsetzung schließt in sehr starkem Maße die Betonung *operationaler Fähigkeiten* ein, was aber eine logische Konsequenz aus den beiden vorgenannten Prinzipien ist. Der in diesem Zusammenhang gelegentlich – etwa gegen Hermann Giesecke und Rolf Schmiederer – erhobene Vorwurf einer ‚Rückkehr zur Formalität', um die eigenen Inhalte nicht korrigieren zu müssen, trifft insofern nicht, als es hier nicht um die Suche nach einem Maximal-, sondern nach einem Minimalkonsens geht" (Wehling [1977] 2016, 24).

Auch wenn angesichts bestimmter politischer und gesellschaftlicher Entwicklungen (z.B. Umweltkrise, Rechtspopulismus und Demokratiekrise) berechtigt die Fragen gestellt werden können, ob denn wirklich alles, was politisch kontrovers ist, auch im Unterricht kontrovers sein muss (Drerup/Yacek 2019) und/oder ob wir den Beutelsbacher Konsens wirklich noch brauchen (Widmaier/Zorn 2016), bildet dieser doch nach wie vor einen wichtigen Orientierungspunkt für die professionelle Reflexion in der politischen Bildung. Fest steht jedenfalls: Demokratisch-politische Bildung stellt nicht *ausschließlich* – auch dann nicht, wenn sie staatlich organisiert ist – auf den Erhalt des bestehenden politischen Systems ab, sondern unterliegt auch

> „dem Primat der politischen Selbstverwirklichung mündiger Bürgerinnen und Bürger. Zwar hat auch die Politische Bildung die Funktion, demokratische Herrschaft zu legitimieren, zu fundieren und zu reproduzieren. Aber sie betont die Kompetenz zur politischen Selbstbestimmung und begreift die Autonomie und Mündigkeit des demokratischen Souveräns als Ausgangspunkt und als Orientierung des Bildungsprozesses. Politische Bildung zielt nicht einfach auf den Erhalt des demokratischen Status quo, sondern auf die Bildung urteils- und handlungskompetenter Bürgerinnen und Bürger, die sich ein politisches System so schaffen, so verändern und so erhalten können, dass es ihnen politische Selbstbestimmung ermöglicht. Politische Bildung legitimiert demokratische Herrschaft, indem sie die Urteils-, die Kritik- und die Handlungsfähigkeit des demokratischen Souveräns bildet" (Lange 2008a, 431 f.).

Parteilichkeit,[14] also die Ausbildung eines parteilichen Standpunktes bei ihren Adressat*innen bzw. Teilnehmer*innen, ist das Geschäft demokratisch-politischer Bildung mithin nicht! Neutralität aber auch nicht. Wie ist das zu verstehen?

c) Neutralitätsgebot für Politiklehrer*innen? Oder: Muss alles kontrovers unterrichtet werden?

Die Diskussion um ein angebliches Neutralitätsgebot von Politiklehrer*innen hat insbesondere im Zuge der sogenannten *AfD-Meldeportale* einige Aufmerksamkeit auf sich gezogen. Ja, es existiert – höchstrichterlich entschieden – ein Neutralitätsgebot für staatliche Organe (BVerfG 2018). Und ja, für Beamt*innen gilt ein Mäßigungsgebot (§ 60 (2) BBG; § 33 (2) BeamtStG). Aber: Wie insbesondere Reinhardt (2019, 17 f.) gezeigt hat, verwechselt die AfD – mutmaßlich in voller Absicht – die Ebenen (Schule vs. Unterricht) und verkürzt den verfassungsrechtlichen Bezug.

So bezieht sich das Neutralitätsgebot zwar einerseits auf die Chancengleichheit von Parteien im politischen Wettbewerb. Zurückhaltung der Lehrer*innen ist hier geboten, Einseitigkeiten sind zu vermeiden. Andererseits aber hat auch der Bildungs- und Erziehungsauftrag des Staates, der von der AfD in diesem Zusammenhang mit keiner Silbe erwähnt wird, Verfassungsrang. In Schule und Unterricht geht es in diesem Sinne um politisches Lernen für die Demokratie (Systembezug) mit dem Ziel der politischen Mündigkeit (individueller Bezug). Insofern ist Neutralität in der Schule fehl am Platze. „Neutralität als Bildungsziel taugt für autoritäre Staaten, nicht für die Demokratie" (ebd., 15: dort teilw. hervorg.).

Die politische Bildung bearbeitet das Spannungsfeld von parteipolitischer Neutralität: und normativer Orientierung auf die Prinzipien unserer Demokratie traditionellerweise mit dem Verweis auf die Kontroverse. Lehr-Lernsettings im Politikunterricht müssen demnach nachgerade zwingend „den Zugang zum politischen Wettbewerb öffnen – und das geht nur über die *Kontroverse* als Prinzip der Betrachtung und auch der Auseinandersetzung […]" (ebd., 15: dort teilw. hervorg.). Dadurch werden gleichsam zwei Fliegen mit einer Klappe geschlagen: Parteipositionen werden mit Zurückhaltung und ohne Präferenz in den Unter-

14 Etwa verstanden als der „Wesenszug aller Formen des gesellschaftlichen Bewußtseins in der Klassengesellschaft, der den Klassencharakter und die Klassengebundenheit des gesellschaftlichen Bewußtseins und des menschlichen Handelns zum Ausdruck bringt" (Kleines Politisches Wörterbuch 1973: 638; dort teilw. hervorg.; den Unterschied zur Parteinahme diskutiert etwa Reinhardt 2020).

richt gebracht und müssen sich in der Kontroverse bewähren, gleichzeitig werden die demokratischen Prinzipien mündiger politischer Urteilsbildung sowie der kontroversen Auseinandersetzung zwischen politischen Wettbewerber*innen zentral gestellt.

Doch: Zurückhaltung bezüglich der Parteienpräferenzen und gleichzeitig Orientierung auf Prinzipien unserer Demokratie – wie soll das gehen, wenn Parteien im politischen Spektrum oder gar in den Parlamenten zu finden sind, an deren Demokratieorientierung zu zweifeln ist? Geht die parteipolitische Zurückhaltung so weit, dass auch demokratiefeindliche und wissenschaftlich abwegige Positionen im Unterricht gleichberechtigt neben anderen Positionen mit offenem Ausgang verhandelt werden sollen? Müssen wirklich *alle* Positionen, die in der Gesellschaft und Politik kontrovers sind, auch im Unterricht kontrovers ausgetragen werden? Um diese Fragen dreht sich in jüngerer Zeit eine wissenschaftliche Diskussion, die im deutschsprachigen Raum insbesondere von dem Erziehungswissenschaftler Johannes Drerup (2021) angestoßen wurde, der wiederum die internationale Debatte um diese Frage aufgearbeitet hat. Nach Drerups Ansicht ist es völlig legitim, wenn man normativ-politische oder wissenschaftlich geklärte Fragen direktiv, d.h. nicht kontrovers und nicht mit offenem Ausgang, behandelt, also der Unterricht eher durch gelenkte Unterrichtsgespräche statt durch eine offene Pro-Kontra-Diskussion gekennzeichnet ist. Kritiker*innen weisen darauf hin, dass die Kontroverse mitunter aber dennoch pädagogisch geboten sein kann, um Schüler*innen mit abwegigen Positionen in der Kontroverse und damit im Unterrichtsgeschehen zu halten sowie Rückzug und Abblocken zu verhindern. Klare Regeln ließen sich kaum formulieren, in der Situation müsse jeweils abgewogen werden, was zu tun ist (z.B. May 2022).

Im Übrigen – und das hält bereits der zweite Grundsatz des Beutelsbacher Konsenses (Kontroversitätsgebot) fest – ist es Ihnen keineswegs verboten, Ihren eigenen politischen Standpunkt – als solchen explizit markiert – offenzulegen. Ob dieser für Ihre Schüler*innen interessant und/oder relevant ist, ist dann zwar eine ganz andere Frage (so ja schon Wehling 1977, 24). In Ihrem Bemühen darum, dass Ihre Schüler*innen zu politisch mündigen Bürger*innen werden, wäre es aber sicherlich nicht besonders förderlich, wenn Sie – danach gefragt – Ihre eigene politische Haltung (und damit sich selbst) hinter einem vermeintlichen Neutralitätsgebot verstecken würden. Denn (so ließe sich zurecht fragen): Wie authentisch wären Sie als Politiklehrer*in in Ihrer eigenen Bürger*innenrolle dann eigentlich?

d) Inhalte, Methoden und Medien

In den voranstehenden Abschnitten sind wir v.a. auf die Zieldimension der politischen Bildung eingegangen, weil wir der Ansicht sind, dass die Reflexion über Bildungs- und Lehr-Lernziele gerade für Studierende, die am Anfang ihres Professionalisierungsprozesses stehen, von großer Bedeutung ist. „Wenn man nicht genau weiß, wohin man will, landet man leicht da, wo man gar nicht hin wollte". Dieser Satz von Kurt F. Mager (1974, XVII) gilt auch dann, wenn man die Bedeutung der anderen Entscheidungsfelder des Unterrichts anerkennt. Zur Erinnerung: Neben den Zielen, waren dies die *Inhalte*, *Methoden* und *Medien* des Unterrichts.

Inhalte

In dieser Einführung etwas über die Inhalte der politischen Bildung auszusagen, kann nicht bedeuten, einen Überblick über die (curricularen) Inhalte zu geben. Sogar in Ihrem gesamten politikwissenschaftlichen Studium werden Sie aus Zeitgründen nicht dazu in der Lage sein, alle relevanten politischen und politikwissenschaftlichen Inhalte zu behandeln. Zu vielfältig ist das politische Geschehen, zu umfangreich sind die politikwissenschaftlichen Fragestellungen/Forschungen. Vielmehr wird es darauf ankommen, dass Sie zwar überblicksmäßig die Teilbereiche der Politikwissenschaft studieren, sich aber v.a. exemplarisch vertiefend mit bestimmten Themen auseinandersetzen.

Trotz dieser Vielfalt und Unübersichtlichkeit bieten Ihnen die Politikwissenschaft und die Politikdidaktik unterschiedliche Politikbegriffe und heuristische Instrumente, also Instrumente und Verfahren, die Ihnen helfen, das Politische ‚aufzuschließen'.[15] Unterschiedliche Politikbegriffe (dazu Berg-Schlosser u.a. 1977, 21-43) beschreiben die politische Realität aus verschiedenen – z.B. normativen, empirischen, ordnungspolitischen und/oder historischen – Perspektiven. Damit übernimmt jeder Politikbegriff

> „eine Scheinwerferfunktion in doppelter Bedeutung. Mit ihm werden nicht nur, je nach Einstellung, Realitätselemente ausgeleuchtet oder bleiben im Dunkeln, sondern die gleichen, von unterschiedlichen Scheinwerfern ausgemachten Realitätselemente erscheinen in unterschiedlicher Intensität", wo-

15 Diese Begriffe und Instrumente helfen Ihnen insbesondere dabei, die letzten beiden Fragen der didaktischen Analyse nach Klafki (siehe Kap. 4.1.1) zu beantworten, also auf eine fachspezifische Weise die Struktur des Inhalts zu entschlüsseln und Beispiele und Fälle zu finden, die für den fachlichen Inhalt stehen.

raus schließlich auch „jeweils unterschiedliche didaktische Konsequenzen gezogen werden" (Deichmann 1981, 33 f.).

Der Beutelsbacher Konsens sowie die Zielperspektive politischer Mündigkeit legen nahe, dass Schüler*innen einen möglichst umfassenden Zugang zur und Einblick in die politische Realität erhalten. Deshalb ist es von fundamentaler Bedeutung, dass sowohl die Politikdidaktik als auch die politische Bildung mit einem möglichst ‚unverdächtigen' Politikbegriff arbeiten. Es verwundert insofern also nicht, dass beide mit dem Politikbegriff hantieren, der Ihnen aus Ihren politikwissenschaftlichen Einführungsveranstaltungen bereits geläufig sein dürfte: dem *analytisch-deskriptiven,* den Karl Rohe (1978) von Fritz W. Scharpf (1973) aufgenommen und in den deutschen Sprachraum eingeführt hat. Dieser Politikbegriff ist als „politologisches Dreieck" (Rittberger/Wolf 1985, 205) bekannt und betont unterschiedliche *Dimensionen* des Politischen (Tab. 3).

Tab. 3: Dimensionen des Politischen

Dimension	Erscheinungsformen	Merkmale	Bezeichnung
Form	- Verfassung - Normen/Gesetze - Institutionen	- Organisation - Verfahrensregelungen - Ordnung	*polity*
Inhalt	- Aufgaben und Ziele - politische Programme - Probleme - Werte	- Problemlösung - Aufgabenerfüllung - Wert- und Zielorientierung - Gestaltung	*policy*
Prozess	- Interessen - Konflikte - Kampf	- Macht - Konsens - Durchsetzung	*politics*

Quelle: Eigene Darstellung in Anlehnung an Böhret/Jann/Kronenwett (1988, 7).

Auch wenn Tabelle 3 den Anschein erweckt, jede der drei Dimensionen stünde unabhängig für sich, so besteht doch ein enger Zusammenhang zwischen ihnen. „So sind bspw. gesellschaftliche Normen und Institutionen [...] immer zugleich Ergebnis [...] wie auch Voraussetzung [...] *für zukünftige politische Prozesse* [...] und Inhalte" (Böhret/Jann/Kronenwett 1988, 7). Eine Dimension lässt mithin die beiden anderen nicht gänzlich außer Acht, sondern stellt lediglich einen bestimmten „Erkenntnisschwerpunkt" (ebd.) dar. Das Besondere an diesem triadischen Politikbegriff ist, dass er nicht nur Ihnen als ein Analyse-, Planungs-, Steuerungs-, Diagnose- und Reflexionsinstrument dient. Auch für Ihre Schüler*innen kann er – vornehmlich in der Oberstufe, in der Politikbegriffe reflektiert werden – eine wichtige Rolle spielen, wenn im Zuge von Politikanalysen deren alltagsweltliche Vorstellungen von und über Politik erweitert und differenziert werden. Gleiches gilt übrigens auch für einen weiteren Politikbegriff, dem der *policy*-Forschung. Dieser betont stärker das dynamische und prozesshafte Moment von Politik und wirkt, auch als *Politikzyklus* (Abb. 6) konkretisiert, einer „bloß instrumentellen oder nur auf die Aufgaben der Politik bezogenen Betrachtungsweise entgegen“ (Frech/Massing 2020, 164; zu seinen Nachteilen Detjen 2013a, 300).

Abb. 6: Politikzyklus

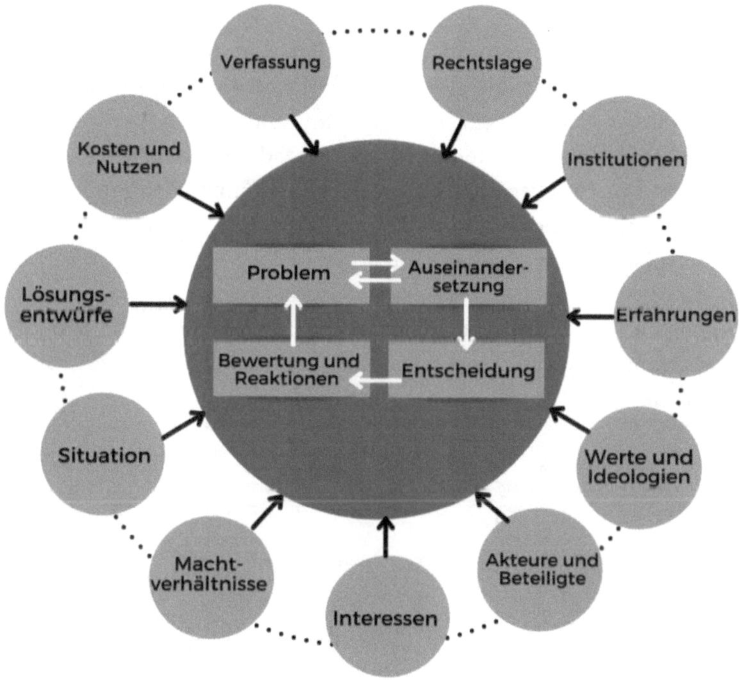

Quelle: In Anlehnung an Detjen (2013a, 299).

Neben diesen aus der Politikwissenschaft entlehnten Instrumenten sind noch weitere Politikbegriffe *für die Sachanalyse* von Lerngegenständen bedeutsam. Aus der politischen Soziologie stammt ein Begriff, der von unterschiedlichen *Ebenen* *des Politischen* ausgeht. Anders als die Dimensionen des Politischen und der Politikzyklus erkennt dieser Ansatz das Politische nicht nur in der staatlichen oder überstaatlichen Ebene, die durch eine hohe rechtliche Verfasstheit gekennzeichnet sind, sondern auch in der Alltagswelt der Bürger*innen. Während auf der staatlichen und überstaatlichen Ebene verbindliche Entscheidungen in Form der Satzung von Recht geschaffen werden, werden auf der alltagsweltlichen Ebene Verbindlichkeiten durch Normen und Normenwandel hergestellt. Erlässt etwa der Bundestag gesetzliche Regelungen zur Energiewende (z.B. CO_2-Steuer), hat in der Alltagswelt eine weitgehende Ächtung von Gewalt in der Erziehung stattgefunden, die Eltern heute mehrheitlich ablehnen. Bedeutsam ist jedoch nicht nur, dass Politik, verstanden als die Herstellung von Verbindlichkeit, auf unterschiedlichen Ebenen stattfindet, sondern auch, dass diese Ebenen miteinander in Verbindung stehen. Um bei den Beispielen zu bleiben: Die gesetzlichen Regelungen zur Energiewende werden Veränderungen im Alltag der Menschen mit sich bringen und sind auf die grundsätzliche Bereitschaft zur Veränderung des individuellen Lebensstils angewiesen. Und: Die alltagsweltliche (normative) *Ächtung von Gewalt in der Erziehung führte* im Jahr 2000 dazu, dass das körperliche Züchtigungsrecht der Eltern abgeschafft und Gewalt in der Erziehung ein Straftatbestand wurde (Petrik 2011, 70 f.). Im Zusammenhang mit den hier sogenannten *Ebenen des Politischen* ist *übrigens* auch von einem weiten und einem engen Politikbegriff die Rede. Während der *weite Politikbegriff* auf all jenes menschliche Handeln abstellt, das im Zusammenhang mit der Regelung ihres Zusammenlebens steht, bezieht sich der *enge Politikbegriff* auf die Transformation von Partikularinteressen in allgemeine Verbindlichkeiten (Easton/Dennis 1969, 48; siehe Abb. 7).

Abb. 7: Ebenen des Politischen

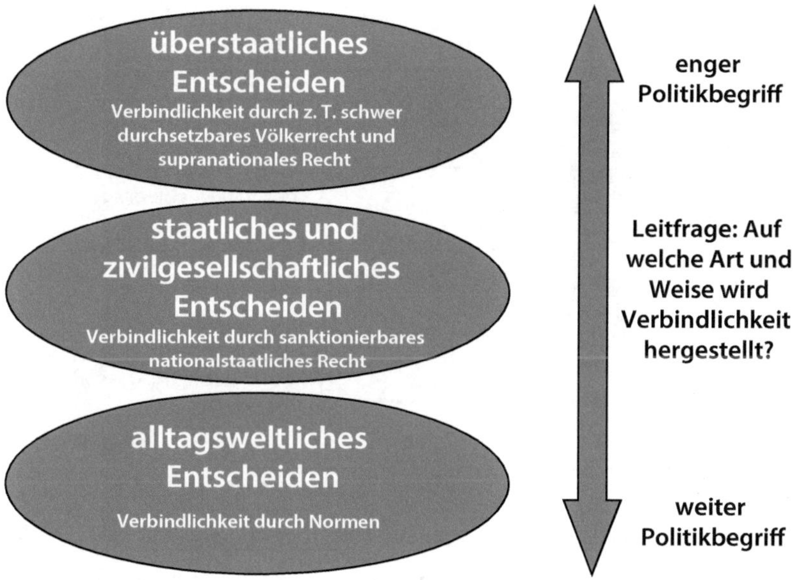

Quelle: Eigene Darstellung.

Schließlich sollen noch die *Zonen des Politischen* als Instrument der Sachanalyse eingeführt werden. Demnach ist es hilfreich, bei der Analyse eines Lerngegenstandes dessen unterschiedliche „Tiefenschichten" (Sander 2013c, 178) zu differenzieren (siehe Abb. 8). An der Oberfläche liegen tagesaktuelle politischen Streitfragen und mehr oder weniger kurzfristige Entscheidungsfragen, z.B. die Frage, ob es eine – wie auch immer gestaltete – Impfplicht gegen ein pandemisches Virus geben sollte. Auf einer mittleren Zone verweisen diese tagesaktuellen Diskussionen auf politische Herausforderungen und Problemlagen, die eine Gesellschaft längerfristig beschäftigen, an unserem Beispiel etwa die Frage, wie man in der Notsituation der Pandemie die Rechte auf individuelle Selbstbestimmung und Sicherheit für die Gemeinschaft abwägen sollte. Diese Herausforderungen und Problemlagen führen tiefer zu einem Kern des Politischen. Gefragt wird hier grundlegend nach den Bedingungen und Möglichkeiten des menschlichen Zusammenlebens. Warum sollten individuelle Rechte der Selbstverwirklichung und Belange des sicherheitsorientierten Gemeinwohls überhaupt bedeutsam für uns sein? Warum sollten solche widersprüchlichen Orientierungen unser Grundgesetz prägen? Kann es keine eindeutigen Regelungen geben?

Abb. 8: Zonen des Politischen

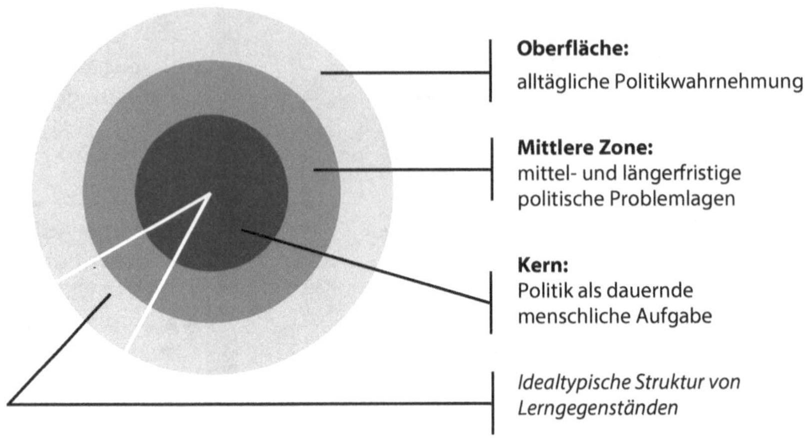

Quelle: Sander (2013c, 178).

Für die Planung von Politikunterricht sind der Politikzyklus sowie die Dimensionen, Ebenen und Zonen des Politischen von großer Bedeutung. Sie halten Sie dazu an, die Facetten eines Lerngegenstandes wahrzunehmen und auf deren politikdidaktische Bedeutung hin zu befragen. Während der *Politikzyklus* und die *Dimensionen des Politischen* den Lerngegenstand fachwissenschaftlich ‚aufschließen' und Ihnen die Hinweise auf Problemlagen, Konfliktkonstellationen, Institutionen und Prozesse geben, sind die Ebenen und Zonen eher didaktisch bedeutsam. Die *Ebenen* zeigen Verbindungslinien von der Lebenswelt der Schüler*innen hin zu politischen Regelungen (und zurück) auf. Die Analyse der unterschiedlichen *Zonen* („Tiefenschichten") eines Lerngegenstandes hilft dabei, tagesaktuelle Zugänge zum Politischen zu finden (Oberfläche), aber nicht dabei stehen zu bleiben, sondern die Fragen hinter den Fragen zu stellen (mittlere und Kernzone). Erst wenn dies gelingt, wird auch deutlich, weshalb man sich überhaupt mit einer tagesaktuellen Frage beschäftigen sollte und welcher Bildungsgehalt (siehe Kap. 2.1, 2.3) dahinter verborgen ist.

Unterrichtsmethoden und Unterrichtsmedien

Unter *Unterrichtsmethoden* (griech. *methodos*, deutsch *Gang, Weg der Untersuchung*) werden gemeinhin Wege der Auseinandersetzung mit Anforderungssituationen und Unterrichtsgegenständen verstanden, in denen Kompetenzen ausgeprägt werden. Bereits diese Definition verdeutlicht, dass Unterrichtsmethoden eine äußere und eine innere Seite (Klingberg 1989, 250) oder, wie sie im Kontext der pädagogischen Psychologie auch genannt werden, eine Sicht- und eine Tiefenstruktur aufweisen (Kunter/Trautwein 2013, 65-67). Die äußere Seite ist uns unmittelbar durch Anschauung zugänglich. Wir sehen beispielsweise, dass sich Schüler*innen bei einer Fishbowl-Diskussion im Rahmen einer bestimmten räumlichen Ordnung kontrovers über ein Thema streiten. Aus didaktischer Sicht entscheidend ist aber die innere Seite. Zu dieser gelangt man, wenn man nach Fähigkeiten und Fertigkeiten (Kompetenzen) fragt, die durch das äußere Geschehen angeregt werden, kurz: wenn man nach dem kognitiven, instrumentellen oder emotionalen Anregungspotenzial einer Methode fragt. Bei der Fishbowl-Diskussion sind das z.B. Urteile fällen und begründen, Sach- und Wertaspekte differenzieren, eigene Prämissen und die der Kontrahent*innen reflektieren, widerspruchsfrei argumentieren.

In Anlehnung an die überaus erfolgreiche zweibändige Publikation von Hilbert Meyer zu Unterrichtsmethoden, deren zweiter Band (Praxisband) mittlerweile in der 17. Auflage erscheint (Meyer/Junghans 2021, 29), werden Makro-, Meso- und Mikromethoden unterschieden. In der Politikdidaktik hat sich ein Verständnis dieser Unterscheidung entwickelt, dass die drei Methodenebenen und die dazugehörigen Einzelmethoden danach unterscheidet, wie umfassend sie einen Unterrichtsprozess strukturieren. Die Strukturierungsreichweite kann sich auf ein gesamtes Lernvorhaben bzw. die umfassende Auseinandersetzung mit einem Gegenstand (Makromethodik), auf Teilabschnitte eines umfassenden Lernvorhabens (Mesomethodik) sowie kleinste Einheiten der Unterrichtsgestaltung erstrecken. So kann im Zuge einer Konfliktanalyse (Makromethodik) eine Pro-Kontra-Diskussion (Mesomethodik) eingesetzt werden, deren Auswertung die Lehrkraft mit Denkimpulsen und Fragen anregt (Mikromethode) (für eine Methodensammlung Achour u.a. 2020, Reinhardt/Richter 2007, Scholz 2020).

Für die makromethodische Gestaltung des Unterrichts werden in der politikdidaktischen Diskussion zwei verschiedene Ansätze vertreten. Ein erster Ansatz knüpft an die von Johann Friedrich Herbart (1776–1841) begründete Formalstufenlehre des Unterrichts an. Diese geht im Kern davon aus, dass es einen Königsweg der unterrichtlichen Aneignung von ‚Stoffen' gibt. Die makromethodische Struktur bestehe demnach in folgender Phasenabfolge: 1. Aktivierung vorhandener Wissenselemente, 2. Vermittlung neuer Wissenselemente, 3. Relationierung alter und neuer Wissenselemente und schließlich 4. Übung und Sicherung der neuen Wissensstruktur. In der Politikdidaktik findet sich seit der sehr einflussreichen, u.a. weil über die Bundeszentrale für politische Bildung vertriebenen, Publikation von Ackermann u.a. (1994) *Politikdidaktik kurzgefasst* ein ähnlicher Strukturierungsvorschlag. Dieser beansprucht, so allgemein zu sein, dass er alle anderen Phasenmodelle einschließen könne. Demnach soll der Unterricht immer aus einem Einstieg (Präsentation der Fragestellung), einer Informationsphase, Anwendungsphase (Verknüpfung der erarbeiteten Informationen), Problematisierungsphase (Urteilsbildung) und abschließend einer Metakommunikation (Nachdenken über den Unterricht selbst) bestehen (zuletzt auch Achour u.a. 2020, 43-49). Ein anders akzentuiertes Verständnis der makromethodischen Struktur wird von Sibylle Reinhardt vertreten, die stärker die Bedeutung der Anforderungssituation und des fachlichen Gegenstands herausstellt. Demnach unterscheiden sich die makromethodischen Abläufe danach, von welcher Anforderungssituation ausgehend welcher Gegenstand bearbeitet wird. Zum Ausdruck kommt hier die Vorstellung, dass die Sache selbst Methode hat (Grammes 2012, 198). Anforderungssituation und Gegenstand legen die Schritte zu ihrer eigenen unterrichtlichen Erschließung nahe. Einen politischen Konflikt kann man also mit einer Konfliktanalyse, ein gesellschaftliches Problem mit einer Problemstudie, einen für den Unterricht aufbereiteten Fall mit einer Fallstudie bearbeiten. Anforderungssituation und Gegenstand implizieren jeweils relativ distinkte Wege der Phasengestaltung des Unterrichts (Reinhardt 2018).

Für den Politikunterricht muss auch entschieden werden, welche *Unterrichtsmedien* eingesetzt werden. Mit Unterrichtsmedien sollen hier nicht nur eigens für unterrichtliche Zwecke erstellte Medien verstanden werden (z.B. Schulbücher), sondern alles, was als Mittel dient, die Ziele des Unterrichts zu erreichen und die Gegenstände zu bearbeiten (also auch z.B. die Internetseite der EU oder das alte FDJ-Hemd des Lehrers). Dies führt bereits zu dem Begriffsverständnis. Denn ‚Medium' kommt aus dem Lateinischen und bedeutet Mitte oder Mittelpunkt. Das Medium steht gleichsam in der Mitte zwischen dem Individuum und der politischen Welt, die es zu verstehen und zu gestalten gilt (Tulodziecki/Herzig 2009, 292). Als Unterrichtskomponente werden Medien traditionell v.a. dann relevant, wenn die Schüler*innen keine unmittelbare Erfahrung mit einem Lerngegenstand machen können oder dann, wenn die unmittelbare Erfahrung nicht ohne Weiteres verstanden werden kann. Insofern sollen Medien als *technische Informationsträger* (z.B. Texte, Bilder, Computer, Videos, Audios, PowerPoint-Präsentationen) verstanden werden. So kann bspw. mit einem Schema des Gesetzgebungsprozesses oder mit einem Verfassungsschema zwischen dem nicht unmittelbar erfahrbaren (makro-)politischen Prozess und den Schüler*innen vermittelt werden.

Als Informationsträger erfüllen Unterrichtsmedien – neben einer ganzen Reihe anderer Funktionen wie z.B. der Konservierung, Wiederholung oder Herstellung von Inhalten (Besand 2014, 480-482; Tulodziecki/Herzig 2009, 294) – v.a. eine über den Unterrichtsgegenstand informierende Funktion. Doch Obacht! Damit ist keineswegs gemeint, dass Medien objektive Informationen zu einem für uns nicht direkt erfahrbaren Gegenstand wie der Politik enthalten. Das hat damit zu tun, dass Medien als didaktisierte oder direkt aus der Welt gegriffene Medien selbst in sozialen Prozessen hergestellt worden sind. Welche Informationen die Internetseite der Europäischen Union bereithält, ist das eine, welche politischen Ziele damit verfolgt werden, das andere. Insofern ist es auch bei den Unterrichtsmedien sinnvoll, von einer Oberflächenebene expliziter und einer darunterliegenden Ebene impliziter Informationen auszugehen. Dies im Blick zu haben, ermöglicht es, die „Scheinobjektivität der Materialien und Dokumente zu relativieren" (Grammes 1993, 86). Werden Medien auf diese Weise reflexiv betrachtet, dann wird mit ihrer Standortgebundenheit nämlich auch der politische Charakter der Medienherstellung deutlich. Vor allem wenn Medien aus dem gesellschaftlichen Bereich (z.B. Internetauftritte von Firmen und politischen Akteur*innen, Zeitungsartikel, Reden) in den Unterricht geholt werden und dort als Unterrichtsmedium fungieren, kann an ihnen auch die enge Verwobenheit von Politik und Medien erkennbar werden (vgl. kritisch kommentierte Beispiele solcher didaktischer Transformationen bei Grammes 2015, 216-219).

Für die Planungsentscheidungen bedeutet dies, ausgehend von der Analyse von Oberflächen- und Tiefeninformationen der Medien, abzuwägen, was im Mittelpunkt des Unterrichts stehen soll. Soll der Zeitungsartikel nur dazu genutzt werden, sachliche Informationen herauszuarbeiten, die für die Lösungssuche im Rahmen einer Problemstudie notwendig sind? Oder soll es darum gehen, den Standort der*s Autor*in und ihre* seine Sichtweise der Realität zu rekonstruieren? Im letztgenannten Fall würde dann das Medium selbst zum Unterrichtsgegenstand werden. Mitunter wird dazu geraten, beim Medieneinsatz im Unterricht *immer* beides zu tun, was aus pragmatischen Gründen nicht realisierbar sein wird. Doch wann ist es geboten, dies zu tun, wann ist es gerechtfertigt, einen Aspekt zu vernachlässigen? Welche Rolle spielen unterschiedliche Arten von Medien (z.B. Lexikonartikel vs. politische Rede)? Solche Fragen sind von den Lehrkräften bei der Unterrichtsplanung abzuwägen.

e) Politikdidaktische Konzeptionen (Theorien) und politikdidaktische Prinzipien

In einem unauflösbaren Zusammenhang mit den Politikbegriffen stehen die sogenannten *politikdidaktischen Prinzipien*, die dem Politikunterricht – insbesondere vermittelt über die Inhalte – gewissermaßen eine spezifische Perspektive verleihen. Im Grunde können diese Prinzipien als die ‚Destillate' *politikdidakti-*

scher Konzeptionen (*Theorien*) verstanden werden, die wiederum hochgradig beeinflusst vom jeweiligen Menschen-, Gesellschafts- und Bürgerleitbild, vom Bildungsverständnis, aber eben auch vom Politikbegriff ihrer Autor*innen sind (Pohl 2020, 169). Unter diesen politikdidaktischen Konzeptionen

> „wird ein *plausibler Grundzusammenhang* von hypothetischen oder mehr oder weniger gesicherten Aussagen über Ziele, Inhalte, Unterrichtsorganisation und Bedingungen der politischen Bildung bzw. des politischen Unterrichts verstanden" (Hilligen 1991, 15; Hervorh. d. Verf.).

Um es an einem Beispiel zu illustrieren: Giesecke (1970, 21) etwa versteht Politik „als das noch nicht Entschiedene" und eben deshalb ist für ihn „die Konfliktsituation [...] die eigentliche politische Handlungssituation" (1976, 143). Lernende sollen deshalb nicht nur etwas über politische Konflikte lernen (bspw., dass es latente und manifeste Konflikte gibt), sondern sie sollen auch dazu in die Lage versetzt werden, Konflikte zu analysieren, nach Wegen ihrer Austragung zu suchen und diese Wege anhand bestimmter Maßstäbe zu bewerten. Mithin „kristallisiert" sich bei der von Giesecke begründeten Konfliktorientierung – wie bei jedem anderen politikdidaktischen Prinzip auch – „ein *spezifischer* Implikationszusammenhang von unterschiedlichen Anforderungssituationen, Zielen, Inhalten und Methoden begrifflich [her]aus" (May/Schattschneider 2014, 37; dort anders hervorg.) (siehe ausführlicher auch Kap. 5.2). Das heißt: Wenn ich einen Konflikt im Unterricht behandeln möchte, bspw. den Konflikt über die Covid-19-Impfpflicht, und damit die gegenläufigen politischen Positionen in den Mittelpunkt des Unterrichts stelle, dann hat dies Auswirkungen auf die Ziele, die ich mit dem Unterricht erreichen kann (z.B. Konflikt analysieren, politische Urteile zur Konfliktbeilegung bilden), und auch die Methoden, die im Unterricht zur Anwendung kommen können (Methoden der Konflikterschließung und des Konfliktaustrags, z.B. Konfliktanalyse, Kontroversverfahren). Als eine Orientierungshilfe mag Ihnen die folgende Übersicht (Tab. 4) dienen, in der der oben genannte „Implikationszusammenhang" (Blankertz 1973, 94) bereits in aller Kürze Berücksichtigung findet.

Tab. 4: Politikdidaktische Prinzipien und deren Urheber

Genetisches Prinzip (Eduard Spranger*, 1882–1963) * politischer Pädagoge in der Weimarer Republik	• **Anforderungssituation**: das gedankenexperimentelle oder simulative Fehlen einer politischen Institution oder Ordnungsvorstellung • **Ziele**: echtes Erfassen des Sinns politischer Institutionen und Ordnungsvorstellungen, Entwicklung politischer Orientierungen • **Inhalte:** politische, wirtschaftliche, gesellschaftliche Ordnungs- und Prozesspolitik • **Methode:** (Dorf-)Gründung
Handlungsorientierung (Friedrich Oetinger alias Theodor Wilhelm*, 1906–2005) * Demokratiepädagoge	• **Anforderungssituation:** Möglichkeit und empfundene Notwendigkeit, politisch tätig zu werden • **Ziele:** kooperatives und strategisches Denken und Handeln, Partizipationsfähigkeit • **Inhalte:** *politics;* Politik soll v.a. in ihrer prozessualen Dimension wahrgenommen werden • **Methoden:** Schüler*innenbeteiligung, Streitschlichtung, Service Learning, Bürgeraktionen, Projekt
Fallprinzip (Kurt Gerhard Fischer, 1928–2001)	• **Anforderungssituation:** Begegnung mit konkreten und verallgemeinerbaren Fällen, die Konflikte, Probleme oder Entscheidungssituationen enthalten • **Ziele:** Entdeckung verallgemeinerbarer Einsichten (fallabhängig) • **Inhalte:** *polity, policy* oder *politics* (fallabhängig) • **Methode:** Fallstudien und Fallanalysen
Problemorientierung (Wolfgang Hilligen, 1916–2003)	• **Anforderungssituation**: Begegnung mit einem Problem, einem unerwünschten oder bedrohlichen (gesellschaftlichen) Zustand, einer drohenden Entwicklung, einem Desiderat • **Ziele**: Problemlösekompetenz, v.a. Sachurteilskompetenz • **Inhalte**: *policy* • **Methode:** Problemstudie (Wolfgang Hilligen), Szenariotechnik (Peter Weinbrenner), Zukunftswerkstatt (Eberhard Jungk), Forschungsprojekt
Schüler*innenorientierung/ Adressat*innenorientierung (Rolf Schmiederer, 1928–1979)	• **Anforderungssituation**: sich seiner eigenen Interessen bewusst werden und diese in den politischen Prozess einbringen • **Ziele**: Selbstreflexion, Selbst- und Umwelterkenntnis, Partizipationsfähigkeit • **Inhalte**: Lebenssituationen der Lernenden als Erfahrungsbereiche, die durch gesamtgesellschaftliche Strukturen bedingt sind und einschränkend wirken • **Methoden:** Analyse eigener Erfahrung, lebensweltliche Fallanalyse, Vorhaben, Projekt

Konfliktorientierung (Hermann Giesecke, 1932–2021)	• **Anforderungssituation:** Begegnung mit einem Konflikt, der interessiert, aber unverstanden ist oder zu Positionierungen Anlass gibt • **Ziele:** je nach Schwerpunkt analytische Kompetenzen (Konflikte verstehen) und Konfliktkompetenz (Handeln im Konflikt, Streitkultur) • **Inhalte:** politics • **Methoden:** Konfliktanalyse, Kontroversverfahren verschiedenster Art
Urteilsbildung als Prinzip (Bernhard Sutor, *1930)	• **Anforderungssituation:** Begegnung mit lebensweltlichen und politischen Urteils- und Entscheidungssituationen • **Ziele:** politische Urteilskompetenz (unter Berücksichtigung von Sach- und Werturteilen); rationale Urteilsbildung • **Inhalte:** polity, policy oder politics (je nach Urteils- und Entscheidungssituation) • **Methoden:** „Dreischritt" (Bernhard Sutor), Dilemmamethode (Sibylle Reinhardt)

Quelle: Reihenfolge verändert und leicht ergänzt entnommen aus May/Schattschneider (2014, 38).

Doch Vorsicht: Zwar sind politikdidaktische Prinzipien mächtige Werkzeuge für die Planung, Steuerung, Analyse und Reflexion politischer Lehr-Lernprozesse. Wie Matthias Busch (2020, 54) völlig zurecht betont, stellen sie aber keineswegs eine konkrete „Handlungsanleitung" für Politiklehrkräfte dar. Stattdessen bedürfen diese Prinzipien stets einer situationsadäquaten Anwendung und Begründung (ebd., 54 f.). Mindestens drei weitere Stolperfallen kommen hinzu: 1.) Vermutlich sind Ihnen – jedenfalls dem Namen nach – einige dieser Prinzipien aus der Allgemeinen Didaktik bekannt. Doch: Dass diese dieselbe Bezeichnung tragen (bspw. Schüler*innen-, Problem- oder Handlungsorientierung), bedeutet keineswegs, dass sich hinter ihnen auch ein und dasselbe Konzept verbirgt. 2.) Auch wenn einige Politikdidaktiker*innen und deren Konzeptionen inzwischen als ‚klassisch' gelten (May/Schattschneider 2011), so ist doch umstritten, welche politikdidaktischen Prinzipien zu den wichtigsten zählen. 3.) Nicht alle dieser Prinzipien liegen auf ein und derselben Ebene. So plädiert bspw. Fischer (1970, 88) in Anlehnung an Klafki für das exemplarische Lernen – Inhalte seien, so Fischer, „auswechselbar" (ebd.) – und begründet damit das Fallprinzip in der politischen Bildung. Als Fälle kommen dann aber politische Konflikte (Giesecke), Probleme (Hilligen) oder aber Entscheidungssituationen (Sutor) infrage, die wiederum selbst das Zentrum jeweils eigenständiger politikdidaktischer Prinzipien bilden.

f) Politikdidaktische Ansätze

Weniger prominent als die politikdidaktischen Prinzipien, aber aus der politikdidaktischen Diskussion ebenfalls nicht mehr wegzudenken, sind die sogenannten *politikdidaktischen Ansätze* (Deichmann/Tischner 2013a). Hintergrund ist auch hier das spezifische Politikverständnis ihres Begründers Carl Deichmann (*1946). Sowohl in der praktisch-philosophischen Theoriekonzeption als auch in der Tradition der sozialwissenschaftlichen Hermeneutik stehend, weist Deichmann zunächst darauf hin, dass es die politische Realität ohne uns als deren Urheber*innen, Teil und Beobachter*innen überhaupt nicht geben kann. Schließlich sei

> „die menschliche Gesellschaft mehr als eine Tatsache oder ein Ereignis der Außenwelt, das ein Beobachter wie ein Naturphänomen untersuchen könnte. Zwar ist ihr Außenweltcharakter eine der Komponenten ihres Seins, aber im ganzen ist sie eine kleine Welt, ein Kosmion, von innen her mit Sinn erfüllt durch die menschlichen Wesen, die sie in Kontinuität schaffen und erhalten als Modus und Bedingung ihrer Selbstverwirklichung" (Voegelin zit. in Deichmann 2009, 175).

Widmen sich nun Wissenschaftler*innen diesem Kosmion (man könnte auch sagen: dieser Konstruktion) und treffen Aussagen darüber, so handelt es sich bei diesen Aussagen um Konstruktionen von Konstruktionen (oder kurz: um Konstruktionen zweiter Ordnung). Genau das macht Deichmann, wenn er sein Modell der politischen/sozialen Realität entwirft (1981), das er kontinuierlich weiterentwickelt hat (Deichmann 2004, 2009).[16] Nun kann an dieser Stelle nicht näher auf dieses Modell, für dessen Konzeption sich Deichmann u.a. an den Überlegungen von Oetinger, Fischer, Schmiederer, Giesecke, Sutor und Hättich orientiert hat, eingegangen werden (kurzgefasst etwa in Partetzke 2016, 9–17), zumindest seine miteinander in Beziehung stehenden Dimensionen seien aber kurz genannt. So unterscheidet Deichmann zwischen 1.) einer Dimension der regulativen Ideen (politische Theorien, Werte, Ideen, Prinzipien usw.), 2.) einer politischen Dimension im engeren Sinne (politische Institutionen, Inhalte, Prozesse, Akteur*innen usw.), 3.) einer Alltagsweltdimension (politisch handelnde Bürger*innen) sowie 4.) einer politisch-kulturellen Dimension (politische Deu-

16 Man müsste folglich von der politischen Realität immer nur in Anführungsstrichen sprechen, weil diese ja eben gerade nicht unabhängig von uns real, also ein reines Außenweltereignis, ist.

tungen, Symbole, symbolische Politik usw. sowie (inter)subjektive Deutungen als soziokultureller Reflex auf diese Formen politischer Deutungskultur). Im Lichte dieses Politikverständnisses ist es dann die Aufgabe der Politikdidaktik und politischen Bildung, ausgehend von den mannigfachen Einzelphänomenen dieser ‚Realität' (also bspw. Werten, Institutionen, Inhalten, Prozessen, Personen, Symbolen, Bildern, Narrationen, Biografien usw.), entsprechende Lehr-Lernstrategien zu entwickeln. Genau das sind die oben genannten Ansätze. Folglich handelt es sich bei den politikdidaktischen Ansätzen um solche Lehr-Lernstrategien, die Schüler*innen

> „mittels eines bestimmten Phänomens aus der mehrdimensionalen sozialen/politischen ‚Realität' nicht nur einen Zugang zu dieser ‚Realität', sondern – als Analysepfade – stets auch einen jeweils spezifischen, interpretativen und verständnisintensiven Einblick in diese ‚Realität'" verschaffen sollen, damit diese von den Lernenden „in all' ihren Dimensionen und deren Interdependenzen kennen gelernt, verstanden und beurteilt werden kann" (Partetzke 2016, 13 f.; ähnlich auch Deichmann/Tischner 2013b, 7).

Wissenschaftssystematisch sind diese Ansätze zwischen den politikdidaktischen Konzeptionen auf der einen und den Methoden der politischen Bildung auf der anderen Seite zu verorten (Deichmann/Tischner 2013b, 8).

4.2 (Aktuelle) Kontroversen

Wie bereits mehrfach angeklungen, zeichnet sich auch die Politikdidaktik durch inner- und überfachliche Kontroversen und Auseinandersetzungen aus.

4.2.1 Kritische vs. affirmative politische Bildung

Einer der ältesten dieser ‚Zankäpfel' ist der Streit zwischen der sogenannten *kritischen* und der (vermeintlich) *affirmativen* politischen Bildung. Im Kern geht es bei diesem Streit darum, dass einige Politikdidaktiker*innen, die sich selbst als *kritisch* bezeichnen, all denjenigen, die dieses Label nicht für sich in Anspruch nehmen, vorwerfen, eine affirmative politische Bildung zu betreiben. Folgende Tabelle (Tab. 5) zeigt aus der Perspektive kritischer politischer Bildung, wie sich diese selbst sowie die (vermeintlich) affirmative politische Bildung beschreibt.

Tab. 5: Charakteristika einer kritischen und einer affirmativen politischen Bildung aus der Perspektive von Vertreter*innen kritischer politischer Bildung

kritische politische Bildung (nach Schmiederer 1977, 44 f. bzw. Giesecke 1971, 14-45)	**(vermeintlich) affirmative politische Bildung**
schüler*innenzentriert, Emotionalität ernst nehmend, Fokus auf politischem Handeln	gegenstandszentriert, Emotionalität unterdrückend, Fokus auf Wissensvermittlung
„dysfunktional", weil sie „gegen die Interessen der in der Gesellschaft vorherrschenden und privilegierten Gruppen [verstößt]."	klar funktionalistisch, weil sie bestehende Machtverhältnisse nicht infrage stellt oder aber nur einseitig thematisiert (Gefolgschaft als Funktionsziel)
Kritik des bestehenden *Status quo* (Kritik an Herrschaftsinstitutionen, Ideologiekritik)	keine Kritik am *Status quo*; im Gegenteil: Legitimierung, Re-Produktion
Etablierung eines nicht harmonischen und damit nicht harmonisierenden Gesellschaftsmodells (Konflikt als *default*-Fall → Gieseckes Politikbegriff; siehe Kap. 4.1.4)	Etablierung eines harmonischen Gesellschaftsmodells (Konflikt als Ausnahmefall)
Veränderung von Gesellschaft/Gesellschaftsordnung (Abbau materieller Zwänge und gesellschaftlicher Fremdbestimmtheit)	keine Veränderung von Gesellschaft/Gesellschaftsordnung, sondern deren Zementierung
Status quo als Ausgangs-, nie aber als Zielpunkt politisch-bildnerischer Bemühungen	*Status quo* als Ausgangs- *und* Zielpunkt politisch-bildnerischer Bemühungen

Quelle: Entnommen aus Partetzke (2017, 21).

War der Referenzpunkt für Giesecke und Schmiederer, die als klassische Vertreter der kritischen politischen Bildung herangezogen werden können, noch Marx, so ist das in jüngeren Publikationen eher die sogenannte *Kritische Theorie* (Lösch/Thimmel 2010b). Eben hierin liegt aber bereits ein erstes Problem, denn wie Sander (2013b, 244 f.) völlig zurecht festhält, ist eben dieser Referenzpunkt inzwischen

> „weitgehend konturlos geworden. [...] Er erscheint [...] als eine Art Sammelbegriff für heterogene und einander widersprechende Theorieansätze, die von Kant über den klassischen Marxismus, die Frankfurter Schule, den Feminismus, globalisierungskritische Ansätze bis hin zur jüngeren französischen Philosophie reichen, wobei sich Pierre Bourdieu und mehr noch Michel Foucault besonderer Beliebtheit erfreuen. Jedoch ist Habermas ebenso

> wenig Marxist wie Foucault und beide waren einander in inniger Gegnerschaft verbunden, die manchmal etwas pauschal, aber auch nicht ganz falsch als Grundsatzkonflikt zwischen einer modernen und einer postmodernen Sicht auf die Welt gedeutet wird. Jedenfalls wird man die implizite Unterstellung eines schlüssigen Zusammenhangs ‚Kritischer Theorie' in den heutigen Sozialwissenschaften als eine Mystifizierung bezeichnen müssen. Ein weiteres kommt hinzu. Die Komplexität des Denkens Adornos, Horkheimers, Bourdieus oder Foucaults lässt sich nicht in die kleine Münze einer politisch aufgeladenen politischen Bildung transformieren, deren gemeinsamer Nenner eine vage kapitalismuskritische Übereinkunft ist."

Zudem konnte Partetzke (2017) unter Rückgriff auf das Konzept der Politischen Kultur sowie das Mehrebenenmodell der Demokratie nach Fuchs (2002) zeigen, dass im Vorwurf kritischer politischer Bildner*innen offensichtlich eine Verwechslung der verschiedenen Ebenen einer Demokratie mitschwingt. Es würde vermutlich kein*e politische Bildner*in, die sich selbst nicht als *kritisch* bezeichnet, anstreben, Schüler*innen mit Blick auf die System- und Performanzebene einer Demokratie zu glühenden und unkritischen Gefolgsleuten heranzubilden (was im Übrigen auch ein eklatanter Verstoß gegen den Beutelsbacher Konsens wäre). Unterstützenswert fände die*der Kolleg*in aber mutmaßlich den Wert der Demokratie an sich (Ebene der normativen Prinzipien) und nur, wer dies nicht tut, steht in einer Begründungspflicht! Mit anderen Worten: Auf der Folie vieler verschiedener Demokratietheorien (dazu bspw. Massing u.a. 2017 oder Schmidt 2019) sind ganz unterschiedliche Ausgestaltungsmöglichkeiten eines demokratischen politischen Systems denkbar (parlamentarisch, präsidentiell, repräsentativdemokratisch, basisdemokratisch, elitendemokratisch usw.), was sodann auch Auswirkungen auf das konkrete Funktionieren dieses politischen Systems im Sinne unterschiedlicher Prozesse und Verfahrensabläufe hätte. Insofern ist ein Politikunterricht, der genau dies nicht thematisiert, der keine Gegenhorizonte eröffnet, Minderheiten(-rechte) nicht thematisiert, verdeckte Macht- und Herrschaftsverhältnisse nicht aufdeckt usw., aber auch einer, der den demokratischen Boden verlässt (Ebene der normativen Prinzipien) und/oder der eine blinde Systemaffirmation bei den Lernenden einfordert (System- und Performanzebene) ganz einfach schlechter und im Grunde gar kein Politik-, sondern schlicht und ergreifend Gesinnungsunterricht.

Beim Streit *kritisch vs. affirmativ* handelt es sich damit also um ein ziemliches Schattengefecht (Partetzke 2017). Dennoch ist den Vertreter*innen kritischer politischer Bildung anzurechnen, dass sie auf mögliche blinde Flecken etablierter Wege politischer Bildung verweisen. So lässt sich fragen, ob mit dem Fokus auf Kontroversität (siehe Beutelsbacher Konsens) als zentrales Prinzip politischer Bildung unbeabsichtigt bestimmte politische Anliegen ausgeschlossen werden, die aufgrund mangelnder Sichtbarkeit oder hegemonialer Diskursstrukturen (wer bestimmt, was in die Kontroverse aufgenommen wird?) keinen Eingang in die wissenschaftliche und politische Kontroverse gefunden haben. Angesichts dieser Befürchtung erscheinen dann spezifische, wenngleich keineswegs neue, Wege in der politischen Bildung angeraten, wie etwa die Ideologie- oder die Gesellschaftskritik (Grammes 2020). Eine nach wie vor bestehende Hypothek der kritischen politischen Bildung besteht darin, dass es bislang noch nicht gelungen ist, konturierte Artikulationsschemata und Unterrichtsfiguren zu entwickeln, die als Orientierung für die Praxis in unterschiedlichen Schulformen dienen könnten (Hertelt/May 2016).

4.2.2 Demokratielernen vs. Politiklernen

Eine ähnlich heiß gelaufene Debatte wie die eben skizzierte stellt diejenige um die Frage *Demokratielernen vs. Politiklernen* dar, in der sich Demokratiepädagog*innen auf der einen und Politikdidaktiker*innen auf der anderen Seite ziemlich unversöhnlich gegenüberstehen. Bekannte Vertreter des ersten Lagers sind u.a. Wolfgang Edelstein (1929–2020), Gerhard Himmelmann (*1941), Peter Fauser (*1948) und Wolfgang Beutel (*1958), die zugleich die Initiatoren prominent gewordener Modellprogramme wie *Erfahrene Demokratie* (Beutel/Fauser 2001) oder *Demokratie lernen und leben* (Edelstein/Fauser 2001) und Autoren einschlägiger Publikationen im Bereich der Demokratiepädagogik sind (Himmelmann 2001, 2002). Im Kern lautet deren Position stets gleich: Demokratie sei nach John Dewey, der zumeist als Kronzeuge in Stellung gebracht wird, in erster Linie eine soziale Idee und eine spezifische Form des menschlichen Zusammenlebens, die sich deshalb nicht im Darüber-Nachdenken und Darüber-Reden erlernen lasse, sondern nur im konkreten Tun (eben im demokratischen Handeln selbst), also in der unmittelbaren Erfahrung (siehe Kap. 2). Der damit verbundene Vorwurf an die Politikdidaktik lautet: Schule im Allgemeinen und Politikunterricht im Besonderen würden vonseiten der Politikdidaktik überhaupt nicht als solche demokratischen Lebens- und Erfahrungsorte gestaltet, müssten es aber dringend, wenn nachwachsende Generationen wirklich demokratisch gebildet werden sollen. Die Vertreter*innen des zweiten Lagers, zu denen etwa Gotthard Breit (*1941), Peter Massing (*1946), Georg Weißeno (*1951) oder Monika Oberle (*1973) zählen, vertreten demgegenüber zwei zusammenhängende Positionen. So sei erstens der von den Demokratiepädagog*innen verwendete, weite Politikbegriff (siehe Kap. 4.1.4) der politischen Bildung unangemessen und zweitens würden diese Pädagog*innen in einer doch erstaunlichen Regelmäßigkeit immer wieder in eine Art Parallelisierungsfalle tappen. Demokratische Aushandlungsprozesse seien im sozialen Nahraum (Familie, Peergroup, Klasse, Schule, Verein usw.; weiter Politikbegriff, soziales Lernen) eben gerade nicht mit denen auf der politischen Makroebene (enger Politikbegriff) identisch und beide mithin nicht in eins zu denken. Außerdem sei die immer wieder vorgebrachte These, soziales Lernen bewirke gewissermaßen zwangsläufig auch politisches (sogenannte *spill-over-Hypothese*), inzwischen empirisch widerlegt worden (Reinhardt 2009).

Einen entscheidenden Beitrag zur Versachlichung dieser Debatte, bei der es bisweilen auch schlicht um die bildungspolitische Zuwendung von Ressourcen (Aufmerksamkeit, Fördergelder, Personal usw.) und deren Verteilung geht, hat indes Michael May bereits 2007 geleistet. Indem dieser demokratische Politik als den „konsensualen Kern" (92) politischer Bildung herausgearbeitet hat, konnte er nämlich auch zeigen, dass nicht etwa die Frage des inhaltlichen Kerns die eigentliche Streifrage ist, sondern vielmehr die des sozialen Kontextes (Mikro- oder Makroebene), also die Frage danach, ob demokratische Politik auf der alltagsweltlichen Mikroebene (Alltag, Lebenswelt) oder der staatlichen Makroebene verortet werden kann und soll. Im Ergebnis zeigt sich nicht nur, dass demokratische Politik „prinzipiell in verschiedenen sozialen Kontexten stattfinden kann" (ebd., 96), sondern auch, dass es deshalb „kein prinzipielles […] Argument [gibt], den Gegenstandsbereich politisch-demokratischer Bildung auf nur eine soziale Aggregationsebene zu reduzieren" (ebd.). Demokratie- und Politiklernen können und sollten daher als sich einander ergänzend und nicht als sich einander wechselseitig ausspielend verstanden werden. Sie finden faktisch auf verschiedenen *Ebenen* statt, die durchaus in einem Verweisungszusammenhang stehen können (siehe Kap. 4.2).

4.2.3 Ökonomische vs. politische Bildung

Eine weitere, lediglich an der Oberfläche neu erscheinende Debatte entzündet sich an der Frage nach dem *Verhältnis von ökonomischer und politischer Bildung*. Zurück geht diese Debatte auch und v.a. auf den weiter oben bereits erwähnten *PISA-Schock*, auf den mächtige wirtschaftspolitische Akteur*innen wie bspw. die Wirtschaftsminister*innenkonferenz, der Bundesverband der Deutschen Industrie, aber auch der Deutsche Gewerkschaftsbund mit der Forderung reagierten, ein eigenständiges Unterrichtsfach *Wirtschaft* einzuführen (Hartwich 2002, 5). Wurde diese Forderung zu Beginn v.a. deshalb kritisiert, weil es ihr an einer

„größere[n], normativ-philosophische[n] Dimension" gemangelt hat, die „ein derart isoliertes Vorhaben überzeugend rechtfertigt" (ebd., 6), hat sich die Diskussion zwischenzeitlich etwas verlagert. Diese Verlagerung liegt v.a. an Streitigkeiten innerhalb der Wirtschaftswissenschaften, Wirtschaftspädagogik und Didaktik der ökonomischen Bildung begründet, die wiederum bis in die 1960er Jahre zurückreichen (Hedtke 2015, 3). Neben der Frage, wie ein entsprechendes Unterrichtsfach *Wirtschaft* aussehen solle (Separat- vs. Ankerfach), wird hier u.a. darüber verhandelt, welche Disziplinen der ökonomischen Bildung als Bezugsdisziplinen dienen sollen (Wirtschaftswissenschaften vs. Sozialwissenschaften), welcher paradigmatische Ansatz gewählt werden müsse (Monismus vs. Pluralismus), welche grundlegende Idee leitend sein könne (Orientierung an Fachwissenschaft(en) vs. Situationsorientierung) und schließlich, wie ein politisch-pädagogisches Programm konkret auszugestalten sei (Kritik vs. Anpassung; zu allem ebd., 4).

Die Politikdidaktik/politische Bildung ist von diesen Debatten in gleich mehrfacher Hinsicht betroffen. Sowohl wissenschaftspolitisch (Welche Professuren werden [nicht] geschaffen? Welche Studiengänge werden [nicht] aufgesetzt? usw.) als auch bildungspolitisch (Welche Ressourcen stehen den kleineren Fächern zu? Wie werden diese Fächer ‚gestrickt'? usw.) sieht sie sich angesichts des bereits seit Längerem zu beobachtenden „Verdrängungswettbewerbs" (Engartner 2016, 499) geradezu dazu genötigt, Stellung zu beziehen und angesichts knapper Mittel mindestens den erreichten *Status quo* zu verteidigen. Noch wichtiger allerdings sind ihre inhaltlichen Positionen und Argumente. So teilt sie mit den Vertreter*innen des sogenannten *integrativen Paradigmas der sozioökonomischen Bildung* (dazu u.a. Fischer/Zurstrassen 2014; Hedkte 2018; Engartner u.a. 2018; Autorengruppe Sozioökonomische Bildung 2019), das sich explizit als Gegenentwurf zu einem ökonomistisch verengten Paradigma versteht, die Auffassung, dass hinter den gebetsmühlenartig vorgetragenen Forderungen nach einem Separatfach *Wirtschaft* kein allgemeinbildender Anspruch zu erkennen ist, sondern vielmehr eine unzulässige Engführung. Der Bundesvorstand der Deutschen Vereinigung für Politische Bildung (DVPB) kritisiert bspw. ein prominentes Gutachten zur *Ökonomischen Bildung an allgemeinbildenden Schulen* dahingehend, als hier soziale „Beziehungen […] auf ökonomische Austauschbeziehungen reduziert [werden], die politische Ordnung […] lediglich ökonomisch aus einer einzigen Perspektive beurteilt und gestaltet [wird]" (Vorstand DVPB 2011), und Hans-Hermann Hartwich (1928–2018) wies bereits 2002 völlig zurecht darauf hin, dass die allgemeinbildende Schule nicht im Sinne eines „betriebs- und volkswirtschaftlich geschlossene[n] Propädeutikum[s]" (8) umfunktionalisiert werden dürfte, sondern es stattdessen einen „synoptischen Blick" (ebd.) auf ökonomische Phänomene braucht. Wie bereits in Kapitel 2.3 dargelegt, ist eben dieser Blick der Politikwissenschaft und der Politikdidaktik vornehmlich zu eigen, weshalb sich der weit überwiegende Teil der Politikdidaktiker*innen sicher ohne Umschweife dafür aussprechen würde, ökonomische Aspekte eines entsprechenden Unterrichtsgegenstands innerhalb des Fachunterrichts der politischen Bildung – kontextualisiert mit anderen fachlichen Perspektiven – zu thematisieren. Im Übrigen lässt sich ein solch integrativer Zugang „nicht nur wahrnehmungspsychologisch begründen, sondern auch aus den didaktischen Prinzipien der Situations-, Lebenswelt-, Problem- und Wissenschaftsorientierung ableiten" (Engartner 2020, 189 f.).

Dass trotz dieser inhaltlichen Positionen und Argumente sowie trotz umfangreicher wissenschafts- und bildungspolitischer Initiativen (Onlineportale wie www.sowi-online.de, Onlinejournale wie https://www.jsse.org/index.php/jsse, Printzeitschriften, zahlreiche eigenständige Publikationen/Publikationsreihen, Gründung neuer Fachgesellschaften wie der Gesellschaft für sozioökonomische Bildung und Wissenschaft [GSÖBW]) wirtschaftsnahe Akteur*innen offenbar mit höheren Durchsetzungspotenzialen ihrer Forderungen ausgestattet sind, zeigt indes der Blick nach Baden-Württemberg, Nordrhein-Westfalen und Thüringen – drei Flächenländer, in denen sich das integrative Paradigma – jedenfalls in Bezug auf die entsprechenden Unterrichtsfächer – nicht hat durchsetzen können.

4.2.4 Emotionen und politische Bildung

Weniger kontrovers diskutiert als vielmehr sträflich vernachlässigt worden ist lange Zeit der Komplex *Emotionen und politische Bildung*. Das ist zunächst nachvollziehbar, existiert doch spätestens seit René Descartes (1596–1650) und dessen berühmtem *cogito, ergo sum* ein überaus wirkmächtiger Dualismus von Vernunft (*ratio*) auf der einen und Unvernunft (*emotio*) auf der anderen Seite. Argumentatives Futter hat diese prominente Gegenüberstellung nicht zuletzt auch dadurch erhalten, dass das Adressieren von niederen Instinkten und Emotionen ein probates Mittel politischer Erziehung in Diktaturen und autokratischen Systemen (gewesen) ist. So wurden etwa die Schulen zur Zeit des Nationalsozialismus „in den Dienst einer aggressiven Lebensraum- und Rassenpolitik gestellt, und Emotionalität sollte die mentale Basis für politische Loyalität und faschistische Einordnung liefern" (Oeftering/Uhl 2007, 56). Auch die „staatsbürgerliche Jugend" in der DDR sollte zum „leidenschaftlichen Hass gegen die imperialistischen Feinde" erzogen werden (Ministerium für Volksbildung 1969, zit.

nach Jehle 2018, 26). Bei „tschekistischem Haß" handelte es sich in der sozialistischen Ideologie um ein

> „intensives und tiefes Gefühl, das wesentlich das Handeln von Menschen mitbestimmen kann. Er [der Haß; Anm. d. Verf.] widerspiegelt immer gegensätzliche zwischenmenschliche Beziehungen und ist im gesellschaftlichen Leben der emotionale Ausdruck der unversöhnlichen Klassen- und Interessengegensätze zwischen der Arbeiterklasse und der Bourgeoisie (Klassenhaß) (Das Wörterbuch der Staatssicherheit 1996, 168)."[17]

Dass die meisten Politikdidaktiker*innen – zumal angesichts des allseits geteilten Ziels der rationalen politischen Urteilsbildung – Emotionen eine klare Absage erteilt haben, verwundert insofern nicht. So stellt z.B. Sutor (1997, 97) dem rational begründeten Urteil auf der einen das „meist emotional gefärbte" bloße Meinen auf der anderen Seite gegenüber und Hättich (1977) erklärt Rationalität gleich ganz zum Ziel politischer Bildung. Emotionen, so die lange Zeit vorherrschende Auffassung, führten zu einem Differenzierungs- und Reflexivitätsverlust (Ruhloff 2005) – wer sich emotional ansprechen lässt, der läuft Gefahr, überredet zu werden (Persuasion), anstatt auf überzeugende Gründe zu hören (Argumentation).

Doch so real diese Gefahr angesichts von PEGIDA-Demonstrationen, Coronaleugner*innen und selbst ernannten *Querdenker*innen* auch immer sein mag, Emotionen schlicht als problematische, nicht ausschaltbare Restgröße rationaler (politischer) Urteile zu fassen (Massing 1997, 119), greift nicht nur entschieden zu kurz, sondern wird auch dem Stand der Forschung bei Weitem nicht gerecht. Stattdessen muss man festhalten, dass sowohl die (deutsche) Politikwis-

---

17 Weiter heißt es: „Der moralische Inhalt des H. ist abhängig vom Gegenstand, auf den er gerichtet ist, und kann daher wertvoll und erhaben oder kleinlich und niedrig sein. H. zielt immer auf die aktive Auseinandersetzung mit dem gehaßten Gegner, begnügt sich nicht mit Abscheu und Meidung, sondern ist oft mit dem Bedürfnis verbunden, ihn zu vernichten oder zu schädigen. H. ist ein wesentlicher bestimmender Bestandteil der tschekistischen Gefühle, eine der entscheidenden Grundlagen für den leidenschaftlichen und unversöhnlichen Kampf gegen den Feind. Seine Stärkung und Vertiefung in der Praxis des Klassenkampfes und an einem konkreten und realen Feindbild ist Aufgabe und Ziel der klassenmäßigen Erziehung. H. ist zugleich ein dauerhaftes und stark wirkendes Motiv für das Handeln. Er muß daher auch in der konspirativen Arbeit als Antrieb für schwierige operative Aufgaben bewußt eingesetzt und gestärkt werden" (Das Wörterbuch der Staatssicherheit 1996, 168).

senschaft als auch die Politikdidaktik die bereits in den 1960er Jahren eingeleitete emotionale Wende (z.T. auch als *emotive Wende* bezeichnet) nicht berücksichtigt haben. Jedenfalls bröckelt seit dieser Zeit der einst so solide Sockel, auf dem der oben genannte Dualismus seit Jahrhunderten gestanden hat. Insbesondere in den Geistes-, Sozial- und Lebenswissenschaften sind Emotionen seitdem verstärkt zum Gegenstand eines transdisziplinären Diskurses geworden, der nicht nur die bis dahin geläufigen Terminologien grundlegend zur Disposition gestellt hat, sondern innerhalb dessen auch der oben genannte Dualismus selbst nachhaltig kritisiert worden ist.[18] Zudem ist Descartes inzwischen des Irrtums überführt (Damasio 2004) und seinem *cogito* ein *sentio, ergo sum* entgegengestellt worden (Damasio 2000). Bisweilen werden Emotionen gar zu den Gründen all unseres Handelns erklärt (Mees/Schmitt 2003).

Emotionen sind allmählich sowohl in der Politikwissenschaft (APuZ 2013; Korte 2015; Weber 2016) als auch in der Politikdidaktik (Frech/Richter 2019; POLIS 2018; Schröder 2020; Weber-Stein 2019; zdg 2011) angekommen und es werden inzwischen deutlich versöhnlichere Töne angeschlagen (Breit 2016; Besand/Overwien/Zorn 2019; May 2020) – eine erfreuliche, wenn auch reichlich verspätete Entwicklung. Trotz dieser Entwicklung und der zunehmenden Berücksichtigung des Themas in Publikationen ist momentan aber weithin unklar, was aus der Anerkennung von Emotionen für das politische Urteilen und Handeln für die Gestaltung politischer Lehr-Lernprozesse folgt. Im konzeptionellen politikdidaktischen Denken haben die neuerlichen Entwicklungen jedenfalls noch keinen allzu großen Widerhall gefunden (May 2020).

4.2.5 Wissen und Kompetenzen

Die Kompetenz- und Standardorientierung (siehe Kap. 3.4.1 und 4.1.4) ist mit dem umfassenden Anspruch aufgetreten, das schulische Bildungssystem auf der Input- wie der Outputseite umzusteuern. Vermittelt werden sollten fortan zentrale, für ein Fach oder eine Domäne bedeutsame Kompetenzen, deren Erreichung dann auch gemessen werden sollte. So ist zunächst einmal unstrittig, dass Schüler*innen Wissen erwerben, Fähigkeiten weiterentwickeln und Fertigkeiten ausbilden und ausbauen müssen, um kompetent – oder vielleicht besser: mündig – am gesellschaftlichen Leben teilhaben zu können (siehe Kap. 4.1.4). Strittig ist indes, 1.) ob sich die hochgesteckten Ziele politischer Bildung ohne Weiteres

18 So etwa in der Philosophie des Geistes (Nussbaum 2001; Döring 2009), den Neurowissenschaften (Roth 2003), der Kognitionspsychologie (Lazarus 1982; Scherer 1996) oder der Kognitiven Linguistik (Fries 2000; Schwarz-Friesel 2007).

in Kompetenzen übersetzen lassen und, falls ja, ob mit einer Operationalisierung dieser Ziele dergestalt nicht allzu große Reibungsverluste einhergehen, 2.) welche Kompetenzen der Domäne *demokratische Politik* überhaupt angemessen (und alleinig vorbehalten) sind und 3.) ob sich diese Kompetenzen graduieren, also in Stufen der Kompetenzerreichung differenzieren lassen und, falls ja, wie. Umstritten ist außerdem – allerdings nicht nur innerhalb der Politikdidaktik –, d) in welchem Verhältnis Wissen und Kompetenzen zueinanderstehen. Dieser letzte Punkt soll hier noch etwas näher betrachtet werden.

Das zentrale Anliegen der Kompetenzorientierung, die Vermittlung (und Messung) von Kompetenzen, entstand auch aus der eigentlich recht alten didaktischen Erkenntnis, dass sich das gesamtgesellschaftlich (oder gar global) vorhandene Wissen enzyklopädisch nicht sammeln und für alle Ewigkeit festhalten, geschweige denn in der Schule nachhaltig vermitteln lässt (siehe bspw. Kap. 5.2.3 zu Kurt Gerhard Fischer). Abgesehen davon wird der potenzielle Nutzen eines solch enzyklopädischen, deklarativen (Fakten-)Wissens mehrheitlich infrage gestellt (Wer viel weiß, gilt deshalb noch lange nicht als befähigt oder gebildet!). Diese Einsicht bedeutet jedoch nicht, dass Wissen entbehrlich ist. Die Kompetenzorientierung strebt zwar in erster Linie an, dass Schüler*innen etwas können, dabei müssen sie aber auf verständnisintensives Wissen zurückgreifen können. Sie sollen in Anforderungssituationen etwas mit Wissen anfangen können. Zu Irritationen, Missverständnissen und Kontroversen hat jedoch die Frage geführt, in welchem Verhältnis Kompetenzen und Wissen zueinander stehen. Ist Kompetenz ein übergreifendes Konstrukt, das auch Wissen beinhaltet, oder ist es ein Konstrukt, das getrennt vom Wissen zu betrachten ist? Zu dieser Unklarheit hat bereits die Definition des Begriffs *Kompetenz* von Weinert (2002, 27 f.) geführt:

> „Kompetenzen sind die bei Individuen verfügbaren oder durch sie erlernbaren kognitiven Fähigkeiten und Fertigkeiten, um bestimmte Probleme zu lösen, sowie die damit verbundenen motivationalen, volitionalen und sozialen Bereitschaften und Fähigkeiten, um die Problemlösungen in variablen Situationen erfolgreich und verantwortungsvoll nutzen zu können."

Unter den Begriff subsumiert werden damit also ganz unterschiedliche Dinge wie Fähigkeiten, Fertigkeiten, Wissen, Können, Motivation oder Handeln. Dies ist deshalb nicht ganz unproblematisch, weil *Kompetenz* damit der

> „Oberbegriff für unterschiedliche Beschreibungsformen menschlichen Vermögens [ist], ohne dass die ‚Facetten' noch als notwendige und unterscheidbare Teile eines Ganzen ausgewiesen werden müssen. Es wird gar nicht mehr versucht, Kompetenz als innere Struktur eines Wissens, als Operator des Verstehens, als Modus des Handelns usf. zu bestimmen. Die Kompetenz erscheint mit und in vielen Facetten. Sie sind irgendwie immer beteiligt und man kann Kompetenz entsprechend pragmatisch beschreiben" (Gruschka 2007, 25).

Mit Blick auf Wissen lässt sich damit aber zumindest festhalten: Wissen ist *keine* Kompetenz, sondern stattdessen eine Kompetenz*dimension* (Gruschka würde sagen *Facette*; zum Verhältnis beider siehe auch den lesenswerten Beitrag von Oelkers 2014). Trotz dieser Einsicht kam es 2010 zu einer auch durch die Bundeszentrale für politische Bildung vertriebenen Publikation von Weißeno u.a. mit dem Titel *Konzepte der Politik. Ein Kompetenzmodell.* In diesem Buch ist der Versuch unternommen worden, zentrale wissensbezogene Kernideen für die politische Bildung auszuweisen. In Orientierung an den Naturwissenschaftsdidaktiken wurden diese zentralen Kernideen als sogenannte *Basiskonzepte* beschrieben (so u.a. von Richter oder Massing bereits 2008). Das mag man zunächst zwar für unproblematisch halten, der Untertitel des Buches suggeriert allerdings, dass es sich beim Wissen eben doch um eine eigenständige Kompetenz handelt. Das Buch erweckte mithin den Eindruck, als sollte Wissen als zentraler Orientierungspunkt für die politische Bildung fungieren. Das war insbesondere deshalb irritierend, weil die Autor*innen, die an anderer Stelle übrigens durchaus von einer *Kompetenzdimension* gesprochen hatten (Richter 2008), sich im Zusammenhang mit dem Begriff *Konzept* explizit auf die Kognitionswissenschaften bezogen, deren weithin geteilte Grundannahme es ist, dass es eben jene Konzepte sind, die „die elementaren Einheiten unserer strukturellen Kognition" darstellten und in denen als Einheiten in unserem Langzeitgedächtnis, Monika Schwarz (2000, 31) spricht von „semantischen Lexikoneinträgen", unser *Wissen* über die Welt gespeichert ist (Schwarz 1996, 87; Herv. d. Verf.).

Abgesehen von der Verhältnisbestimmung zwischen Kompetenz und Wissen löste diese Publikation noch eine weitere Diskussion über das Verständnis von Wissen selbst aus. Bereits in der Klieme-Expertise (siehe Kap. 3.4) wurde gefordert,

> „die Kernideen der Fächer bzw. Fächergruppen besonders klar heraus[zu]arbeiten, um Lehren und Lernen zu fokussieren. Zu diesen Kernideen gehö-

> ren: die grundlegenden Begriffsvorstellungen […], die damit verbundenen Denkoperationen und Verfahren und das ihnen zuzuordnende Grundlagenwissen“ (Klieme u.a. 2003, 26).

Auch im GPJE-Entwurf (2004, 14) (siehe Kap. 4.1.4) für ein Kompetenzmodell der politischen Bildung ist von „konzeptuellem Deutungswissen“ die Rede. Zum Ausdruck gebracht werden soll damit, dass

> „im Zentrum des Wissens, das das Fach vermitteln will, *nicht* in erster Linie Kenntnisse über Einzelaspekte des politischen, wirtschaftlichen und sozialen Lebens [stehen]. Zentral für die Politische Bildung ist vielmehr solches Deutungswissen, das Schülerinnen und Schülern den Sinngehalt und die innere Logik von Institutionen, Ordnungsmodellen und Denkweisen der Sozialwissenschaften – einschließlich der wesentlichen damit verbundenen Kontroversen – erschließt“ (ebd.; Herv. d. Verf.).

Die Publikation *Konzepte der Politik* schlug entsprechend als die zentralen Basiskonzepte *Ordnung*, *Entscheidung* und *Gemeinwohl* vor, die sich jeweils weiter in Fachkonzepte und konkretisierende Begriffe untergliedern. Schüler*innen sollen nach Ansicht der Autor*innen im Laufe ihres Schulbesuchs ein Netz von Basis- und Fachkonzepten entwickeln, mit dem sie die politische Wirklichkeit deuten können. Dabei bleiben aber einige Probleme virulent. Zunächst rief die Auswahl der Basiskonzepte, die sich vornehmlich an der Politikwissenschaft orientiert, Kritik hervor. Konzepte aus dem Bereich der Wirtschaft (z.B. Markt) oder der Gesellschaft (z.B. Diversität) fehlten. Zudem ist das dort dargelegte deklarative Verständnis von Wissen angesichts der in den Kognitionswissenschaften verhandelten, unterschiedlichen Wissensarten bzw. -dimensionen (u.a. deklaratives, semantisches, episodisches, prozedurales, implizites, explizites, träges, metakognitives Wissen) erheblich verkürzt (Henkenborg 2011, 117–120). Hinzu kommt, dass der proklamierte Status der in der Publikation von Weißeno u.a. (2010) präsentierten Konzepte als „per definitionem richtig“ (50) sich auf der Folie wissenschaftlicher Pluralität und Kontingenz als maximal irritierend, mindestens aber als reduktionistisch ausnimmt (dazu v.a. Henkenborg 2011), mithin auch ganz andere Definitionen der dort eingeführten Basis- und Fachkonzepte denkbar gewesen wären.

Abschließend festzuhalten ist jedenfalls, dass dieses Buch einerseits wie kaum ein anderes in den letzten Jahr(zehnt)en Aufmerksamkeit auf sich gezogen und vielfältige Reaktionen ausgelöst hat, diese Reaktionen jedoch andererseits mitnichten die gleiche Wirkung entfalten konnten. Dies soll allerdings nicht darüber hinwegtäuschen, dass mit Blick auf den Komplex *Wissen und Kompetenz* nach wie vor viele offene Fragen im Raum stehen. Um es kurz zu machen: Zum einen trifft die Einschätzung Sanders (2013a), dass wir es mit Blick auf das Kompetenzthema inzwischen mit einer ziemlichen Blase zu tun haben, die Sache mehr oder weniger auf den Punkt. Zum anderen – und das ist noch viel erstaunlicher – kann man sich unter dem Strich des Eindrucks nicht erwehren, dass wir so viel weiter noch nicht gekommen sind. Jedenfalls hat schon Hilligen (1957) mit „Sehen – Beurteilen – Handeln“ vor mehr als 60 Jahren diejenigen Ziele politischer Bildung formuliert, die – zumindest im Kern – auch heute noch gültig sind (so auch Goll 2005 und May 2012). Gleichzeitig ist eine genuin politikdidaktische empirische Kompetenzforschung, die die Outputs messen könnte, noch kaum entwickelt.

5 Arbeits- und Forschungsfelder der Politikdidaktik

Die Politikdidaktik ist die Wissenschaft vom politischen Lehren und Lernen und damit der zielgerichteten Unterstützung von Schüler*innen, sich mit der sie umgebenden politischen Wirklichkeit auseinanderzusetzen und auf diese Weise ihre politische Identität auszuprägen. Dabei ist die Politikdidaktik auf drei Forschungsfeldern aktiv. Ein erstes Forschungsfeld ist die Klärung des Selbstverständnisses der politischen Bildung. Hierbei geht es um die ‚Philosophie' des Faches sowie Vorstellungen über den Ablauf politischer Lernprozesse. Zweitens entwickelt die Politikdidaktik politikdidaktische Konzeptionen, die sich mit den Zielen, Inhalten und Methoden des Faches auseinandersetzen und damit eine Brücke zwischen allgemeineren Erwägungen über den Bildungswert des Faches und der konkreten Unterrichtsorganisation schlagen. Drittens schließlich befasst sich die Politikdidaktik mit der empirischen Erforschung der Unterrichtswirklichkeit, also der Frage, was im täglichen Geschäft des politischen Lehrens und Lernens, also im Fachunterricht, passiert oder unter welchen Bedingungen die Unterrichtspraxis stattfindet (orientiert an Sander 2013c, 37). Die folgenden Abschnitte dieses Kapitels werden sich diesen Arbeitsbereichen der Politikdidaktik widmen und versuchen, einen ersten Einblick in den Arbeitsstand zu geben. Dabei wird es nicht möglich sein, sämtliche Forschungsarbeiten zu berücksichtigen. Angestrebt wird aber, prägende Strömungen der Diskussion zu berücksichtigen und exemplarisch Bezüge zu Forschungsarbeiten herzustellen.

5.1 Philosophie des Faches und grundlegende Annahmen zum politischen Lernen

5.1.1 Bildung

Ein für die deutsche Diskussion enorm einflussreiches Konzept, um über die grundlegenden Aufgaben der „Einwirkung der älteren Generation auf die jüngere" (F. Schleiermacher) nachzudenken, ist das der Bildung. Als um das Jahr 1800 entstandenes und v.a. in der geistigen Strömung des Neuhumanismus verankertes Konzept bezeichnete es sowohl einen Prozess, den die Bildungssubjekte durchlaufen, als auch die Ergebnisse dieses Prozesses (Massing 2007, 39). Darüber hinaus kann der Bildungsbegriff als überaus schillernd gelten, was eine allgemein geteilte Definition erschwert. Grundsätzlich lässt sich aber sagen, dass das Bildungskonzept in seinem Entstehungskontext, der durch Autoren wie

Wilhelm von Humboldt, Friedrich Schiller oder Immanuel Kant geprägt wurde, auch ein Abgrenzungskonzept gegen ältere Ansätze aus der Zeit der Aufklärung war. Die pädagogischen Bemühungen sollten sich nicht mehr in erster Linie auf deren Nützlichkeit für extern gesetzte Zwecke orientieren – etwa durch gewerbliche oder politische Interessen –, sondern an der Selbstentfaltung einer jeden Persönlichkeit in Auseinandersetzung mit den klassischen, also dauerhaft bedeutsamen Gegenständen der Welt (Blankertz 1982, 95–101). In dieser an Humboldt orientierten Begriffsbestimmung werden bereits die beiden Bestandteile des Bildungskonzepts deutlich, die materiale Bildung, bezogen auf die auszuwählenden klassischen Gegenstände, und die formale Bildung, orientiert am Individuum und dessen Selbstentfaltung (Klafki 1974, 25-38). Orientieren sich Bildungsvorstellungen auf materiale Konzepte, tendieren sie dazu, Bildung vom „Besitz ganz bestimmter Gehalte" (Blankertz 1973, 38), also Kenntnissen, Einsichten und Fähigkeiten, abhängig zu machen. Orientieren sie sich dagegen an formalen Konzepten, so ergreifen sie Partei „für das Individuum gegen dessen gesellschaftliche Vereinnahmung" (Blankertz 1982, 101). Es ist in dieser Einführung nicht möglich, die historische Entwicklung der Diskussion um den Bildungsbegriff nachzuzeichnen. Wolfgang Klafki jedenfalls vereinte in seinem Konzept der kategorialen Bildung formale und materiale Strukturelemente. Eine oft zitierte Passage ist folgende:

> „Bildung ist Erschlossensein einer dinglichen und geistigen Wirklichkeit für einen Menschen – das ist der objektive und materiale Aspekt; aber das heißt zugleich Erschlossensein dieses Menschen für diese seine Wirklichkeit – das ist der subjektive oder formale Aspekt" (1974, 3).

Bildungstheoretisch zieht diese Kompromissbestimmung nach sich, zwar bedeutsame Bildungsgüter auszuwählen und damit den Anspruch der gegebenen und sich entwickelnden Gesellschaft auf ‚passende' Individuen anzuerkennen, gleichzeitig aber das Individuum nicht diesen Ansprüchen unterzuordnen, sondern eine eigenständige, distanzierte und gegebenenfalls kritische Auseinandersetzung anzustreben. In der politischen Bildung zeigt sich diese mitunter spannungsreiche Doppelgleisigkeit in der Orientierung auf zentrale Bedingungen und Ordnungsprinzipien der (repräsentativen) Demokratie einerseits und in einer Betonung von Emanzipation und Mündigkeit als zentralen Bildungszielen andererseits. Konkret: Die existierende Demokratie soll durch die Schüler*innen in ihrem Wert befürwortend verstanden, aber auch im Hinblick auf ungewollte Zustände kritisch hinterfragt werden können (siehe Kap. 3.5).

Als Teil einer an diesem Bildungsbegriff orientierten allgemeinen Bildung kann die politische Bildung gelten (Massing 2007, 46). Dennoch wurde der Bildungsbegriff in der Post-PISA-Zeit und in Verbindung mit einer empirisch-kognitivistischen Wende in Teilen der politikdidaktischen Community auch grundsätzlich infrage gestellt. Vor allem der Bestandteil des Bildungskonzepts, der den Fokus auf den relativ schwammigen Begriff der Selbstentfaltung bzw. die damit in der politischen Bildung eng verbundenen Zielvorstellungen der Emanzipation und Mündigkeit legt, rief Kritik hervor (Detjen u.a. 2012, 9). Die Protagonisten dieser Kritik geben zwar die Zielvorstellungen von Selbstentfaltung, Emanzipation und Mündigkeit nicht grundsätzlich auf, allerdings halten sie diese Konzepte für viel zu allgemein, um Orientierungskraft für die Unterrichtsplanung und empirische Forschung zu entfalten. Politische Bildung solle sich demnach nicht mit abstrakten Bildungsvorstellungen befassen, sondern mit dem, was konkret im Unterricht zu vermitteln und durch empirische Untersuchungen zu testen sei: konkret definierte Kompetenzen (ebd.). Die Hinwendung zur Kompetenzorientierung seit dem Beginn dieses Jahrhunderts wird von den Kritiker*innen des Bildungsbegriffs damit als eine Abwendung von der Bildungstheorie verstanden.

Vor allem Wolfgang Sander wendet sich vehement gegen diese Abwendung vom Bildungsbegriff. Er argumentiert, dass die Kompetenzorientierung, die in der Bundesrepublik u.a. durch die in Kapitel 3 erwähnte Klieme-Expertise (Klieme u.a. 2003) eingeleitet wurde, von der ursprünglichen Idee her gerade nicht eine Abwendung vom Bildungsbegriff bewirken wollte oder grundsätzlich mit Bildungskonzepten in Widerspruch stehen muss. Vielmehr können konkrete Kompetenzen nur unter Rückbezug auf die materialen und formalen Aspekte eines Bildungsbegriffs abgeleitet werden. Die Kompetenzorientierung – so kann man diese Einlassung lesen – braucht also die Bildungstheorie, um überhaupt entscheiden zu können, was bedeutsame Kompetenzen sind (Sander 2013c, 115). Gleichzeitig, so Sander, werden allgemeine Bildungsziele wie Mündigkeit und Emanzipation immer einen utopischen Überschuss aufweisen und nicht vollständig in den zwar notwendigen, aber nicht hinreichenden Konkretisierungen, also Kompetenzen, aufgehen. Die allgemeinen Bildungsziele des Faches werden immer etwas mehr sein, als sich in den vermittelbaren und testbaren Kompetenzen nachweisen lässt. So kann man zwar Mündigkeit über politische Urteilskompetenz operationalisieren und in notwendige Teilschritte – z.B. Positionierung, Begründung der Position mit Sach- und Wertbezügen sowie öffentliche Rechtfertigung der Position – unterteilen. Ob sich in derlei herbeigeführten und empirisch überprüften Urteilen tatsächlich Mündigkeit zeigt, also die Eigenständigkeit des Denkens oder die Distanzierung von eingeschliffenen und durch Sozialisation eingeübten Denkgewohnheiten, wird aber auch dann noch unsicher bleiben (ebd., 23 f.). Man könnte Sanders Kritik wie folgt zusammenfassen: Allgemeine und bildungstheoretisch begründete Bildungsziele sind eine notwendige Voraussetzung für die Definition von Kompetenzen; Kompetenzerwerb und erfolgreiche Testung sind aber keine hinreichenden Hinweise auf eine gebildete Persönlichkeit.

5.1.2 Vorstellungen vom (politischen) Lernen

Neben der Frage, ob politische Bildung bildungstheoretisch fundiert ist oder sich als Psychologie der Vermittlung von Kompetenzen versteht, sind lerntheoretische Annahmen für die Philosophie des Faches entscheidend. In der Tat sind solche Annahmen überaus bedeutsam, denn man kann davon ausgehen, dass die Frage, wie sich Didaktiker*innen und Lehrer*innen einen politischen Lernprozess – auch dann, wenn ihnen dies gar nicht bewusst ist – vorstellen, höchst folgenreich für die Gestaltung von Lehr-Lernarrangements in der politischen Bildung ist. Das heißt auch, dass (angehende) Lehrkräfte darüber nachdenken sollten, welche Vorstellungen vom politischen Lernen sie eigentlich haben, inwiefern diese ihren Unterricht beeinflussen und inwiefern andere Vorstellungen über den politischen Lernprozess ihre Praxis anreichern und verbessern könnten. Allerdings widmet die Politikdidaktik diesem Zusammenhang eher selten Aufmerksamkeit; lerntheoretische Erwägungen sind in der politikdidaktischen Fachliteratur nicht oft zu finden (bspw. aber bei Lange 2008a, 2011; Petrik 2013b, 53-59; Sander 2013c, 151–167). Theorien über das Lernen werden in ganz verschiedenen Wissenschaftsdisziplinen entwickelt (siehe den Überblick in Göhlich/Zirfas 2013). Eine häufig anzutreffende Unterteilung von Lerntheorien, die sich insbesondere an der Psychologie und der Philosophie (Erkenntnistheorie) orientiert, unterscheidet zwischen a) behavioristischen, b) kognitivistischen und c) konstruktivistischen Ansätzen, wobei die Unterschiede zwischen kognitivistischen und konstruktivistischen Ansätzen gradueller Natur sind.

a) Behavioristische Lerntheorien

Behavioristische Lerntheorien richten ihren Fokus auf die Veränderung des Verhaltens von Personen, wobei die Steuerung des Verhaltens durch äußere Reize oder Handlungskonsequenzen im Mittelpunkt steht. Lernen, also die Veränderung des Verhaltens, entsteht demnach dann, wenn das Individuum mit bestimmten Reizkombinationen konfrontiert wird oder mit bestimmten Handlungskonsequenzen rechnen muss – etwa nach dem Motto ‚Gebranntes Kind scheut das Feuer'. Aus der Fülle behavioristischer Theoriebildung sei hier die klassische Schule des operanten Konditionierens nach Burrhus Frederic Skinner

(1904–1990) genannt. Skinner interessiert sich für instrumentelles Lernen, also Verhaltensänderungen, die v.a. durch die Orientierung an den Folgen einer Handlung zustande kommen. Unterschieden werden die *positive Verstärkung*, bei der ein Lob oder eine Belohnung gegeben wird, die *negative Verstärkung*, bei der ein unangenehmer Zustand beseitigt wird (etwa die Befreiung von einer unangenehmen Pflicht), die *Bestrafung*, bei der ein unangenehmes Ereignis auf die Handlung des Individuums folgt, und die *Löschung*, bei der eine Handlung weder angenehme noch unangenehme Folgen hat. Positive und negative Verstärkung dienen dazu, ein bestimmtes erwünschtes Verhalten aufzubauen oder zu fördern, Bestrafung und Löschung hingegen dazu, ein unerwünschtes Verhalten zurückzudrängen. Aus dieser Perspektive lässt sich das Verhalten von Menschen recht simpel durch Belohnung und Bestrafung steuern. Lernen geht zwar von Aktivitäten des Individuums aus, der Lernvorgang selbst ist aber durch Passivität und Außenlenkung gekennzeichnet. Wie die Individuen die Reize bzw. Handlungskonsequenzen innerpsychisch verarbeiten, ist für Behaviorist*innen nicht beantwortbar (Individuum als *Blackbox*); wissenschaftliche Aussagen zum Lernen können sich nur auf Reize, Handlungen oder Handlungsfolgen beziehen (Göhlich/Zirfas 2013, 19-24).

b) Kognitivistische Lerntheorien und strukturgenetischer Ansatz

Auch kognitivistische Lerntheorien interessieren sich für Lernen als Verhaltensveränderung von Personen. Entgegen behavioristischer Theorien widmen sie sich aber nicht nur äußeren Reizen, sondern auch innerpsychischen Zuständen wie Interessen, Motivation und – für fachliches Lernen bedeutsam – bereits vorhandenen Vorstellungen von der Welt bzw. eines Lerngegenstandes. Es sind nicht ausschließlich die äußeren Reize, die menschliches Handeln steuern, sondern die innerpsychischen Sinnbildungsprozesse in Bezug auf diese Reize. Menschen nehmen neue Informationen immer nur in Bezug auf das wahr, was sie bereits wissen. Wenn bspw. ein Kind gelernt hat, alle Flugwesen als Vögel zu bezeichnen, wird es das auch tun, wenn es eine Fledermaus im Flug entdeckt. Kognitivist*innen meinen, dass nicht nur die Reize wichtig sind, sondern auch, wie Individuen diese Reize verstehen und verarbeiten. Insofern ist der menschliche Geist selbst an der Konstruktion der wahrgenommenen Wirklichkeit beteiligt.

Lernen wird aus kognitivistischer Sicht also nicht nur als eine Verhaltensänderung, sondern auch als eine individuelle Veränderung der Sinnbildungsprozesse verstanden, die auch zu Verhaltensänderungen führen (ebd., 19-24). Solche Sinnbildungs- und Verhaltensänderungen kommen zustande, wenn es gelingt, das Wissen, mit denen die Individuen ihre Welt betrachten, zu verändern.

Dies erfolgt durch die Erweiterung und Verknüpfung von Begriffen und Begriffsnetzen sowie sogenannte *kognitive Schemata* (= grundlegende Annahmen über die Funktionsweise bestimmter Bereiche der Welt). Doch wie geht eine Veränderung der Begriffe, Begriffsnetze und kognitiven Schemata vonstatten? Einige Vertreter*innen kognitivistischer Lerntheorien betonen die Weitergabe von Wissensbeständen. Lernen wird hier als ein rezeptiver Vorgang verstanden, in dem Kinder und Jugendliche klar strukturierte Wissensbestände aufnehmen. Nach David Paul Ausubel (1918–2008) erfolgt durch die Aufnahme von Wissen eine immer weitere Differenzierung von Begriffen und Begriffsnetzen: „Lernen ist sinnvoll, wenn der Schüler mit einem allgemeinen begrifflichen Überblick beginnt, der Orientierung und Richtung gibt, und dann ‚rückwärts' arbeitet, indem er Details, Besonderheiten und unterstützendes Beweismaterial einfügt" (1971, 465). In Bezug auf die kognitiven Schemata beschreibt Jean Piaget (1896–1980), der als ein bedeutender Vertreter der kognitiven Wende gelten kann (Lefrançois 2006), den Lernprozess auf eine etwas abweichende Art und Weise. Grundlegend versteht Piaget Lernen als einen Vorgang der gegenseitigen Anpassung von Umwelt und Individuum (*Adaption*). Dieser Vorgang ist durch zwei Binnenprozesse gekennzeichnet: Im Prozess der *Assimilation* nutzt ein Individuum ein vorhandenes kognitives Schema, um bestimmte Informationen zu verarbeiten oder in einer Situation auf eine – nach seiner Ansicht angemessene oder Erfolg versprechende – Art und Weise zu handeln oder zu urteilen. Ein Kind weiß bspw., dass es einen Holzring mit einem dünnen Holzstab aufnehmen kann, und immer dann, wenn es auf einen Holzring trifft und einen dünnen Holzstab zur Hand hat, wird es versuchen, den Holzring aufzunehmen. Auch wenn es auf eine Situation trifft, in der statt eines Holzrings ein schwerer Eisenring aufzunehmen ist, wird es versuchen, das vorhandene kognitive Schema (Ring lässt sich mit Stab aufnehmen) auf die neue Situation anzuwenden. Das Kind geht davon aus, dass sich das kognitive Schema immer anwenden lasse. Diesen Prozess der mentalen Angleichung der Umwelt an das vorhandene kognitive Schema bezeichnet Piaget als *Assimilation*. Der Prozess der *Akkommodation* geht von einem Scheitern des kognitiven Schemas an der Realität, einem Stocken der Routine aus. Dem Individuum wird klar: Das Schema taugt nicht mehr, um die Umwelt wie gewohnt zu behandeln. Der Holzstab bricht beim Versuch, den schweren Eisenring aufzunehmen. Um erfolgreich handeln zu können, kann das Individuum nicht weiter so tun, als lasse sich die Umwelt mit dem bestehenden kognitiven Schema erfolgreich bearbeiten, vielmehr ist eine Angleichung dieses Schemas an die Umweltbedingungen nötig (schwerer Eisenring lässt sich nicht mit dünnem Holzstab aufnehmen). Diesen Prozess der Änderung des kognitiven Schemas und daran ausgerichteter Handlungen nennt Piaget *Akkommodation*. Das Individuum ist in dieser Lerntheorie aktiv in Austauschprozesse mit der Umwelt verwickelt und strebt nach einer strukturellen Passung (*Äquilibration*) von kognitiven Schemata und Umweltbedingungen (Piaget 1976). Zusammenfassend ist der Ansatz von Piaget also durch die Idee gekennzeichnet, dass unsere Wahrnehmung von der Struktur unserer kognitiven Schemata abhängt und dass sich diese im Laufe des Aufwachsens sowie im Zuge von Lernprozessen entwickeln (Genese). Insofern ist auch von einem strukturgenetischen Ansatz die Rede, der insbesondere auch die qualitative politikdidaktische Forschung beeinflusst hat.

c) Konstruktivistische Lerntheorien

Konstruktivistische Lerntheorien knüpfen an kognitivistische an. Mitunter wird auch Piaget, den wir hier als Vertreter der kognitiven Wende vorgestellt haben, als Protagonist des Konstruktivismus in Anspruch genommen. Ähnlich wie der Kognitivismus betont der Konstruktivismus die innerpsychischen Prozesse des Individuums und versteht Lernen als den Aufbau und die Entwicklung individueller Vorstellungwelten. Wenn Schüler*innen lernen, dann erschaffen sie eine „individuelle Repräsentation der Welt“ (Edelmann/Wittmann 2019, 243). Der Lern- bzw. Veränderungsprozess selbst weist in den Augen von Konstruktivist*innen eine deutliche Ähnlichkeit zu den von Piaget beschriebenen Anpassungsprozessen (Assimilation und Akkommodation) auf:

> „Im Lernprozess wird das mögliche Bild vom betreffenden Weltausschnitt […] dem schon vorhandenen inneren Bild angeglichen und zugleich wird das vorhandene Bild verändert. […] Inneres Bild und Welt reiben sich im Erfahrungsprozess aneinander und befruchten sich so“ (Göhlich/Zirfas 2013, 26).

Über diese Gemeinsamkeiten hinaus betonen konstruktivistische Lerntheorien aber noch stärker die Eigenaktivität des Individuums beim Lernen. Gehen Kognitivist*innen davon aus, dass Informationsverarbeitungsprozesse gestaltet werden können, die die Vorstellungwelt der Individuen mit Informationen über die Außenwelt anreichern und so Vorstellungen entstehen lassen, die immer besser zu den objektiven Realitäten passen, so bezweifeln Konstruktivist*innen, dass man überhaupt etwas über die Außenwelt lernen kann. Vielmehr können äußere Reize, die auf das Individuum treffen, für sich überhaupt nicht in Anspruch nehmen, Informationen über die äußere Welt zu enthalten. Zwar gebe es Einflüsse der Umwelt auf das Individuum, was diese aber für das Individuum bedeuten, ist nicht von den Einflüssen abhängig, sondern von dem Individuum selbst. Die Grundlage dieser Überzeugung ist die Annahme, dass Individuen geschlossene psychische Systeme sind, die zwar Reize der Außenwelt empfangen und daraus eine eigene Wirklichkeit konstruieren, aber keinen Zugang zu einer Realität außerhalb ihrer selbst haben. Informationen werden somit nicht aufgenommen und in die bestehenden Vorstellungswelten integriert, sondern erst im psychischen System des Individuums erzeugt. „Wahrnehmen, Erkennen und Lernen sind demzufolge keine Informationsverarbeitungs-, sondern Konstruktionsprozesse" (ebd., 25).

Die Gemeinsamkeiten kognitivistischer und konstruktivistischer Theorien liegen somit vornehmlich in der Betonung innerpsychischer Prozesse und dem Aufbau von Wissensnetzen und kognitiven Schemata. Während kognitivistische Theorien den Lernprozess je nach Ansatz sowohl als rezeptiven Vorgang (D. P. Ausubel) als auch als aktive Umorganisation kognitiver Schemata in problemhaften Situationen (J. Piaget) beschreiben (Edelmann/Wittmann 2019, 124–126), betonen konstruktivistische Theorien v. a., dass Lernen dann einsetzt, wenn man mit den alten Wissensbeständen oder Schemata nicht mehr weiterkommt und/oder unzufrieden ist. Der Unterschied der beiden Ansätze erstreckt sich aber v. a. auf das Gebiet der Erkenntnistheorie, also auf Fragen, die sich ganz grundsätzlich mit der Erkennbarkeit der Welt oder der Wahrheit von Aussagen beschäftigen. Gegenüber kognitivistischen betonen einige konstruktivistische Ansätze zudem auf besondere Weise die Rolle der sozialen Umwelt beim Erkennen und Lernen. Was und wie in einer Gesellschaft gelernt wird, hänge immer auch von der Art und Weise der vorherrschenden Wissenskonstruktionen der Gesellschaft bzw. einzelner gesellschaftlicher Gruppen ab (Was gilt als gesichertes Wissen?). Insofern wird Lernen nicht nur als individuell, sondern auch als sozial situiert und durch Kommunikation vermittelt begriffen (Göhlich/Zirfas 2013, 26 f.; Lave/Wenger-Trayner 1991). Kooperatives Lernen kann somit als eine Konsequenz konstruktivistischer Lerntheorien gelten.

d) Lerntheorien und Unterrichtsorganisation

Im Anschluss an die Lerntheorien werden oft unterschiedliche Wege der Unterrichtsorganisation vorgeschlagen. So verknüpfen Gabi Reinmann und Heinz Mandl (2006) behavioristische und Teile konstruktivistischer Ansätze mit lehrer*innenzentrierter Wissensvermittlung und direkter Instruktion. Im Mittelpunkt solcher Ansätze steht das systematische Aufbereiten von objektiv verstandenem Wissen sowie die regelhaft angeleitete Vermittlung von Wissensbestandteilen, um so die kognitiven Strukturen der Schüler*innen anzureichern und zu entwickeln. Beispielsweise sollen nach Ausubel zunächst allgemeine, dann konkretere Begriffe geklärt werden, Verbindungen zwischen den Begriffen offengelegt oder die Reihenfolge der Thematisierung nach sachlogischen Gesichtspunkten (z.B. chronologisch oder kausal) gewählt werden (Reimann/Mandl 2006, 624). Auch in der Politikdidaktik sind ähnliche Vorschläge zu finden. So halten bspw. Weißeno u.a. (2010, 200) fest: „Die Instruktion sorgt dafür, dass ausgewählte Inhalte verschiedener Bereiche (hier der Politik) erworben werden." Im sich anschließenden Unterrichtsbeispiel zum Thema *Europa* erarbeiten die Schüler*innen Texte, indem sie diese aufgabenbasiert erschließen. Die Aufgaben steuern die sachlogische Erschließung der Texte, die Strukturierung des Wissensgebietes und damit die Erweiterung und Vertiefung der vorhandenen Wissensnetze der Schüler*innen.

Auf der anderen Seite werden mit einigen kognitivistischen Theorien (wie der oben vorgestellten von Jean Piaget) sowie v.a. den konstruktivistischen Ansätzen problemorientierte Unterrichtsmethoden in Verbindung gebracht. Insbesondere der Realitäts- und Anwendungsbezug der Problemsituationen, die für den Unterricht ausgewählt werden, ist bedeutsam. Inszeniert werden sollen demnach möglichst authentische Situationen, in denen die Schüler*innen mit ihren Begriffen, Begriffsnetzen und kognitiven Schemata nicht mehr weiterkommen und diese deshalb möglichst selbstgesteuert (weiter-)entwickeln müssen. Die Geschichte der Konzeptionen und Methoden der politischen Bildung ist stark geprägt durch solcherlei Methoden. Ein Beispiel ist die Dilemmamethode von Sibylle Reinhardt, in der es darum geht, Urteile und Lösungen für Dilemmasituationen zu finden. Dilemmata sind durch widersprüchliche Wertbezüge gekennzeichnet (Reinhardt 2018, 161). Wie auch immer man sich entscheidet, man verletzt einen Wert, es gibt keine einfachen Entscheidungen – bspw. bei der Frage, ob gekidnappte Flugzeuge in Situationen akuter Terrorgefahr abgeschossen werden sollten. Im Zuge der Auseinandersetzung mit solchen Fragen werden die mitgebrachten Begründungsschemata für angemessenes Handeln infrage gestellt und (weiter-)entwickelt.

Trotz solcher v.a. in der Bildungswissenschaft häufig anzutreffender Verknüpfungen von Lerntheorie und konkreten didaktisch-methodischen Strategien weist Wolfgang Sander (2014, 87) zurecht darauf hin, dass es mitunter Schwierigkeiten bereitet, aus Lerntheorien direkt didaktisch-methodische Arrangements abzuleiten. So gälten die Annahmen des Konstruktivismus auch, wenn man in einer direkt instruierenden Vorlesung säße, denn auch hier bliebe die Verarbeitung der Reize vollständig dem Individuum und seinen neuronalen Prozessen überlassen.

e) Gibt es eine ‚richtige' Lerntheorie für die politische Bildung?

Eine Antwort auf diese Frage kann nur erfolgen, wenn man sich bewusst macht, wozu diese Theorien dienen sollen und können. Theorien erklären auf vereinfachte Art und Weise einen Ausschnitt der Welt. Bei Lerntheorien ist das der Prozess des menschlichen Lernens. Theorien sollten also möglichst hilfreich und nützlich dabei sein, die Realität zu erfassen und den Menschen das Handeln in der Realität zu erleichtern. Lerntheorien sollten entsprechend möglichst stimmig das menschliche Lernen beschreiben und Hinweise darauf liefern, wie man als Lehrer*in etwa für Zwecke der politischen Bildung das Lernen der Schüler*innen anregen kann.

In der Politikdidaktik wird der behavioristische Ansatz oft abgelehnt. So schreibt Lange (2011, 97): „Fachdidaktisch hat der Behaviorismus in der politischen Bildung keine exponierten Vertreter gefunden; zu unvereinbar erscheint sein Menschenbild mit den an Mündigkeit orientierten Grundprinzipien der politischen Bildung." In der Tat stellt sich die Frage, wie man Individuen etwa mit den Techniken der Verstärkung, Bestrafung und Löschung über ein nur angepasstes Verhalten hinaus – Assoziationen von Abrichtung und Drill kommen auf – zu Mündigkeit und Emanzipation bringen kann. Doch Schule und Unterricht sind komplex und widersprüchlich und wir sehen nicht, weshalb die gut untersuchte Theorie des Behaviorismus nicht auch in der politischen Bildung in bestimmten Bereichen nützlich sein könnte – etwa wenn eine Klasse oder ein Kurs vereinbart, den Verstoß gegen die Klassenregeln oder ein unerwünschtes Verhalten (Zuspätkommen) mit einer bestimmten Sanktion zu ahnden, wenn Engagement im mikropolitischen Nahraum der Schulklasse mit positiven Kopfnoten verstärkt oder wenn das Lernen deklarativen Wissens in bestimmten Unterrichtssituationen mit guten Noten belohnt wird.

Allerdings: So weltfremd es wäre, die Funktionalität instrumentellen Lernens zu ignorieren, so unmöglich wäre es auch, die Planung politischer Bildung gänzlich in ihm aufgehen zu lassen. Sowohl die Demokratie als auch die Orientierungspunkte Bildung, Mündigkeit und Emanzipation setzen ein lernendes Individuum voraus, das aktiv in die Auseinandersetzung mit der politischen Welt verwickelt ist. Politische Bildung ist also gut beraten, sich an kognitivistischen und konstruktivistischen Theorien zu orientieren, mithin unterschiedliche politische Ansichten und Weltdeutungen (der Schüler*innen) in den Mittelpunkt des Unterrichts zu stellen, diese zu irritieren und in Zwiesprache mit wissenschaftlichen Ideen sowie in sozialer Auseinandersetzung zu entwickeln.

5.2 Konzeptionen der politischen Bildung

5.2.1 Konzeptionen als traditionelles Arbeitsfeld der Politikdidaktik

Das öffentliche Bildungssystem und als dessen Bestandteil auch politische Bildung sind das Ergebnis einer historischen Entwicklung. War es noch im Mittelalter für den weitaus größten Teil der Bevölkerung ausreichend, die für das Leben notwendigen Kenntnisse, Fähigkeiten und Einstellungen durch das Aufwachsen in der Familie und die berufliche Praxis, also durch Sozialisation, zu erlangen, so änderte sich dies in der Neuzeit mit der Entstehung des neuzeitlichen Staates und der zunehmenden Ausdifferenzierung der Gesellschaft. Sowohl die Beherrschung basaler Kulturtechniken wie Schreiben und Rechnen als auch Fähigkeiten in spezialisierten Berufen konnten durch eine bloße Eingewöhnung in die Gesellschaft nicht mehr gewährleistet werden. Die systematische Vermittlung von Kenntnissen, Fähigkeiten und Einstellungen wurde nötig. Die Folge der historischen Entwicklung hin zu modernen Gesellschaften ist somit auch die „Geburt der Schule und des Klassenzimmers“ (Terhart 2019, 410).

Anders als Sozialisation sind Erziehung und Bildung aber intentionale Angelegenheiten. Es handelt sich dabei um beabsichtigte, zielgerichtete Beeinflussungen der heranwachsenden Generation. Damit tritt die Frage in den Mittelpunkt, was denn durch Erziehung und Bildung eigentlich beabsichtigt werden soll und wie sich diese Absichten umsetzen lassen. Für angehende Lehrkräfte oder die Öffentlichkeit ist diese Frage vielleicht etwas verschüttet, weil jeder von uns bereits an einer Schul- und Unterrichtspraxis teilgenommen hat und durch Bildungsgesetze und Lehrpläne diese Fragen geklärt erscheinen. Mündige Lehrer*innen, die ihre pädagogische Freiheit und Verantwortung nutzen wollen, sollten diese Frage aber dennoch durchdenken, nicht zuletzt um die Setzungen der Lehrpläne sowohl verstehen als auch hinterfragen zu können. Man stelle sich als Gedankenexperiment also vor, man müsste das erste Curriculum für ein Fach, hier die politische Bildung, schreiben. Was sollten die Ziele, Inhalte und Methoden des Faches sein? Genau diese Fragen versuchen Konzeptionen der politischen Bildung auf wissenschaftlicher Grundlage zu beantworten. Dies bedeutet, dass die Setzungen von Zielen und Inhalten begründet und nachvollziehbar dargelegt und bei der Entwicklung von Methoden möglichst auch Erfahrungen oder empirische Erkenntnisse über deren Wirkungsweise berücksichtigt werden müssen. Eine wichtige Grundannahme politikdidaktischer Konzeptionen ist, dass die Entscheidungen zu Zielen, Inhalten und Methoden in einem wechselseitigen Abhängigkeitsverhältnis, einem sogenannten „Implikationszusammenhang“ (Blankertz 1973, 94), stehen. Wenn man also eine Entscheidung zu einem Inhalt trifft (z.B. das gesellschaftliche Problem der Langzeitarbeitslosigkeit wählt), dann hat dies auch Auswirkungen auf die Methoden (z.B. Problemstudie) und die damit erreichbaren Ziele (problemlösendes Denken am Beispiel Langzeitarbeitslosigkeit). Wählt man einen anderen Inhalt, der keine Problem-, sondern eventuell eine Konfliktstruktur aufweist, dann zieht dies auch andere methodische Entscheidungen (z.B. Pro-Kontra-Debatte) und Zielstellungen (z.B. Konfliktkompetenz, zivilisiert streiten) nach sich. Eine politikdidaktische Konzeption ist also ein Aussagengefüge, das beschreibt, aus welchen Gründen welche Ziele mit welchen Inhalten und welchen Methoden erreicht werden können. Wolfgang Hilligen (1985, 21) reduziert dies auf einige W-Fragen: „Warum, Wozu?“, „Was?“ und „Wie“? (siehe Kap. 4.1.2, 4.1.4).

Im Folgenden sollen die bereits in Kapitel 4.1.4 kurz erwähnten Konzeptionen der politischen Bildung knapp dargestellt werden, indem wir untersuchen, wie in diesen die Fragen nach Zielen, Inhalten und Methoden beantworten werden. Dies kann nur einen ersten Eindruck vermitteln. Die Autoren der Konzeptionen haben ihre Überlegungen oft in einem umfangreichen Werk niedergelegt (Pohl 2020, 168). Auch haben sie mitunter verschiedene Schwerpunkte gesetzt. Während sich einige stärker mit Fragen nach unterrichtlichen Wegen (Methoden) befassten, stand für andere eher die Suche nach Zielen und Inhalten der politischen Bildung im Mittelpunkt. Die folgenden Ausführungen inklusive der Zitate zu den Konzeptionen orientieren sich am Lektüreband *Klassiker der Politikdidaktik neu gelesen* (May/Schattschneider 2011), gehen aber teilweise darüber hinaus.

5.2.2 Partnerschaft – Theodor Wilhelm (1906–2005)

Theodor Wilhelm ist bereits im Kapitel über die historische Entwicklung in der Bundesrepublik im Zusammenhang mit der Kontroverse mit Theodor Litt erwähnt worden (siehe Kap. 3.2.2). Anstoß der Kritik war Theodor Wilhelms Konzept der Partnerschaftspädagogik. Auf der Ebene der *Bildungsziele* (nicht nur des Unterrichts) stellte Wilhelm die Idee der Partnerschaft als zentral heraus. Dies ist auch als eine Abkehr von einem ausgeprägten Freund-Feind-Denken in der politischen Theorie zu verstehen, wie wir es bspw. vom Völkerrechtler Carl Schmitt (1888–1985) kennen, der ein wichtiger Stichwortgeber des nationalsozialistischen Regimes war. Auch Wilhelm war dem NS-Regime verbunden, stellte nun aber, kurz nach dem Zweiten Weltkrieg, Partnerschaft in den Mittelpunkt seines Denkens. Demnach sollen Schule und Unterricht dazu beitragen,

> „zu erkennen […], dass das spezifische politische Verhalten in dem Bemühen besteht, aus ‚Feinden‘ ‚Gegner‘ zu machen, d.h. *den Feind als Partner aufs*

> *Spielfeld zu bringen.* Wo Menschen sich um die Transferierung feindlicher Positionen in gegnerische bemühen, befinden wir uns auf dem eigentlichen Boden der Politik" (Wilhelm 2011, 42).

Menschen können zwar weiterhin ihre Interessen und Ansichten gegenüber anderen verteidigen, damit aber nicht das Recht der*s Gegner*in infrage stellen, dies ebenfalls zu tun. Schule und Unterricht sollten im Idealfall dazu beitragen, dass Menschen ihre Differenzen rational durch das Gespräch bearbeiten, gegenseitig auf Argumente hören und aufeinander zugehen, sodass ein Kompromiss oder sogar ein Konsens entstehen kann. Als Ziel formuliert Wilhelm: „Rechne stets mit der Möglichkeit eigenen Irrtums und scheue dich nicht zuzugeben, du habest deine Ansicht geändert. Weise Männer ändern ihre Meinung, Narren niemals" (ebd., 43). Doch wie kann Partnerschaft *methodisch* vermittelt werden? Partnerschaft ist für Wilhelm eine menschliche Praxis, in der wir unser Zusammenleben gestalten. Diese Praxis könne man nur lernen, indem man sie ausübt und ausprobiert. Weil Partnerschaft gleichzeitig Ziel und Prozess ist, liegt es nahe, partnerschaftliches Handeln zu einem zentralen methodischen Prinzip zu erheben. Wilhelm verdeutlich dies am Beispiel des arbeitsteiligen, kooperativen Baus eines Sandkastens. Hier wird deutlich, dass politische Bildung nach Wilhelm nicht zwingend auf das angewiesen ist, was wir zunächst unter Politik verstehen (Staat, Parlament, Parteien usw.). Vielmehr liegen Kooperation, Partnerschaft, Gegnerschaft und Gespräch im sozialen Zusammensein bereits vor, sodass auch der Bau eines Sandkastens als politischer Akt verstanden werden kann. Dies ist typisch pragmatistisch gedacht, weil es das Lernen durch Erfahrung betont. Gleichwohl schlägt Wilhelm auch *Inhalte* für den Politikunterricht vor. Diese reichen von der Arbeits- und Berufsordnung über das Thema Freiheit bis hin zu Regierung und Opposition (Grammes 2011, 58). Entscheidend ist aber, dass von den politikwissenschaftlichen Inhalten ein Bezug zur Lebenswelt der Schüler*innen hergestellt wird und dass die Inhalte nicht als Sachbuchwissen vermittelt werden, sondern in kontroverse Problemfragen rückübersetzt werden. Zum Komplex *Freiheit und Freiheitsrechte* formuliert Wilhelm bspw. das Thema: „Die freie Wahl, die 15 Mark meiner Sparbüchse auf ein Radlicht oder einen Rundflug zu verwenden" (Wilhelm 2011, 48). Eine solche kontroverse Problemfrage ist eine Voraussetzung für Partnerschaftspädagogik, weil an ihr die Praxis des partnerschaftlichen Gesprächs geübt werden kann.

5.2.3 Mit Fällen zu Einsichten – Kurt Gerhard Fischer (1928–2001)

Anders als Wilhelm, der Pädagogikprofessor war, gilt Kurt Gerhard Fischer als Politikdidaktiker der ersten Generation. Das Denken über die *Bildungsziele* des Faches kreiste bei Fischer um die Begriffe *Kenntnisse* (isoliertes Faktenwissen, z.B. zum Bundestag), *Erkenntnisse* (verallgemeinertes Wissen, z.B. über die Bedeutung von Repräsentation) und – als wichtigstes Bildungsziel – *Einsichten.* Einsichten versteht er als Denkvoraussetzungen. Denkvoraussetzungen sind Prämissen, also Voraussetzungen, die unseren Urteilen zugrunde liegen, auch wenn sie uns nicht bewusst sind. Wenn wir bspw. für das Prinzip „Gleiche Löhne für gleiche Arbeit von Mann und Frau" eintreten, dann liegt dem die Prämisse zugrunde, dass Mann und Frau gleiche Rechte beanspruchen können und dies keine Ungleichbehandlung erlaubt. Aus dem Konzept der Einsichten leitet Fischer zwei Bildungsziele ab. Erstens soll es darum gehen, vorhandene Einsichten der Schüler*innen zu reflektieren. Welche Einsicht leitet mich eigentlich, wenn ich Migration ablehne oder wenn ich für gendergerechte Sprache plädiere? Reflexion ist wichtig, weil nur auf diese Weise die uns leitenden Einsichten bearbeitbar gemacht werden können. „Nichtreflexion von Einsichten ist identisch mit Vorbereitung zur irrationalen Aktion" (Fischer 2011, 69). Damit hängt aber zweitens ein weiteres Bildungsziel zusammen: Es soll im Unterricht – vorbereitet durch die Reflexion der mitgebrachten Einsichten – möglichst darum gehen, diese Einsichten der Schüler*innen zu entwickeln. Hierzu formuliert Fischer insgesamt 23 Einsichten, die als Ziele verstanden werden können, wie z.B.: „Mensch zu denken ist unmöglich, ohne seine natürliche Freiheit mitzudenken" (ebd., 70). Dabei ist sich Fischer bewusst, dass diese Einsichten nicht wie Faktenwissen vermittelt werden, sondern allenfalls angeboten werden können. Hinsichtlich der *Inhalte* des Politikunterrichts vertritt Fischer – ohne aus pragmatischen Gründen einen Inhaltskanon völlig abzulehnen – die These: „Die Lehrgüter des Politischen Unterrichts sind austauschbar" (ebd., 73). Für Fischer sind die Einsichten zentral, die sich an ganz unterschiedlichen Inhalten heben und diskutieren lassen. Beispielsweise kann man die Frage nach den gleichen Rechten von Mann und Frau an den Inhaltsbereichen *Familie*, *Beruf* oder *Politik* thematisieren. Gegenüber einer zu vermittelnden Stoffsystematik blieb Fischer somit immer skeptisch. Vielmehr sollten Fälle im Unterricht behandelt werden, an denen sich Einsichten gewinnen lassen. Dabei können Fälle ganz unterschiedliche politische Strukturelemente aufweisen. Während sich in einem Fall ein Tarifkonflikt zeigt (*politics*), kann es in einem anderen Fall um Integrationsprobleme im Zuge von Migration (*policy*) oder um die institutionalisierten Vorgänge im Zusammenhang mit der Verabschiedung eines konkreten Gesetzes gehen (*poli-*

ty). Entscheidend ist nur, dass sich im Fall etwas Konkretes zeigt, an dem man etwas Allgemeines über Politik lernen und Einsichten reflektieren kann (Sander 2011a, 84). Wenn man jedoch Fälle in den Mittelpunkt des Unterrichts stellt – daran zeigt sich der „Implikationszusammenhang“ (Blankertz 1973, 94) –, dann erscheinen bestimmte *Unterrichtsmethoden* als besonders geeignet: fallorientierte Methoden. Der Fall sollte nicht nur als Einstieg herangezogen, sondern im Unterricht erschlossen und bearbeitet werden. So kann etwa am Fall eines straffällig gewordenen Jugendlichen die Rolle der Familie für die Wertesozialisation herausgearbeitet werden (Sander 2011a, 86). Konkrete Phasenschemata der Organisation des Unterrichts legt Fischer nicht vor. Auch hier zeigt sich die Skepsis Fischers gegenüber allzu viel Systematisierung.

5.2.4 Mit Kategorien zur Erschließung des Konflikts – Hermann Giesecke (1932–2021)

Anders als Fischer faltet Hermann Giesecke seine politikdidaktische Konzeption von einem zentralen politikwissenschaftlichen Begriff auf: dem Konflikt. Konflikte werden als strukturprägend für moderne Gesellschaften, deren friedliche, demokratische Regelung als Grundprinzip der Politik verstanden. Damit hängen auch Gieseckes Überlegungen zu den *Unterrichtszielen* zusammen. Zwei Ziele werden formuliert: Ein erstes Ziel besteht darin, dass Schüler*innen Konflikte erschließen und verstehen sowie sich innerhalb der Konfliktlinien der Gesellschaft positionieren können. Dabei soll die Fähigkeit erlernt werden, aktuelle gesellschaftliche und politische Auseinandersetzungen (z. B. zu Tarifauseinandersetzungen, zur Migration oder zu umweltpolitischen Maßnahmen) mit Bezug auf die eigene Interessenlage zu analysieren und sie auf tiefer liegende Ursachen zu beziehen. Beispielsweise sollen die manifesten Konfliktstrukturen um Migration in der Bundesrepublik nicht nur erschlossen, sondern auch mit Blick auf die dahinterliegende Mehrfachkrise von globalem Kapitalismus, globaler Ungleichheit und Umweltzerstörung bezogen werden. Das zweite Ziel hängt mit Gieseckes Rezeption des sogenannten *Neomarxismus* zusammen. Demnach verstellen mitgebrachte Bewusstseinszustände der Schüler*innen mitunter eine angemessene Analyse der Konflikte. Man kann diesen Gedanken Gieseckes am Beispiel Migration vielleicht so erläutern: Wenn man Migration nur als eine Folge von selbstverschuldetem Elend und als individuelle Entscheidung von Migrant*innen betrachtet und nicht als einen Vorgang, der vielfach mit der eigenen Geschichte und konsumorientierten Lebensweise verwoben ist, dann werden keine angemessenen politischen Urteile daraus folgen können (Giesecke 2011, 93 f.). Angesichts dieser Zielstellung liegt es nahe, dass auf der *Inhaltsebe-*

ne Konflikte (*politics*) im Mittelpunkt des Unterrichts stehen. Ähnlich wie bei Fischer stellt sich Giesecke den Unterricht nicht als die Auseinandersetzung mit allgemeinen Konfliktlagen vor (z.B. Konflikt um die Migration), sondern als die fallartige Auseinandersetzung mit konkreten Konflikten (z.B. Konflikt um den Umgang mit der Sea Watch 3 im Mittelmeer). Angesichts der beiden Ziele – der Konfliktanalyse und des „Trainings systematischer gesamtgesellschaftlicher Vorstellungen" (ebd., 93) – schlägt er als Unterrichtsmethode die Kombination eines induktiven und eines deduktiven Vorgehens vor. Nach ersten Äußerungen und Sichtweisen zum Konflikt, in denen das „Ausgangsbewusstsein" der Schüler*innen (ebd., 99) deutlich wird, sollen die konkreten Konfliktfälle induktiv mit kategorialen Leitfragen erschlossen werden, wie etwa worum es im Konflikt geht (Konkretheit), welche Interessen die Konfliktparteien vertreten (Interesse), welche Argumente von den Konfliktparteien nur vorgeschoben werden (Ideologie) oder wer sich mit wem solidarisiert (Solidarität). Die Beantwortung dieser Leitfragen soll aber auch deduktiv durch die Vermittlung von Wissen und wissenschaftlichen Erkenntnissen vorbereitet werden (ebd., 97–100). So kann es hilfreich sein, sich im Zusammenhang mit einem Konflikt um die Sea Watch 3 mit postkolonialen Strukturen und den vielerorts auftretenden Umweltkatastrophen zu befassen, um Interessen und Motive von Migrant*innen und der Zielländer zu erschließen. Nach der Beantwortung der Leitfragen, die durch die Vermittlung systematischen Wissens flankiert wurde, soll ein Rückbezug zum oben genannten „Ausgangsbewusstsein" hergestellt werden. Wie sehen wir den Konflikt und unsere Position darin nach der Beschäftigung mit dem Konflikt?

5.2.5 Sehen, Beurteilen, Handeln – Wolfgang Hilligen (1916 – 2003)

Im Mittelpunkt der politikdidaktischen Konzeption von Wolfgang Hilligen stehen – ähnlich wie bei Wolfgang Klafki – existenzielle Problemlagen der Menschheit, die er *Herausforderungen* nennt. In seiner Didaktik verwendet Hilligen einige Mühen darauf, herzuleiten, was diese Herausforderungen sind. Er geht dabei von zentralen Wertvorstellungen aus (menschliches Überleben, individuelle Freiheit, gesellschaftliche Ordnung, Wahl von Alternativen und Überwindung von Ungleichheit) und konfrontiert diese Wertebezüge mit der realen Situation unserer Welt. Diese Zusammenschau von Werten und real existierender Weltlage bringen Hilligen zu der Erkenntnis, dass die Wertebezüge durch den Zustand der Welt gefährdet sind. Reale Problemlagen bergen die Gefahr in sich, die uns wichtigen Werte zu vereiteln (Hilligen 2011, 116 f.). Gleichzeitig sieht Hilligen in den Herausforderungen aber auch Potenziale, die Welt zu einem lebenswerteren Ort zu machen. Dazu müssen möglichst die schädlichen und gefährlichen

Auswirkungen der Herausforderungen abgewendet werden. Genau hier sieht Hilligen das *Ziel* des Politikunterrichts. Dieser soll dazu beitragen, dass Schüler*innen problemlösendes Denken an den realen Problemlagen der Welt üben. Damit sind dem Grunde nach bereits zentrale Aspekte der von Hilligen als bedeutsam erachteten *Unterrichtsinhalte* angesprochen. Unterrichtsinhalte sind Problemlagen, an denen sich das problemlösende Denken entzünden soll. Hilligen nimmt auch eine erstaunlich aktuell anmutende Konkretisierung der Herausforderungen vor. In der *Interdependenz*, also der Tatsache, dass Menschen (weltweit) auf vielfältige Weise miteinander verbunden und aufeinander angewiesen sind, sieht Hilligen die Chance, dass wir unser Zusammenleben durch Regeln gemeinschaftlich ordnen, aber auch die Gefahr, dass die Freiheit des Einzelnen dabei eingeschränkt wird. *Massenproduktion* sichert einerseits die basale Bedürfnisbefriedigung der Individuen, geht aber andererseits auch mit unnötigem Konsumverhalten und sozialer Ungleichheit einher. *Massenvernichtungsmittel* verdeutlichen uns aufgrund ihrer Gefahren die Notwendigkeit sicherheitspolitischer Kooperationen, bergen aber auch die Möglichkeit der Selbstvernichtung der Menschheit. Erst die *Umweltzerstörung* im Zuge der Industrialisierung macht uns die Verbundenheit der Menschen mit ihrer natürlichen Umwelt bewusst, sie gefährdet durch Übernutzung, Ressourcenknappheit und Artensterben das Überleben der Menschheit. *Mediale Erfahrung* schließlich ermöglicht uns den Zugang zu Informationen in nie gekanntem Ausmaß, birgt aber auch die Gefahr der Manipulation und *fake news*. Bei Hilligen steht also die *policy*-Dimension im Mittelpunkt. Für die Behandlung dieser Herausforderungen im Unterricht unterbreitet er zudem *unterrichtsmethodische* Vorschläge. Hierfür verwendet er einen doppelten Methodenbegriff. Methoden sind zunächst – analog zur Wissenschaft – die Untersuchungsschritte, die nötig sind, um eine ungeklärte Frage zu beantworten oder ein Problem zu lösen. Gleichzeitig sind es aber auch die Schritte, die im Unterricht gegangen werden, um bereits Bekanntes zu vermitteln. Für den Unterricht bedeutet das zweierlei: Sofern Schüler*innen nicht ohnehin an aktuellen und ungeklärten Problemstellungen, bspw. der Klimakrise, arbeiten und damit eine „vereinfachte Form allgemeiner wissenschaftlicher Methoden“ (ebd., 123) im Unterricht zur Anwendung kommen kann, müssen ‚Stoffe‘ rückübersetzt werden in die Fragen und Problemstellungen, von denen aus sie von den Schüler*innen entdeckt werden können. Konkrete Schritte der Unterrichtsmethode bei Hilligen sind: „Problemdefinition (Lageanalyse) – Vermutung über Ursachen des Problems und Möglichkeiten der Lösung (Hypothesenbildung) – Überprüfung der Lösungen (durch Experiment oder Beurteilung der Folgen) – Entscheidung für eine Lösung“ (ebd., 123), oder noch prägnanter: Sehen, Beurteilen, Handeln – so auch der Titel seines Lehrbuches seit 1960, das seit 1978 zusammen mit Walter Gagel und der Wochenschau-Verlegerin Ursula Buch herausgegeben wurde (Pohl 2010, 84, FN 1). Hilligen betont auch, dass Politikunterricht die Zielkonflikte (Wertekonflikte) bei der Definition von Problemen und der Lösungssuche miteinbeziehen muss. Es muss also immer auch danach gefragt werden, wie unterschiedliche Beteiligte mit ihren Interessen das Problem und mögliche Lösungen sehen. So erscheint es etwa plausibel, dass unterschiedliche soziale Schichten die Einführung einer CO_2-Steuer unterschiedlich beurteilen werden.

5.2.6 Mit Kategorien zum rationalen politischen Urteil – Bernhard Sutor (*1930)

Für Bernhard Sutor ist die aristotelische Philosophie ein wichtiger Bezugspunkt seiner politikdidaktischen Überlegungen. Sutor sieht den Menschen eingebettet in ein sich überlappendes Spannungsverhältnis. Einerseits sind Menschen einzigartige Individuen, andererseits sind sie eingebunden und abhängig von der Gesellschaft; einerseits leben Menschen ihr Leben nach vorne, können Zukunft gestalten und Fortschritt erreichen, andererseits handeln sie aus Tradition und Überlieferung heraus. Diese Spannungsverhältnisse, die Sutor als *Dialektik* bezeichnet, stellen eine ständige Herausforderung für Gesellschaften dar, weil entschieden werden muss, ob die politischen Entscheidungen eher die Individualität oder die Sozialität, eher den Fortschritt oder die Tradition betonen sollen. Hieraus ergibt sich für Sutor das zentrale *Leitziel* der politischen Bildung: rationale politische Urteilsbildung. Rationalität bedeutet, die Gründe der Urteile überprüfbar zu machen (Sutor 2011, 146 f.). Urteilsbildung wird nötig, weil Gesellschaften vor der Frage stehen, welche Regeln sie sich geben wollen und welche Seite der Spannungsverhältnisse die Regeln stärken oder schwächen sollen. Für Sutor ist deshalb eine zweite Zielebene wichtig. Schüler*innen sollen die Spannungsverhältnisse verstehen. Dabei helfen ihnen Kategorien, die sich als Pole gegenüberstehen. Soll in einer Entscheidungssituation eher die Macht oder das Recht, eher das Einzelinteresse oder das Gemeinwohl, eher der Dissens oder der Konsens, eher die Freiheit oder die Gleichheit, eher die Sicherheit oder die Freiheit den Ausschlag geben? Um den zweiten Punkt zu konkretisieren: Sollen in Pandemiezeiten eher die Entfaltungswünsche der Individuen oder der Schutz aller die politischen Entscheidungen leiten? Wie ist dies zu balancieren? Eine dritte Lernzielebene betrifft die Art und Weise, wie die Urteile und Entscheidungen zu finden sind. Für Sutor ist das Kommunikation. Schüler*innen sollen also auch lernen, ihre Urteile unter Bezugnahme auf die dialektischen Kategorien zu begründen und zu diskutieren, um im Zuge der Diskussion ihre Positionen zu überprüfen und gegebenenfalls zu überarbeiten (Detjen 2011, 156–158).

Die *Inhalte* des Politikunterrichts ergeben sich damit aus dem „Wirklichkeitsbereich Politik" (ebd., 159). Es sind Entscheidungssituationen, die es zu beurteilen und für diesen Zweck kategorial zu erschließen gilt. Anders als Giesecke, der den Konflikt als Entscheidungssituation betont, und anders als Hilligen, der Problemlagen als Entscheidungsanlass vorschlägt, sind Sutors Entscheidungssituationen offener und können sowohl als Konflikt als auch als Problemlage modelliert werden. So schlägt Sutor (1980) am Beispiel „Aufgabe der Familie" eine eher problemorientierte Unterrichtsdynamik vor, bei der es darum geht, an konkreten Beispielfällen die (ausbleibende) Unterstützung der Familie für die Erziehung und Sozialisation von Kindern und Jugendlichen zu thematisieren und nach politischen Möglichkeiten zu suchen, Familien bei der Wahrnehmung ihrer Aufgaben zu unterstützen. Hier zeichnet sich bereits ein Vorschlag für die *methodische Gestaltung* des Politikunterrichts nach Sutor ab. Zwar will Sutor diesen Vorschlag nicht als starres Phasenschema missverstanden wissen, gleichwohl wird eine spezifische Unterrichtsorganisation deutlich, die Sutor als „politisches Entscheidungsdenken" (2011, 150) bezeichnet. Am Beginn des Unterrichts steht die Konfrontation mit einer Situation, die ein Entscheidungspotenzial beinhaltet. Es wird herausgearbeitet, worum es eigentlich geht (Problem/Konflikt), erste Bezüge zur Lebenswelt werden hergestellt, Meinungen eingeholt. Die zweite Phase ist die Situationsanalyse, es geht um die Frage „Was ist?". Kategorial angeleitet werden Informationen eingeholt. Die dritte Phase ist geleitet durch die Frage „Was ist politisch möglich?". Wünschenswerte Entscheidungen und Urteile werden erarbeitet, aber auch unter dem Aspekt der politischen Durchsetzbarkeit diskutiert. Die vierte Phase kreist um die Leitfrage „Was soll geschehen?" und fragt damit nach der Priorisierung von möglichen Entscheidungen. Am Ende wird der Unterrichts- und Erkenntnisprozess mit den Schüler*innen gemeinsam reflektiert (ebd., 148–151).

5.2.7 Durch Selbst- und Umwelterkenntnis zur Emanzipation – Rolf Schmiederer (1928 – 1979)

Für Rolf Schmiederer leiten sich die *Ziele* der politischen Bildung aus der normativen Vorstellung der Selbstbestimmung ab. Leitend ist die Idee der „Verfügung des Menschen über sich selbst" (Schmiederer 2011, 179). Diese sieht Schmiederer aber – beeinflusst von der Kritischen Theorie – durch den real existierenden Kapitalismus mit seiner Herstellung von materieller Ungleichheit sowie die politischen Verhältnisse seiner Zeit gefährdet. Als große Gefahr für die

Selbstbestimmung der Schüler*innen schätzt Schmiederer die Schule selbst ein, die er als Instrument der Affirmation der Individuen an die gesellschaftlichen Verhältnisse kritisiert. Selbstbestimmung sei indes nur möglich, wenn die Menschen und damit auch die Schüler*innen, ihr Eingebundensein in die gesellschaftlichen Zwänge durchschauen. Auf dem Weg zur Selbstbestimmung sind deshalb zwei Teilziele notwendigerweise anzustreben: „Selbsterkenntnis und Umwelterkenntnis" (ebd., 172). Erst wenn die Menschen die Fremdsteuerung durch die kapitalistische Produktions- und Konsumlogik, die damit einhergehenden, unhinterfragten Normalitätsvorstellungen sowie das politische System als menschengemachte Bedingungen begreifen und auf ihr eigenes Leben bzw. dessen Begrenzungen durch externe Zwänge beziehen, wird Selbstbestimmung möglich. Nur aus Selbsterkenntnis und Umwelterkenntnis können nach Schmiederer der Wille und die Fähigkeit resultieren, „sich selbst und die Umwelt durch Vernunft zu verstehen und zu verändern" (ebd.). Emanzipation der Subjekte und Demokratisierung der Gesellschaft sind zwei sich bedingende Ziele der politischen Bildung. Entsprechend dieser Zielvorstellungen sollen die *Inhalte* der politischen Bildung Erfahrungsbereiche sein, zu denen die Schüler*innen heute oder zukünftig einen Zugang haben und die durch gesellschaftliche Rahmenbedingungen geprägt sind. Nur durch solche Erfahrungsbereiche lassen sich die Verbindungen von subjektiver Lage und gesellschaftlichem Rahmen, lassen sich Selbst- und Umwelterkenntnis in den Blick nehmen. In der Themenauswahl sollen „allgemeine gesellschaftliche Widersprüche ebenso" angesiedelt sein „wie individuelle Probleme oder Konflikte" (ebd., 175). Dabei begrenzt Schmiederer diese Erfahrungsbereiche nicht auf Schule, Medienkonsum oder Familie, wenngleich er diesen eine besondere Rolle zuweist, sondern plädiert mit fortschreitendem Lebensalter der Schüler*innen auch für die Behandlung von „Lernbereichen" wie „Produktion und Distribution" oder „internationale Probleme" (ebd., 177), deren Bezug zur subjektiven Lebenslage zwar weniger offensichtlich, aber nicht minder vorhanden ist. Dabei sollten die Unterrichtsgegenstände möglichst in Form von Fällen oder Realsituationen vorliegen. Hinsichtlich der *methodischen Überlegungen* wird Schmiederer im Vergleich mit den bislang vorgestellten Klassikern am wenigsten konkret. Projekte und Fallanalysen werden bevorzugt (Hedtke 2011, 183). Ein schüler*innenorientierter Unterricht nach Schmiederer könnte wie folgt aussehen: 1.) persönliche Beziehung zum Thema, 2.) Fallanalyse und Reflexion, 3.) eigene empirische Untersuchung, 4.) Vergleich von Untersuchungsergebnissen und eigener Erfahrung, 5.) Diskussion und Bewertung, 6.) Erweiterung der Analyse, 7.) Urteilsbildung und persönliche Konsequenzen (orientiert an Tilmann Grammes nach Hedtke 2011, 183).

5.2.8 Neuere Konzeptionen

Die Zeit der großen politikdidaktischen Konzeptionen reichte von den 1960er Jahren bis Mitte der 1980er – wobei am Ende dieser Zeitspanne schon einige Ermüdungserscheinungen hinsichtlich des konzeptionellen Denkens erkennbar waren. Der große fachphilosophische und wissenschaftstheoretische Aufwand, mit dem die Konzeptionen erarbeitet wurden, ging mit einer relativen Bedeutungslosigkeit in der tagtäglichen Unterrichtspraxis einher. Selbst Versuche, die unterschiedlichen Konzeptionen in konkrete Unterrichtsplanungen zu übersetzen, also das ‚Planen nach Konzeptionen', zeigten mitunter, dass sie im Unterricht keinen bedeutsamen Unterschied machten – wobei dies sicherlich keine zu verallgemeinernde Beobachtung ist (May/Pohl 2022, 35 f.).

Das relative Desinteresse an politikdidaktischen Konzeptionen änderte sich erst, als Ende der 1990er Jahre – beeinflusst von alten und neuen Entwicklungen in der allgemeinen Didaktik und anderen Fachdidaktiken – neue Konzeptionen in den wissenschaftlichen Diskurs eingebracht wurden. Auch diese neuen Konzeptionen treffen Aussagen zu Zielen, Inhalten und Methoden, setzen aber neue Akzente. Die *konstruktivistische politikdidaktische Konzeption* von Wolfgang Sander (2013c) (siehe auch Kap. 5.1.2) geht von einer Kritik kategorialer politikdidaktischer Ansätze aus, wie wir sie bspw. bei Hermann Giesecke und Bernhard Sutor sowie auch neueren politikdidaktischen Arbeiten finden (Massing/Weißeno 1995). Demnach sind Kategoriensysteme (Konflikt, Problem, Recht, Macht, Solidarität usw.) zu stark an der Fachwissenschaft orientiert und berücksichtigen zu wenig die aktive Konstruktionsleistung der Schüler*innen beim Lernen. Nach Sander besteht das zentrale *Unterrichtsziel* deshalb auch in der „Anstiftung zur Freiheit" (2013c, 43), also darin, die Schüler*innen dazu zu befähigen, ihre eigenen Weltsichten und Handlungspläne in den Unterricht einzubringen und an den in Lernumgebungen bereitgestellten Inhalten zu reiben. Der Aufbau politischen Wissens sowie politischer Urteils- und Handlungskompetenz, die konkrete Ziele des Unterrichts bilden, können nach Sander deshalb auch nicht aus der Sozialwissenschaft abgeleitet und vordefiniert werden. Vielmehr kommt es bspw. beim Urteilen auf die „Deutungen zu gemeinsamen Angelegenheiten der Gesellschaft" (ebd., 75) an. Auch beim Wissen geht es um „höchst unterschiedliche Deutungen" (ebd.) von Begriffen (Konzepten), die Sander auch als auszufüllende „Vorstellungsräume" (ebd., 99) bezeichnet. Politikunterricht soll zu einer Komplexitätssteigerung der Deutungen beitragen. Doch worauf genau sollen sich die Deutungen richten? Diese Frage betrifft den *Inhalt* des Unterrichts. Nach Sander steht Politik und damit die Frage im Mittelpunkt, nach welchen Regeln wir das gesellschaftliche Zusammenleben verbindlich gestalten wollen. Konkretere Inhalte gruppieren sich um diese Frage (ebd., 66). Wie die Schüler*innen ihre Deutungen einbringen, wie eine Komplexitätssteigerung von Urteilen und Wissen erfolgt, sind Fragen der *Unterrichtsmethode*. Hierzu legt Sander, anders als die meisten ‚Klassiker' der Politikdidaktik, kein spezifisches Artikulationsschema für den Unterricht vor, sondern eröffnet einen bunten Strauß an bekannten Makro-, Meso- und Mikromethoden.

Eine weitere jüngere politikdidaktische Konzeption ist die *Kommunikative Fachdidaktik* von Tilman Grammes (1998). Anders als bei älteren Konzeptionen ist Grammes' Ausgangspunkt nicht die Frage, was Politik oder was ein politischer Mensch ist, sondern: Was passiert eigentlich, wenn im Unterricht Fachinhalte und Aufgaben besprochen werden? Der theoretische Ausgangspunkt ist also viel näher am tatsächlichen Unterrichtsgeschehen als bei anderen Autor*innen. Die Antwort auf die Frage ist: Im Unterricht treffen – bezogen auf einen Unterrichtsgegenstand – unterschiedliche Arten des Wissens aufeinander, das alltagsweltliche Wissen (mitgebrachte Deutungen der Schüler*innen und Lehrer*innen), das sozialwissenschaftliche Wissen (Theorien, Modelle, Erklärungen der Wissenschaft zum jeweiligen Gegenstand) und das Berufswissen (entscheidungsorientiertes Expert*innenwissen derjenigen, die in Politik, Wirtschaft oder Rechtssystem tätig sind). Die letzten beiden werden durch die Lehrkraft eingebracht. Die Aufgabe der Lehrer*innen besteht dann darin, diese Wissensformen im Unterricht deutlich zu machen und aufeinander zu beziehen. So lässt sich bspw. die Frage nach einer Abtreibungsregelung unter den drei Perspektiven betrachten: der Perspektive alltagsweltlicher Sorgen und Erwägungen potenziell Betroffener, aus Sicht sozialwissenschaftlicher Forschungen, in denen etwa die empirisch beobachtbaren Auswirkungen von rigiden Abtreibungsregelungen auf die Abtreibungspraxis untersucht werden, sowie aus dem Blickwinkel politischer Erwägungen, bei denen es um allgemeinverbindliche, sanktionierbare Regelungen für alle geht (Petrik 2010, 180). In allen Bereichen wird kommunikativ bereichsspezifisch geltendes Wissen erzeugt, an denen sich die Handelnden orientieren (Sozialkonstruktivismus). Abgeleitet aus dieser Bestimmung des Unterrichts als einem Raum des Aufeinandertreffens unterschiedlicher Wissensformen, bestimmt Grammes das zentrale *Ziel* als „interrationale Urteilskraft" (1998, 757). Die Schüler*innen sollen lernen, die „verschiedenen Perspektiven [...] auseinanderhalten, anerkennen, begründen und evtl. sogar, trotz kognitiver Konflikte, koordinieren" (Petrik 2010, 180) zu können. Das Modell der Wissensformen wird auch herangezogen für die Suche nach geeigneten *Inhalten*. Diese müssen es ermöglichen, sowohl Bezüge zur lebensweltlichen Situation Betroffener, zu Entscheidungsproblemen professioneller Akteur*innen in Politik, Wirtschaft und

Rechtssystem sowie zu sozialwissenschaftlichen Forschungen zu eröffnen (ebd.). Auch wenn dieser Ansatz keineswegs zwangsläufig ein festes Curriculum nach sich zieht und damit in der Lage ist, spontan auf gesellschaftliche und wissenschaftliche Entwicklungen zu reagieren, lehnt Grammes keineswegs ein Kerncurriculum ab (Behrmann/Grammes/Reinhardt 2004). Feste Phasenschemata als Unterrichtsmethode werden aber auch von ihm nicht vorgeschlagen. Wichtig erscheint, dass die Logiken der drei Bereiche im Unterrichtsprozess auch in methodisch angemessenen Verfahren zu ihrem Recht kommen. So sind Phasen, in denen die Deutungsmuster der Schüler*innen artikuliert und systematisiert werden können (Lebenswelt), ebenso wichtig wie die Simulationen von Verfahren demokratischer Entscheidungsfindung (Expert*innenlogik ‚Politik') oder die Arbeit mit Methoden der Sozialwissenschaften zur Gewinnung von Erkenntnissen (z.B. sozialwissenschaftlicher Forschungszyklus).

Die jüngste politikdidaktische Konzeption ist die *genetische Politikdidaktik* (genetisch = im Werden begriffen) von Andreas Petrik (Petrik 2013b). Der Ausgangspunkt der genetischen Politikdidaktik sind „Kontaktprobleme zum Politischen" (Petrik 2013a, 37). Angesprochen sind damit die Schwierigkeiten, überhaupt den Gegenstand des Politischen einzugrenzen (Gegenstandsproblem), unterrichtliche Inszenierungen und Methoden zu finden, um – aus Schüler*innensicht – ferne politische Themen mit den Interessen und Relevanzstrukturen der Schüler*innen verbinden zu können (Brückenproblem), sowie eine Klassenführung zu sichern, in der es nicht zu Ausschlüssen von zunächst sperrig wirkenden, aber inhaltlich nicht wertlosen Schüler*innenbeiträgen kommt (Aushandlungsproblem). Auf der *Zielebene* geht es Petrik v.a. um die Ausprägung politischer Orientierungen und damit einer politischen Identität. Wie keine andere Konzeption stellt diejenige Petriks damit die Selbstverortung der Schüler*innen im politischen Spektrum in den Mittelpunkt. Schüler*innen sollen politisch werden und bspw. liberale, konservative, sozialistische und libertäre Identitäten entwickeln. Politische Identität wird durch die Ziele der politischen Konflikt- und Urteilskompetenz operationalisiert. Schüler*innen sollen lernen, sich an zentralen politischen Gegenständen und Fragestellungen (siehe Inhalte) in sozialer Auseinandersetzung ein politisches Urteil zu bilden, in dem sich dann auch die politische Identität zeigt. Die Urteile wie auch deren Begründungen selbst sollen begründet werden können (Begründung der Begründung: Prämissenklärung). *Inhalte* der genetischen Politikdidaktik sind dementsprechend Anforderungssituationen, die Diskussionsprozesse, Urteilsbildung und damit Identitätsbildung anstoßen. Bedeutsam sind hierbei Verteilungs- (erwirtschaftete Güter eher durch den Staat oder durch den Markt umverteilen) und

Herrschaftsfragen (eher Tradition, Hierarchie und passive Bürger*innenrolle oder Veränderung, Partizipation und aktive Bürger*innenrolle). Solche Fragen lassen sich bspw. an konkreten Streitfragen wie der Abschaffung von Hartz IV oder der Einführung eines bedingungslosen Grundeinkommens sowie Initiativen zur Stärkung direktdemokratischer Elemente in der repräsentativen Demokratie diskutieren. Der innovative Schwerpunkt der genetischen Politikdidaktik liegt jedoch auf der Ebene der *Unterrichtsmethoden*, denn die „Gegenstands-, Brücken- und Aushandlungsproblem[e] beschreiben einen Mangel an prozesshaften Zugängen zum Politischen" (ebd., 40). Der an der Lehrkunstdidaktik orientierte methodische Vorschlag Petriks besteht darin, im Unterricht nicht fertiges Wissen zu präsentieren, sondern die Schüler*innen mit offenen Entdeckungssituationen zu konfrontieren. So entwickelt Petrik eine Dorfgründungssimulation, in der die erwähnten Verteilungs- und Herrschaftsfragen erst diskutiert und dann entschieden werden müssen. Die Dorfgründung wie auch andere genetische Lehrstücke ließen sich wie folgt gestalten: 1.) Anstoß: Verwirrung, offene Situation; 2.) Entdeckung: interaktiver Diskussions-, Entdeckungs- und Lösungsprozess; 3.) Systematisierung: Hinzuziehung wissenschaftlicher Lösungsvorschläge, Abgleich mit den eigenen; 4.) Transfer/Anwendung: Bezug der gefundenen Lösungen (in der fiktiven Gründungssituation) zur realen Welt; 5.) Reflexion: Rückblick und Einschätzung individueller und kollektiver Lösungen (ebd., 45).

Mitunter werden die politikdidaktischen Konzeptionen als „alternative Gesamtbilder von den Aufgaben der politischen Bildung" entworfen (Sander 2005, 26 f.). Sie beschreiben relativ trennscharf Wege zum Politischen, die sich danach unterscheiden, welche Perspektive man auf einen politischen Gegenstand richtet, welche Ziele man im Unterricht anstrebt und wie man den Lernweg organisiert. Diese Grundidee distinkter Wege zum Politischen hat Sibylle Reinhardt (2012, 2018) in ihrer Konzeption der politikdidaktischen Prinzipien formuliert. Dabei greift sie – teils unter Aussparung der in den Theorien mitschwingenden politik- und wissenschaftstheoretischen Grundlagen – einflussreiche politikdidaktische Konzeptionen der Vergangenheit auf und beschreibt deren Gehalte als Prinzipien, die die Auswahl von Zielen, Inhalten und Methoden für den Unterricht steuern. Anders als manche Konzeptionen beanspruchen die Prinzipien dann nicht mehr einen Königsweg zum Politischen, sondern sind als Kurzformeln der gleichberechtigt nebeneinanderstehenden Varianten der Politikerschließung zu verstehen. Die von Reinhardt als bedeutsam erachteten politikdidaktischen Prinzipien sind: Konfliktorientierung, Problemorientierung, Handlungsorientierung, Fallorientierung, Zukunftsorientierung, politisch-moralische

Urteilsbildung sowie das genetische Prinzip. Es wird deutlich, dass häufig die klassischen politikdidaktischen Konzeptionen Pate für die Prinzipien standen.

Am Beispiel der Konfliktorientierung verdeutlicht Reinhardt (2018, 14) die Konzeption politikdidaktischer Prinzipien als Kristallisationspunkte von lebensweltlichen Zugängen zum Politischen mit Ziel, Inhalts- und Methodenentscheidungen der Unterrichtsplanung:

- Lebensweltliche Dimension: „Konflikte interessieren und fesseln, laden ein zur Stellungnahme"
- Zieldimension: „Demokratielernen und Streitkultur"
- Inhaltsdimension: „Die Beiträge der Sozialwissenschaften zur Analyse eines aktuellen Konfliktes z.B. um Arbeits- oder Sozialpolitik"
- Methodendimension: „Die Methode der Konfliktanalyse arrangiert das zeitliche Nacheinander des Lernprozesses (den Lernweg) der Bearbeitung eines aktuellen Konfliktes z.B. um den Kündigungsschutz"

5.3 Empirische Erforschung der Unterrichtswirklichkeit

5.3.1 Unterrichtswirklichkeit erforschen – Was heißt das?

Im Zuge des Studiums der politischen Bildung ist es nicht nur von Bedeutung, sich mit den philosophischen Grundlagen sowie den Zielen, Inhalten und Methoden (Konzeptionen und Prinzipien) des Faches auseinanderzusetzen, sondern auch, etwas über die Unterrichtswirklichkeit zu erfahren. Wodurch ist die Unterrichtswirklichkeit geprägt? Welche Schwierigkeiten treten beim Unterrichten auf? Wie funktioniert Politikunterricht? Gibt es so etwas wie Gesetzmäßigkeiten? Was sind typische Sichtweisen von Lehrer*innen und Schüler*innen auf das Politische? Welche Handlungsstrategien verfolgen Schüler*innen und Lehrer*innen im Unterricht? Durch welche Strukturmerkmale sind Lehrpläne geprägt? Um solche und andere Forschungsfragen zu klären – die Aufzählung ist natürlich unvollständig –, kommen in der Politikdidaktik unterschiedliche Forschungsstrategien zum Einsatz. Häufig ist die Rede von *quantitativen* und *qualitativen Forschungsstrategien*, wobei diese Unterscheidung nur auf die Ebene des *Datentyps* abzielt. Ein *quantitatives Verfahren* ist bspw. dann gegeben, wenn man mit großen Stichproben untersucht, wie der Stand des politischen Wissens bei Schüler*innen ist und wovon die Unterschiede im Wissensstand abhängig sind (Zahl der Politikstunden, Bildungsgrad des Elternhauses, Geschlecht, Migrationsgeschichte usw.). Die Datenerhebung besteht also in der Zählung und Messung bestimmter Eigenschaften und Kontextfaktoren. Dazu werden oft, aber nicht immer, Fragebögen eingesetzt. In der Auswertung wird dann durch statistische Verfahren überprüft, ob Eigenschaften und Kontextfaktoren etwas miteinander zu tun haben, ob also z. B. geringes Wissen der Schüler*innen und ein geringer formaler Bildungsabschluss der Eltern in einem Zusammenhang miteinander stehen. Ein *qualitatives Verfahren* ist demgegenüber dann gegeben, wenn bei der Datengewinnung komplexes und umfangreiches Text-, Ton- und/oder Videomaterial gesammelt wird (bspw. durch Interviews), dem sich die Forscher*innen interpretierend annähern. So kann – um beim oben gewählten Beispiel zu bleiben – auf der Grundlage von Interviews untersucht werden, durch welche Strukturmerkmale das politische Wissen von Schüler*innen gekennzeichnet ist, die aus Haushalten kommen, in denen die Eltern höchstens einen Hauptschulabschluss haben. Im Mittelpunkt steht auch hier das politische Wissen in einem bestimmten Kontext, es soll aber herausgefunden werden, wie man das Wissen dieser Schüler*innen beschreiben kann, wodurch es inhaltlich gekennzeichnet ist (Strübing 2018, 4). Bereits in diesen Erläuterungen zum *Datentyp* (quantitativ vs. qualitativ) ist angedeutet, dass sich Forschungslogiken nicht nur durch den Datentyp, sondern auch auf weiteren Ebenen unterscheiden lassen.

- Bezüglich der Frage, „Welcher Art ist die Erkenntnis, die ich anstrebe?“ (*Erkenntnismodus*), lassen sich *Erklärungen* und *verstehende Deutungen* unterscheiden. *Erklärungen* sind z. B. dann gegeben, wenn man statistisch zeigen kann, dass ein bestimmter Wissensstand mit einem bestimmten formalen Bildungsgrad des Elternhauses zusammenhängt; *verstehende Deutungen* werden dann erzielt, wenn man versucht, die Vorstellungen und Sichtweisen der Schüler*innen über Politik nachzuvollziehen.
- Hinsichtlich der *Forschungslogik* kann man theoretische Aussagen testen oder aber erst aus der Beschäftigung mit den Daten ableiten. *Theorietestend* geht man etwa dann vor, wenn die Hypothese aufgestellt und dann überprüft wird, dass ein geringerer formaler Bildungsabschluss der Eltern mit einem geringeren politischen Wissen der Kinder einhergeht. Ein *theorieerzeugendes* Verfahren ist demgegenüber gegeben, wenn man aus der Interpretation von Interviews ableitet, dass die Kinder Politik als etwas von der eigenen Lebenswelt Abgekoppeltes verstehen (was dann gegebenenfalls noch durch Fragebögen und größere Fallzahlen, also quantitativ, zu bestätigen wäre).
- Hinsichtlich der *wissenschaftstheoretischen Position* unterscheiden sich diese Verfahren dadurch, dass das erste *normativ*, das zweite *interpretativ* orientiert ist. Während ein Test zum politischen Wissen Fragen auswählt, die richtig oder falsch beantwortet werden können, und damit die *Norm*

richtigen politischen Wissens *definiert*, setzen bei *interpretativen* Verfahren die Forscher*innen keine Norm, sondern interessieren sich für komplexere Vorstellungen der Schüler*innen zum Politischen – gleichsam aus der Innensicht der Befragten. Wissenschaftstheoretisch werden mit den zwei Ausrichtungen auch *positivistische* und *konstruktivistische* Positionen verknüpft (siehe Kap. 5.1.2), die entweder von tatsächlich existierenden und von den Forscher*innen zu entdeckenden Gesetzmäßigkeiten ausgehen (*Positivismus*) oder ihren Forschungsfokus stärker auf die subjektiven und kollektiven Weltdeutungen der Menschen richten, die auch nur durch subjektiv und kollektiv geprägte Interpretationen von Forscher*innen erschlossen werden können (*Konstruktivismus*).

- Damit korrespondiert ein bestimmtes *Schlussverfahren*. *Deduktiv* geht man vor, wenn man von einer als allgemein gültig angenommenen Regel ausgeht, bspw. dass ein geringer formaler Bildungsabschluss der Eltern mit geringem politischem Wissen der Kinder einhergeht, und diese Regel durch die Befragung vieler Schüler*innen und Eltern überprüft. Bei einem *induktiven* Verfahren blickt man auf die Einzelfälle der empirischen Realität und leitet daraus allgemeine Aussagen über Regelmäßigkeiten ab, bspw. dass Kinder aus entsprechenden Elternhäusern dazu tendieren, Politik als etwas wahrzunehmen, das mit ihrer Lebenswelt nichts zu tun hat. Dabei ist aber zu berücksichtigen, dass wir auch bei der Interpretation von Einzelfällen häufig deduktiv vorgehen, also vor dem Hintergrund unserer individuellen Theorien die beobachtete Realität einfach diesen Theorien zuordnen – und uns somit gleichsam in unserer eigenen Echokammer bestärken. Wirklich neue Theorien beim Interpretieren entstehen erst dann, wenn wir eine Beobachtung nicht ohne Weiteres einer unserer Interpretationsfolien zuordnen können (*Abduktion*).
- Auf der Ebene des *forschungsmethodischen Handwerks* lassen sich schließlich noch *standardisierte* von *offenen* Verfahren unterscheiden. Während bei quantitativ-theorieüberprüfenden Methoden strikte Regeln mathematischer Verfahren eingehalten werden, setzen qualitativ-theorieerzeugende Verfahren auf die kreative Interpretationskompetenz der Forscher*innen – wobei auch die allermeisten dieser Methoden alles andere als regellos sind (ebd., 3–10).

Wir beschränken uns an dieser Stelle auf diese Gegenüberstellungen und gehen nicht weiter auf forschungsmethodische Aspekte der empirischen Sozialforschung ein. Ziel dieser Darstellung ist es nicht, eine forschungsmethodische

Einführung zu geben, sondern die unterschiedlichen ‚Schulen' der politikdidaktischen Forschung verständlich zu machen. Erwähnt sei noch, dass quantitativ-theorieüberprüfende und qualitativ-theorieerzeugende Verfahren auch vielfach kombiniert eingesetzt werden können (sogenannte *Mixed-Methods-Designs*; manchmal auch *Multimethodologie* genannt) und die Gegenüberstellung nicht den Eindruck hinterlassen sollte, dass sich diese Verfahren unvereinbar gegenüberstehen – ein Eindruck, der mitunter durch die Forscher*innen selbst vermittelt wird. Wichtig ist indes nicht, die Verfahren gegeneinander auszuspielen, sondern jeweils zu reflektieren, was mit ihnen in den Blick kommt (und was eben nicht) und inwiefern damit Verzerrungen der Wirklichkeit verbunden sind.

Im Folgenden sprechen wir einerseits von *quantitativen* und andererseits von *qualitativen* Verfahren der politikdidaktischen Forschung, ohne damit die verschiedenen Bezugsebenen empirischer Forschungsverfahren vernachlässigen zu wollen (ebd., 10). Im Einzelnen wollen wir einige zentrale Forschungsergebnisse zu Schwerpunkten vorstellen, die eingangs in den Forschungsfragen zum Vorschein gekommen sind: *Fachunterricht* und *Professionalisierung von Lehrkräften*. Beide Themen sind in der aktuellen Forschungslandschaft relativ breit vertreten. Dabei sollen nicht einzelne Studien vorgestellt, stattdessen soll eher eine grobe Zusammenfassung der Forschungslage versucht werden. Dabei können wir insbesondere für den quantitativen Bereich auf einige jüngere Forschungsüberblicke zurückgreifen (Manzel/Zischke 2022; Oberle 2018; Weißeno 2022a, 2022b).

5.3.2 Quantitative Politikunterrichtsforschung

a) Ein Kompetenzmodell der quantitativen Politikunterrichtsforschung

Im Rahmen quantitativer Forschung ist das aus der allgemeinen Pädagogik stammende sogenannte *Angebots-Nutzungs-Modell* verbreitet (Helmke 2015, 69-102). Hierbei handelt es sich um ein Modell, das den Lernertrag (Wirkung) der Schüler*innen als ein Resultat aus Angebotsgestaltung (Lehrpersonen, Unterricht), einer Reihe von Kontextbedingungen (familiäre Ausgangsbedingungen der Schüler*innen), Voraussetzungen der Schüler*innen (Lernpotenzial, Wahrnehmung und Interpretation des Unterrichts) sowie Lernaktivitäten der Schüler*innen (Aktivität im Unterricht) beschreibt (Abb. 9). Das Modell ist recht komplex und geht davon aus, dass das Angebot des Unterrichts nicht allein für den Lernertrag verantwortlich ist, sondern auch von den weiteren Kontextbedingungen und Voraussetzungen auf Schüler*innenseite abhängt. Die im Modell enthaltenen Pfeile deuten Wirkrichtungen an, wobei die Kästen wie bspw. „Wahrnehmung und Interpretation" oder „Lernaktivitäten" gleichsam als Filter wirken, die ihrerseits in ihrer Filterwirkung durch Kontextbedingungen wie „Familie" und „Lernpotenzial" beeinflusst sind. Gleichzeitig enthält das Modell eine Reihe von Rückkopplungsannahmen, etwa dass sich der Lernertrag wiederum auf das Lernpotenzial auswirkt, dass also, wenn man etwas lernt, dies (positive) Auswirkungen auf das Weiterlernen hat.

Abb. 9: Angebots-Nutzungs-Modell der Wirkungsweise des Unterrichts

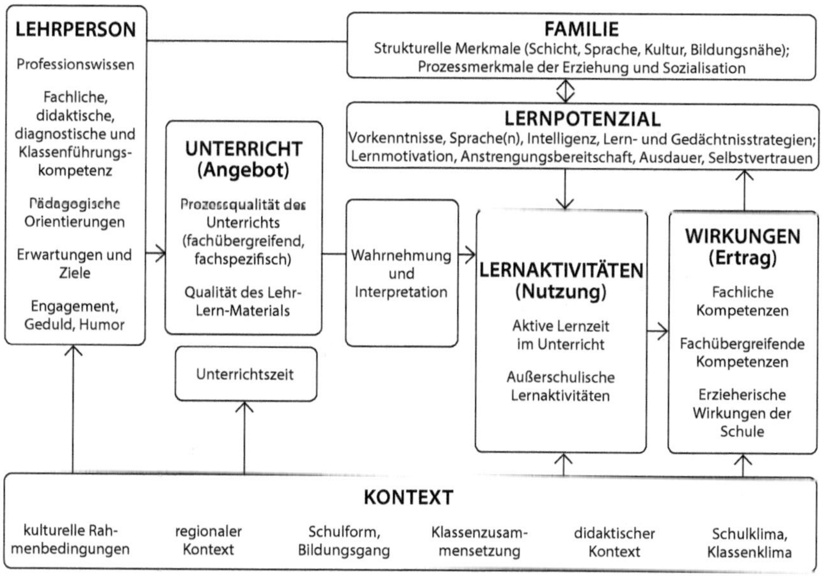

Quelle: Helmke (2015, 71).

Das Angebots-Nutzungs-Modell wird vornehmlich, aber nicht ausschließlich, im Bereich der quantitativen Erforschung des Unterrichts eingesetzt. Es bildet einen Rahmen, der es erlaubt, Hypothesen zu entwickeln (z.B. ‚Der niedrige formale Bildungsgrad der Eltern im Bereich des familiären Kontextes wirkt sich negativ auf den Lernertrag aus.') und im Sinne einer deduktiv-hypothesenüberprüfenden Forschungslogik zu überprüfen. Für den Fachunterricht im Allgemeinen und den Politikunterricht im Besonderen sind die *fachlichen Kompetenzen* im Bereich der „Wirkungen" von besonderer Bedeutung (siehe Kap. 4.1.4). Dabei ist es für die quantitative Forschungslogik wichtig, über klar definierte Zielvorstellungen für den Unterricht zu verfügen, die möglichst gemessen werden können. Auch wenn das Modell eine ganze Reihe von Variablen untersucht, in letzter Konsequenz interessieren diese vornehmlich nur in ihrem Beitrag für die Erreichung des Lernertrags (Kasten: „Wirkungen"), also fachlich relevanter Kompetenzen. Vertreter*innen des quantitativen, „normativ-empirischen Paradigmas"

(Weißeno 2012, 112) in der Politikdidaktik nutzen hierfür das Modell der Politikkompetenz (Detjen u.a. 2012) (siehe Kap. 4.1.4). Demnach besteht die Aufgabe des Politikunterrichts darin, Politikkompetenz bei den Schüler*innen auszuprägen. Diese Kompetenz enthält wiederum vier Dimensionen, weswegen wir hier auch vom *4er-Modell* sprechen: politisches Wissen, politische Urteilskompetenz, politische Handlungskompetenz sowie schließlich politische Einstellungen und Motivation im Hinblick auf Politik und Politikunterricht.

- *Politisches Wissen:* Politisches Wissen besteht im Kern darin, über ein Verständnis der drei *Basiskonzepte Ordnung*, *Entscheidung* und *Gemeinwohl* zu verfügen (siehe Kap. 4.2.5), wobei dieses Verständnis davon abhängig ist, ob weitere, den Basiskonzepten zugeordnete *Fachkonzepte* von den Schüler*innen verstanden worden sind. Solche Fachkonzepte sind für das Basiskonzept *Ordnung* bspw. *Demokratie* und *Gewaltenteilung*, für das Basiskonzept *Entscheidung Regierung* und *Wahlen* und für das Basiskonzept *Gemeinwohl Freiheit* und *Frieden*. Die Logik der Argumentation ist: Wenn man über ein Basiskonzept angemessene Vorstellungen haben will, dann muss man über ein korrektes Verständnis der Fachkonzepte verfügen (für deren Verständnis man des Weiteren sogenannte *konkretisierende Begriffe* benötigt). Denn: „Konzepte sind [...] per definitionem richtig, d.h. sie entsprechen [...] Definitionen und wissenschaftsorientierten Erläuterungen" (Weißeno u.a. 2010, 50).
- *Politische Urteilskompetenz:* Unter politischer Urteilskompetenz wird die Fähigkeit verstanden, in einer politischen Urteilssituation, also dann, wenn die Bewertung eines politischen Phänomens, einer politischen Entscheidung oder eines politischen Gestaltungsvorhabens (z.B. Regelung der Organspende durch ein Gesetz oder die Gestaltung des Klassenraums) ansteht, eine Position oder eine Präferenz zu entwickeln. Darüber hinaus geht es aber auch um die Begründung der Position. Dabei kommt es v.a. darauf an, sowohl die *Sachurteile* (z.B. ‚Wenn wir den Klassenraum neu streichen, wird das für jeden Haushalt Kosten von 20 Euro verursachen.') als auch die verwendeten *Wertvorstellungen* (z.B. ‚Wenn wir den Klassenraum nur auf Freiwilligenbasis renovieren, drücken sich wieder einige und das ist ungerecht. Es sollen alle verpflichtet werden.') plausibilisieren zu können. Auch die Berücksichtig unterschiedlicher Perspektiven, also deren Nachvollzug, Anerkennung oder begründete Zurückweisung, ist bei der Begründung des Urteils wichtig.

- *Politische Handlungskompetenz:* Unter politischem Handeln verstehen die Autor*innen Aktivitäten zur Erreichung politischer Ziele. Diese Ziele bestehen im Kern darin, politische Regelungen zu beeinflussen (sei es im Klassenraum oder in der Gesamtgesellschaft). Für den Politikunterricht erachten die Autoren v.a. kommunikatives Handeln für bedeutsam, also Gespräche über Politik oder in politischen Situationen (wenn es also etwas zu regeln gibt, an das sich alle halten müssen). Kommunikatives Handeln lässt sich differenzieren in *Artikulieren* (eine Position sprachlich zum Ausdruck bringen), *Argumentieren* (versuchen, ein Gegenüber von der eigenen Sichtweise zu überzeugen), *Verhandeln* (mit einem politischen Gegner durch Geben und Nehmen eine Einigung finden, auch wenn man weiterhin nicht von dessen Position überzeugt ist) und schließlich *Entscheiden* (zwischen unterschiedlichen Positionen abwägen und Verfahren des Beschließens anwenden). Neben dem kommunikativen Handeln unterscheiden die Autor*innen noch partizipatives Handeln wie Wählen, Demonstrieren, Boykottieren usw., dem sie aber für den Unterricht eine eher untergeordnete Rolle zuweisen.
- *Politische Einstellungen und Motivation:* Politische Einstellungen sind zustimmende oder ablehnende Haltungen gegenüber Gegenständen des Politischen, also der Politik oder Demokratie im Allgemeinen, politischen Akteur*innen oder politischen Institutionen. Diese können dadurch geprägt sein, was ich über den Gegenstand weiß (*kognitiv*), was ich gegenüber dem Gegenstand empfinde (*emotional*) oder welche Handlungsziele ich mit dem Gegenstand verbinde (*konativ*). In der politikwissenschaftlichen Einstellungsforschung, an der sich u.a. auch die Autor*innen orientieren, wird z.B. nach dem Interesse an Politik, nach der Zustimmung zur Demokratie, nach dem Vertrauen in politische Akteur*innen und Institutionen oder nach einem politischen Kompetenzgefühl, also dem Gefühl, Politik zu verstehen und darauf Einfluss nehmen zu können, gefragt. Mit all dem verknüpft, aber nicht identisch, ist das Interesse am Schulfach Politik.

b) Forschungsergebnisse

Insbesondere im Hinblick auf das politische Wissen und die politische Urteilskompetenz streben die Vertreter*innen des normativ-empirischen Paradigmas an, auch Kompetenzstufen nach Vorbild der PISA-Studien identifizieren und erforschen zu können – was bislang aber kaum gelungen ist (vgl. aber Hahn-Laudenberg/Abs 2017).

Wenn wir nun versuchen, Forschungen zu finden, die sich – politikdidaktisch gewendet – in das Angebots-Nutzungs-Modell einfügen lassen oder gar dessen Komplexität abbilden, dann werden wir nur eingeschränkt fündig. Man muss freilich berücksichtigen, dass einzelne Studien nie die Gänze des Bedingungsgefüges des Angebots-Nutzungs-Modells erforschen, sondern immer nur einzelne Zusammenhänge in den Blick nehmen (können). Solche Zusammenhänge werden in der quantitativen politikdidaktischen Forschung durch unterschiedliche Studiendesigns erforscht: *Querschnittliche* Studien mit relativ vielen Teilnehmer*innen und *experimentelle* Studien. In der Grundlogik unterscheiden sie sich dadurch, dass *querschnittlich* angelegte Studien zu einem bestimmten Zeitpunkt etwa durch Fragebögen unterschiedliche Variablen abfragen oder testen (z.B. neben weiteren politisches Wissen der Schüler*innen und formaler Bildungsabschluss der Eltern) und statistisch danach überprüfen, ob es zwischen den Variablen einen Zusammenhang gibt. *Experimentell* angelegte Studien arbeiten dagegen mit einem sogenannten *treatment*, sie beeinflussen also eine Kontextbedingung oder eine Erfahrung, welche die Schüler*innen machen (z.B. durch Unterricht), und überprüfen, ob dies eine Auswirkung hat (z.B. Wissen). Im Einzelnen unterscheiden sich solche experimentellen Designs stark voneinander, womit auch eine unterschiedliche Belastbarkeit der Ergebnisse einhergeht (z.B. mit und ohne Kontrollgruppe, ein oder mehrere Messzeitpunkte, natürliche Gruppen oder Randomisierung). Dies soll an dieser Stelle nicht vertieft werden.

Was lässt sich nun also über die Ergebnisse sagen? Um diese Frage zu beantworten, ziehen wir einige Forschungszusammenfassungen zurate und greifen auch auf Erkenntnisse aus dem Bereich der Jugend- und politischen Kulturforschung zurück – sofern sie sich auf den Politikunterricht beziehen lassen. Das heißt, es werden auch solche Forschungen berücksichtigt, die vom theoretischen Rahmen des Angebots-Nutzungs-Modells oder den Zielvariablen der Politikkompetenz abweichen, sich aber dennoch auf diese Konstrukte beziehen lassen. Die Ergebnisdarstellung ist stark komprimiert.[19]

---

19 Die folgenden Ausführungen sind so zu lesen, dass die unabhängigen Bedingungsvariablen **fett** gedruckt sind und dann kurz hinsichtlich ihrer Effekte auf die abhängigen Zielwerte, bspw. politisches Wissen, politisches Handeln und politische Einstellungen, erläutert werden.

Bedeutung des Kontextes

Um Aussagen über die Auswirkung der **Schulform** auf die politische Bildung zu treffen, muss man auf ältere Studien zurückgreifen (Schmid/Watermann 2018, 1142). So resümiert Detlef Oesterreich (2002):

„Beim Vergleich zwischen den Schulformen zeigt sich, dass Gymnasiasten deutlich mehr politisches Wissen haben, etwas weniger vorurteilsvoll gegenüber Frauen und Ausländern sind, etwas weniger rechtsextremistisch eingestellt und weniger politisch apathisch sind sowie etwas höhere demokratische Kompetenz [sich in andere hineinversetzen, sie verstehen, ihre Interessen berücksichtigen usw.; Anm. d. Verf.] haben. In ihrer politischen Beteiligungsbereitschaft unterscheiden sie sich jedoch wenig von Schülerinnen und Schülern anderer Schulformen" (Oesterreich 2002, 200; zum letzten Punkt abweichend Helsper u.a. 2006, 73).

Neuere Studien zeigen bzw. bestätigen den Wissensvorsprung der Gymnasiast*innen auch im Vergleich zu Berufsschüler*innen (Weißeno 2022b, 11) sowie Schüler*innen aller anderen Schulformen (Hahn-Laudenberg/Abs 2017, 105). Der **regionale Kontext**, insbesondere der Ost-West-Unterschied, spielte seit der Wiedervereinigung der beiden deutschen Staaten in Studien zur politischen Bildung eine Rolle, wenngleich in den letzten zehn Jahren das Interesse daran etwas abgeflaut ist. Hierzu liegen aktuelle Erkenntnisse nicht vor. Zieht man ältere Studien heran, so ähneln sich v.a. Gymnasiast*innen aus Ost und West hinsichtlich des politischen Wissens, der politischen Einstellungen (u.a. Rechtsextremismus, Einstellung zu Ausländer*innen) und der politischen Handlungsbereitschaft, wenngleich im Osten gerade bei den Einstellungen auch im Gymnasium höhere Rechtsextremismuswerte und Ausländerfeindlichkeit, aber auch höhere Zustimmungen zur Gleichberechtigung von Mann und Frau zu verzeichnen sind. In den anderen Schulformen weisen die ostdeutschen im Vergleich zu den westdeutschen Schüler*innen häufiger schlechtere Werte auf – so etwa bei Wissen, Einstellungen gegenüber Ausländer*innen und politischer Handlungsbereitschaft, wobei gegenüber den ostdeutschen Schüler*innen auch hier ein Vorteil bei den Einstellungen zur Gleichstellung von Mann und Frau zu verzeichnen ist. Höhere Werte erzielen sie zudem bei der Bereitschaft zu legalem und illegalem Protestverhalten (Oesterreich 2002, 198). Es zeigen sich also Unterschiede zwischen Ost und West, auch wenn es in bestimmten Bereichen Angleichungen gibt. Der Politikwissenschaftler Gert

Pickel (2006, 126) resümierte seine empirischen Studien für den Zeitraum der Nullerjahre: „Bislang zeigt die ostdeutsche Jugend nur beschränkt das ‚Auswachsen' der Ost-West-Unterschiede in den politischen Einstellungen. Zumindest kann […] in Aspekten von zwei getrennten politischen Kulturen in West- und Ostdeutschland gesprochen werden". Dabei hängt der Ost-West-Unterschied offenbar von einem höheren sozioökonomischen Verunsicherungs- sowie Benachteiligungsempfinden ab (relative Deprivation) (Kleinert 2008, 231-234). Jüngere Studien berichten von einer höheren Populismusneigung bei ostdeutschen Jugendlichen und von nicht signifikanten Unterschieden in der politischen Partizipation (Albert u.a. 2019, 79, 98). Vereinstätigkeit, ein Element des gesellschaftlichen Handelns, ist bei ostdeutschen Jugendlichen allerdings weniger verbreitet als bei westdeutschen Jugendlichen (Gaiser/Gille 2015, 105). Bedeutsam für die Ausprägung von Wissen, Kompetenzen und Einstellungen ist auch der Schul- und Unterrichtskontext. Untersucht wurden entsprechend das **demokratische Schul- und Klassenklima sowie Partizipationsmöglichkeiten**. Während Zusammenhänge zu Zielvariablen wie Wissen (Weißeno 2019, 94) oder politischem Handeln (Reinhardt 2010, 137 f.) nicht oder nur unter bestimmten Bedingungen gegeben sind, zeigen sich doch regelmäßig Zusammenhänge mit demokratierelevanten bzw. rechtsextremen Einstellungen. Je besser das demokratische Schul- und Unterrichtsklima (Sozialbeziehungen) und die Partizipationsmöglichkeiten, desto größer ist die Wahrscheinlichkeit, dass demokratische Einstellungen beobachtet und rechtsextreme Einstellungen nicht beobachtet werden können (Frindte/Neumann 1999, 59; Gutzwiller-Helfenfinger/Ziemes 2017, 293; Helsper u.a. 2006, 162).

Bedeutung der Bedingung „Familie"

Wachsen Schüler*innen in Familien auf, die eine geringe **Bildungsnähe** aufweisen, geht das mit einem niedrigen politischen Wissen einher. Vor allem die Fragen nach dem formalen Bildungsabschluss der Eltern und nach der Anzahl der zu Hause verfügbaren Bücher stehen mit dem politischen Wissen von Schüler*innen in einem Zusammenhang. Wenn die Familie (oder auch der Freundeskreis) politisch interessiert ist, wirkt sich dies entsprechend auf die Schüler*innen aus (Helsper u.a. 2006, 73 f.; Weißeno 2022a, 113; 2022b, 11). Daneben stellt auch eine **Migrationsgeschichte** der Familie eine bedeutsame Kontextbedingung dar und benachteiligt die Schüler*innen im Wissenstest (Hahn-Laudenberg/Abs 2017, 107 f.; Weißeno 2022a, 2022b). Vor allem eine türkische und italienische Migrationsgeschichte der Eltern machen ein schlechtes Abschneiden in politischen Wissenstests wahrscheinlich (dagegen eine osteuropäische Migrationsgeschichte nicht). Dies gilt offenbar auch dann, wenn man die Sprachfähigkeit kontrolliert, also Schüler*innen mit gleichen Sprachfähigkeiten vergleicht (Manzel 2014; Weißeno 2012, 118; 2022a, 11). Wird aber Politikunterricht gegeben, profitieren Schüler*innen mit und ohne Migrationsgeschichte vom Unterricht. Allerdings erweist sich die **Sprachfähigkeit** in Deutsch insgesamt als eine wichtige Voraussetzung. Schüler*innen, die – unabhängig von der Migrationsgeschichte – über schlechte Sprachfähigkeiten verfügen, schneiden im Wissenstest schlechter ab (Weißeno 2012, 118 f.). Auch Sozialisationserfahrungen, die wir in der Familie (und darüber hinaus) als Junge oder Mädchen durchlaufen, in denen wir also unsere spezifische **Geschlechtsidentität** ausprägen, sind bedeutsam für das Lernen in der politischen Bildung. So zeigen einschlägige Studien relativ konstant, dass männliche Befragte ein höheres Interesse an Politik artikulieren (zuletzt Albert u.a. 2019, 52 f.), dass sich aber in den letzten Jahren ein Wandel beim Wissen eingestellt hat. Waren noch in der internationalen Civic Education-Studie von 1975 die Jungen den Mädchen überlegen, hatten in den Folgestudien (2008/2009, 2017) jeweils die Mädchen die Nase beim Wissenstest vorn (Hahn-Laudenberg/Abs 2017, 97–106). In anderen Studien konnte mit anderen Messinstrumenten allerdings nicht bestätigt werden, dass das Geschlecht einen stabilen Einfluss auf das politische Wissen hat (Weißeno 2022a, 113; 2022b, 11). Auch die Auswirkungen des Geschlechts auf die Partizipationsbereitschaft wird in verschiedenen Studien unterschiedlich beantwortet (Deimel/Hahn-Laudenberg 2017, 227; Weißeno 2019, 95; Weißeno/Landwehr 2018, 185). Allerdings sind männliche Jugendliche häufiger in Vereinen aktiv (Gaiser/Gille 2015, 105).[20]

Bedeutung der Bedingung „Lernpotenzial"

Stabile **Persönlichkeitsmerkmale** (Extraversion, Verträglichkeit, Gewissenhaftigkeit, Offenheit, emotionale Stabilität) sind v.a. für handlungs- und konfliktbezogene Kompetenzziele bedeutsam. Schüler*innen, für die Verträglichkeit, Harmonie und Ausgleich wichtig sind, halten sich in kontroversen Debatten eher zurück (Gronostay 2019, 178) bzw. lehnen den

20 Zu pauschalisierenden und diskriminierenden Implikationen solcher Forschungen Achour 2021.

Konflikt als Strukturmerkmal der Demokratie ab (Krüger u.a. 2002, 74). Sowohl in Querschnittsuntersuchungen als auch in experimentellen Designs zeigte sich, dass das **Zutrauen in die eigene Person und die eigenen fachlichen und themenspezifischen Fähigkeiten** das politische Wissen positiv beeinflussen. Wenn man sich im Fach etwas zutraut, ist die Wahrscheinlichkeit größer, dass man auch über einen besseren Wissensstand verfügt. „Ein hohes, fachspezifisches Selbstkonzept fördert das Fachwissen in Politik" (Manzel 2014, 56; Weißeno 2019, 92 f.; 2022a, 113 f.). Auch Erfahrungen im politischen Handeln, also bereits erworbene **Partizipationserfahrungen**, können als bedeutsame Ressource für weiteres Lernen und damit als Lernpotenzial verstanden werden. Forschungsergebnisse zeigen, dass sich Partizipationserfahrungen positiv auf die weitere Partizipationsbereitschaft auswirken. Demgegenüber gibt es zur Auswirkung auf das politische Wissen widersprüchliche Ergebnisse (Weißeno 2019, 95). Wissen kann nicht nur als eine Zielvariable, sondern in Form von **Vorwissen** auch selbst als ein „Lernpotenzial", also eine unabhängige Variable, verstanden werden. Mitunter konnte gezeigt werden, dass sich Wissen positiv auf Partizipationsbereitschaft auswirkt (Weißeno 2019, 94; Weißeno/Landwehr 2018, 185; Weißeno 2022a, 114). Andere jüngere Studien zeigen Zusammenhänge zwischen politischem Wissen und Kompetenz einerseits und zustimmenden Aussagen über die Gleichberechtigung von verschiedenen Gruppen andererseits (Ziemes/Jaspers 2017, 157). Ein etwas abweichendes Konstrukt untersucht Oesterreich (2002) mit **demokratischer Kompetenz**. Hierbei geht es darum, sich in andere hineinzuversetzen, sie zu verstehen, ihre Interessen zu berücksichtigen, zu kooperieren, tolerant zu sein und Kompromisse zu schließen. Bringen Schüler*innen diese Kompetenz als Voraussetzung in den Unterricht mit, dann setzen sie sich stärker für Rechte benachteiligter Gruppen ein, lehnen eher den Rechtsextremismus ab und zeigen eine höhere Partizipationsbereitschaft (2002, 225).

Bedeutung der Bedingung „Unterrichtsgestaltung"

Für angehende Lehrer*innen ist es von besonderem Interesse zu erfahren, ob sich empirisch gesicherte Aussagen über die Auswirkung der Gestaltung von Unterricht treffen lassen. Gerade in diesem Feld gibt es aber noch deutliche Forschungslücken zu schließen. Ganz grundsätzlich deuten einige experimentelle Studien darauf hin, dass Fachunterricht wirkt (Manzel/Zischke 2022; Oberle 2018; Weißeno 2022a). Es macht also einen Unterschied, ob Schüler*innen Fachunterricht besuchen oder nicht. Ein bislang mehrfach bestätigter Befund besteht darüber hinaus darin, dass eine **diskursive Gestaltung des Unterrichts**, also ein kontroverses Aushandeln verschiedener politischer Positionen, einen positiven Effekt auf die Argumentationsfähigkeit, das politische Wissen (v.a. bei Gymnasiast*innen) (Manzel 2014, 57), das Fachinteresse und die Partizipationsbereitschaft ausübt (zusammenfassend Gronostay 2019, 39; Schmid/Watermann 2018, 1141). Bei Unterrichtsdiskussionen mit zugewiesener Gesprächsposition und einem relativ konflikthaltigem Unterrichtsarrangement gelingt es Schüler*innen zwar, eigene Positionen und Argumente hervorzubringen und andere zu kritisieren, weniger gut jedoch, auf Gegenargumente einzugehen und diese in die eigene Argumentation zu integrieren. Entsprechend sind die Argumentationen tendenziell nicht durch ein reflexives Abwägen von Wertvorstellungen geprägt. Weist man Gesprächspositionen zu, so bleiben Schüler*innen, die ihre eigene Position vertreten, eher bei ihrer Position, als ihre Klassenkamerad*innen, die eine von ihrer eigenen Position abweichende Position vertreten müssen (Gronostay 2019, 134). Wie wirken **bestimmte Unterrichtsmethoden und Arbeitstechniken**? Untersucht wurden in der Politikdidaktik *Webquests*, wobei die Ergebnisse uneinheitlich waren, in unterschiedlichen Studien also Vorteile im Hinblick auf den Wissenserwerb nicht durchgängig nachgewiesen werden konnten (Manzel 2014, 57; Weißeno 2012, 119 f.). Allerdings konnte für **Planspiele** zur EU festgestellt werden, dass diese sich positiv auf Wissen, Einstellungen und Motivation sowie das Gefühl, in der Politik etwas bewegen zu können, auswirkten (Oberle 2018, 110). Freilich lassen sich auch hieraus keine Vorteile gegenüber anderen Unterrichtsmethoden (nur gegenüber einer Kontrollgruppe ohne *treatment*) ableiten, weil diese nicht verglichen worden sind. Dennoch ist zu vermuten, dass das Gefühl der politischen Selbstwirksamkeit mit der handlungsorientierten Planspielmethode zu tun hat. Auch die Arbeit mit **Concept Maps** brachte einen Wissenszuwachs (Manzel/Zischke 2022 7 f.; Oberle 2018, 109 f.). Schließlich konnte gezeigt werden, dass **Argumentationstrainings** die Qualität der Argumentation und damit die politische Handlungskompetenz im Unterricht verbessern (Gronostay 2019, 153 f.).

Die verschiedenen quantitativen Studien zur Unterrichtsrealität haben einen je unterschiedlichen Erkenntniswert für (angehende) Lehrkräfte. Einige Ergebnisse mögen uns darin bestätigen, bestimmte Methoden einzusetzen, andere geben Aufschluss über die Auswirkungen von Planungsdetails, etwa mit Blick auf die Frage, ob man bei konfliktorientierten Methoden den Schüler*innen Positionen zuweist oder sie besser ihre eigenen Positionen vertreten lässt. Gerade die mit großen Stichproben arbeitenden Studien, die die Zusammenhänge zwischen Variablen wie *Geschlecht*, *Migrationsgeschichte* oder *Bildungsstatus des Elternhauses* untersuchen, zeigen uns und der Bildungspolitik zudem sicherlich die Problemfelder der politischen Bildung auf, bringen für die tatsächliche Unterrichtsarbeit aber eher wenig. Denn Lehrer*innen können selbstverständlich nicht davon ausgehen, dass sich die in der Forschung erfasste Regelhaftigkeit auch in ihren konkreten Schulklassen zeigt. Vielmehr müssen sie selbst situativ herausfinden, welche Ausgangslagen, Lernpotenziale und -schwierigkeiten zu berücksichtigen sind. Und sie müssen Lehr-Lernarrangements gestalten, die auf diese je spezifischen Ausgangslagen, Lernpotenziale und schwierigkeiten reagieren. Hierüber aber geben quantitative Studien – jedenfalls bislang – recht wenig Aufschluss (zu diesem Komplex siehe u.a. Strübing 2018, 18 f.; Brügelmann 2015, 46, 59).

5.3.3 Qualitative Politikunterrichtsforschung

a) Ein Kompetenzmodell der qualitativen Politikunterrichtsforschung

Einige Vertreter*innen des qualitativen Forschungsparadigmas lehnen den theoretischen Rahmen des Angebots-Nutzungs-Modells ab, weil er unterrichtliche Realität zu stark reduziere. Abgesehen davon, dass Einzelforschungen in der Tat zumeist nur dazu in der Lage sind, einige Beziehungen zwischen den ‚Kästen' des Angebots-Nutzungs-Modells aufzuklären, ist allerdings zu konstatieren, dass das Modell keineswegs technokratischen Annahmen (‚Eine bestimmte Maßnahme bewirkt gleich einem Naturgesetz eine bestimmte Konsequenz.') folgt, sondern es vielmehr die Komplexität des Unterrichts sowie die Unsicherheit des Lernerfolgs gut abbildet, darüber hinaus aber auch einige Bedingungen für Lernerfolg im Unterricht benennen konnte (Terhart 2019, 416). Dessen ungeachtet folgt qualitative Forschung einer anderen Logik und einem anderen Erkenntnisinteresse. Es werden keine Beziehungen zwischen Variablen untersucht, sondern Prozesse betrachtet, in denen Schüler*innen und Lehrer*innen in Auseinandersetzung mit einem Gegenstand gemeinsam Unterricht herstellen. Ein solcher Forschungszugriff geht nicht von relativ festgefügten Modellen aus, sondern ist offen gestaltet. An Unterricht wird nicht eine bestimmte Annahme herangetragen und überprüft, sondern es wird angestrebt, sich vom Unterrichtsgeschehen und den erhobenen Daten gewissermaßen überraschen zu lassen, um Annahmen daraus erst abzuleiten. Auf diese Weise soll verhindert werden, dass man über Unterricht immer nur das erforschen kann, was man im Grunde schon vorher gewusst oder zumindest vermutet hat. Beispielsweise wird das Wissen von Schüler*innen nicht dahingehend untersucht, ob eine bestimmte Bedingung förderlich oder hinderlich für das Erreichen einer vorab definierten Wissensstufe ist, vielmehr werden etwa die politischen Vorstellungswelten der Schüler*innen untersucht. Auf diese Weise kann herausgefunden und systematisiert werden, welche Vorstellungstypen sich z.B. über Demokratie oder andere politische Phänomene bei unterschiedlichen Schüler*innengruppen (nach Alter, Schulform, Herkunftsfamilie usw.) finden lassen. Allerdings muss konstatiert werden, dass in der Politikdidaktik diese Grundidee qualitativer Forschung nicht immer durchgehalten wurde und dass bestehende Modelle (z.B. zu Kompetenzniveaus) durchaus auch subsumtionslogisch rekonstruiert werden. *Subsumtionslogisch* bedeutet, dass die erhobenen qualitativen Daten im Hinblick auf existierende Forschungsergebnisse ausgedeutet werden (siehe unten).

Diese Beispiele zeigen bereits, dass auch das qualitative Vorgehen nicht so offen sein kann, dass es auf eine Bestimmung des Untersuchungsgegenstandes (z.B. Kompetenz, Wissen, Konzepte, Sinnbildung, Interaktion) verzichtet. Auch qualitative politikdidaktische Forschung braucht politikdidaktisch interessante Forschungsgegenstände. Aus diesem Grund werden auch hier u.a. Kompetenzmodelle verwendet. Im Gegensatz zu den in der quantitativen Forschung verwendeten Modellen wird hier aber nicht untersucht, inwiefern Schüler*innen bestimmte Normwerte in einem Kompetenzbereich erlangen (Kompetenzniveaus), sondern es wird ergründet, wie eine Kompetenz der Schüler*innen im Umgang mit einer bestimmten Anforderungssituation überhaupt beschrieben werden kann. Den Unterschied könnte man sich vielleicht so vorstellen: Während quantitative Forschung eine Aufgabe stellt und untersucht, *ob* diese erfolgreich gelöst wird, untersucht qualitative Forschung, *wie* Schüler*innen diese Aufgabe angehen und zu Ergebnissen kommen – zunächst unter Absehung davon, ob diese Ergebnisse richtig oder falsch sind. Besondere Prominenz im Rahmen qualitativer Forschung hat das Modell der *Demokratie-Kompetenzen* (Reinhardt 2004) erlangt, das insgesamt fünf Kompetenzen differenziert (und im Folgenden deshalb auch als *5er-Modell* bezeichnet wird).

- *Perspektivenübernahme*: Perspektivenübernahme ist eine bedeutende Kompetenz, weil politisches Handeln, also letztlich das für alle Menschen einer politischen Gemeinschaft verbindliche Entscheiden, unter der Bedingung von Pluralität erfolgt. Deshalb müssen die Ansichten und Wahrnehmungen der Bürger*innen gegenseitig geistig repräsentiert werden können. Wenn wir unsere Mitmenschen nicht verstehen, auch diejenigen, die wir persönlich gar nicht kennen, dann ist die Chance auf eine Verständigung von vornherein nicht gegeben.

- *Konfliktfähigkeit*: Moderne Gesellschaften sind durch Verteilungs-, Mittel- und Wertkonflikte gekennzeichnet. Eng verwoben damit ist oft die Frage, ob einer bestimmten gesellschaftlichen Gruppe Anerkennung zuteilwird. Das Empfinden entzogener Anerkennung, weil Interessen oder Wertvorstellungen nicht berücksichtigt werden, führt zu Konflikten. Der kanalisierte Konfliktaustrag ist Teil demokratischer Gesellschaften. Schüler*innen sollten deshalb lernen, Konflikte, die auch (sie) belasten können, auszuhalten und zu akzeptieren, aber auch zu verstehen und selbst auszutragen.
- *Sozialwissenschaftliches Denken*: Sozialwissenschaftliches Denken trägt dazu bei, die Gesellschaft und das eigene Leben in dieser Gesellschaft zu verstehen. Menschliches Handeln, das durch sozialwissenschaftliches Denken verstanden werden soll, wird nicht nur durch individuelle Motive gesteuert, sondern auch durch die Regeln einer Gesellschaft und v. a. der gesellschaftlichen Teilbereiche. Dabei haben sich für unterschiedliche gesellschaftliche Bereiche unterschiedliche Funktionslogiken und Handlungsregeln ausgebildet. Beispielsweise ist das Handeln einer*s Unternehmer*in nicht ausschließlich durch persönliche Interessen oder das Verantwortungsgefühl gegenüber der Belegschaft geprägt, sondern auch dadurch, dass sich das wirtschaftliche Handeln rechnet, das Unternehmen also Profit abwirft. Wenn sich ein Unternehmen grundsätzlich dieser Systemlogik entzieht, ist es nicht überlebensfähig. Die Orientierung auf Gewinn ist die zentrale (wenn auch nicht die alleinige) Funktionslogik im Bereich der Wirtschaft. Sozialwissenschaftliches Denken bedeutet, die unterschiedlichen Funktionsweisen von Wirtschaft, Politik, Recht, Gesellschaft usw. mit ihren jeweiligen Eigenlogiken zu verstehen. Dies ist notwendig, um politische Entscheidungen zur Steuerung und Regulierung dieser Bereiche beurteilen und treffen zu können.
- *Politisch-moralische Urteilsfähigkeit*: Gesellschaftliche Teilhabe (siehe Konfliktfähigkeit und Partizipation) sollte möglichst auf der Grundlage überlegter, rationaler Urteile beruhen. Im Kern ist ein politisches Urteil eine *begründete* Präferenz darüber, welche allgemeinverbindlichen Regeln in der Schulklasse, der Stadt, dem Land gelten sollen. Welche Regelung möchte ich mir und allen anderen Menschen unserer Gesellschaft zumuten und warum? Bei der Begründung sind sowohl Zweck-, Mittel- als auch Wertaspekte zu berücksichtigen. Wenn die Unternehmenssteuer erhöht werden soll, so ist dies etwa im Hinblick auf die Aus-

wirkungen für die Funktionsfähigkeit von Unternehmen *und* unter Gerechtigkeitsgesichtspunkten zu überlegen.

- *Partizipation*: Politische Partizipation bedeutet auch hier, Einfluss auf politische Entscheidungen und damit die Regelsetzung für die Gesamtgesellschaft zu nehmen. Auch wenn nicht alle Schüler*innen in Zukunft politisch partizipieren werden, so ist es doch die Aufgabe politischer Bildung, sie in die Lage dazu zu versetzen, unterschiedliche Bürger*innenrollen (siehe Kap. 4.1.4) grundsätzlich wahrnehmen zu können. Generell lässt sich bereits in nahräumlichen Kontexten wie der Klasse oder komplexeren Institutionen wie der Schule oder dem Verein partizipieren.

Die in diesem Modell der *Demokratie-Kompetenzen* zusammengestellten Teilkompetenzen unterscheiden sich zunächst einmal nicht grundsätzlich von denen der *Politikkompetenz* (siehe Kap. 5.3.2). Eine Nähe besteht zwischen *Wissen* und *sozialwissenschaftlichem Denken*, weil beide dem Anspruch nach dasjenige Verständnis von Gesellschaft und Politik in den Blick nehmen, das in den Wissensstrukturen der Individuen repräsentiert ist (wobei es Unterschiede darin gibt, über welche gesellschaftlichen Phänomene etwas gewusst werden soll). Die *politische Handlungskompetenz* des 4er-Modells ist im 5er-Modell dieses Kapitels aufgeteilt in *Konfliktkompetenz* und *Partizipation*. *Politische Urteilskompetenz* und *moralisch-politische Urteilskompetenz* weisen große Ähnlichkeiten auf. Allein *Perspektivenübernahme* ist im 5er-Modell neu hinzugekommen.

b) Forschungsergebnisse

Zieht man das 5er-Modell der *Demokratie-Kompetenzen* heran, dann lassen sich einige zentrale Forschungsergebnisse zusammenfassen (auch wenn in diesen Forschungen nicht immer ein expliziter Bezug zum 5er-Modell hergestellt wird). Noch weniger als die quantitativen Forschungen, die nicht immer repräsentativ waren, können die qualitativen Forschungen Anspruch auf Repräsentativität erheben. Obwohl sie auch gar nicht mit dem Anspruch auftreten, repräsentative Ergebnisse zu erzielen, zeigen sich jedoch in verschiedenen qualitativen Studien relativ stabile Muster der Unterrichtswirklichkeit. Bei der folgenden Ergebnisdarstellung, die nicht den Anspruch auf Vollständigkeit erhebt, werden ganz unterschiedliche qualitative Forschungsansätze herangezogen. Dies ist nicht ganz unproblematisch, weil die verschiedenen zur Anwendung kommenden Methoden mitunter von unterschiedlichen wissenschaftstheoretischen Voraussetzungen ausgehen und unterschiedliche Konzeptionen des interessierenden Gegenstandes zugrunde legen. So bedeutet der Fokus auf sozialwissenschaftliches Denken (oder Wissen) in der Forschungsmethode der politikdidaktischen Rekonstruktion bspw. etwas anderes als in der Dokumentarischen Methode (vgl. für einen Überblick und weitere Literatur Petrik/Jahr/Hempel 2021). Während die Politikdidaktische Rekonstruktion den Fokus auf subjektive Theorien richtet, die von den Schüler*innen explizit vertreten werden, interessiert sich die Dokumentarische Methode für das implizite Wissen, das zwar nicht explizit geäußert wird, sich aber gewissermaßen hinter den vollzogenen Äußerungen rekonstruieren lässt. So kann ein*e Schüler*in explizit die Vorstellung äußern, dass Migrant*innen hauptsächlich in die Sozialsysteme einwandern wollen, implizit, d.h., ohne dass es diese*r Schüler*in ausdrücklich formuliert und ohne dass er sich bereits darüber bewusst ist, dokumentieren sich hierin aber möglicherweise Vorstellungen dieser*s Schüler*in über Qualifikation, Arbeitsmoral und Lebenskonzepte von Migrant*innen. Auch die methodische Strenge der Forschungen variiert teils erheblich und weicht häufig von der Offenheit des qualitativen Forschungsparadigmas ab. Mitunter können nur systematisierte Erfahrungssicherungen aus der Unterrichtspraxis berichtet werden. Trotz dieser Schwierigkeiten soll hier der Versuch unternommen werden, zentrale Ergebnisse qualitativer Forschung zusammenzufassen. Auch hier sind die Ausführungen sehr stark komprimiert.

Perspektivenübernahme

Explizite Forschungen zur Perspektivenübernahme – einem klassischen Thema der Sozialpsychologie – liegen in der Politikdidaktik nicht vor. Allerdings wurden entsprechende Forschungen, insbesondere die Arbeiten Robert L. Selmans (*1942) (1984), der von Jean Piaget (2015) beeinflusst wurde, in Teilen der Politikdidaktik intensiv rezipiert.

> Ähnlich wie bei Piaget ist die Entwicklung der Perspektivenübernahme bei Selman strukturgenetisch gedacht. Dies bedeutet, dass zugrunde liegende sozialkognitive Fähigkeiten dafür verantwortlich sind, ob und wie man die Perspektiven anderer Menschen erkennen und mit diesen umgehen kann. Diese Strukturen der Weltwahrnehmung verändern sich im Zuge des Aufwachsens. Selman unterscheidet nach einer Stufe 0 weitere vier Stufen der Entwicklung sozialer Perspektivenübernahmefähigkeit. Während Kinder auf der Stufe 0 (Alter 3 bis 8) noch keine inneren Gefühls- und Bewusstseinszustände eines Gegenübers als leitend für dessen Handlungen erkennen können, wird diese Fähigkeit in den folgenden zunächst 3 Stufen suk-

zessive ausgebaut. Auf Stufe 1 (Alter 5 bis 9) gelingt es, die Sichtweise anderer aus deren Binnenperspektive nachzuvollziehen, Stufe 2 (Alter 7 bis 12) ermöglicht es, sich selbst aus der Perspektive des anderen wahrzunehmen, und bringt die Erkenntnis, dass auch der andere sich aus meiner Perspektive betrachten kann. Stufe 3 (Alter 10 bis 15) schafft den Fortschritt, dass die Jugendlichen sich nicht nur wechselseitig aus der anderen Perspektive erkennen können und dies gegenseitig wissen, sondern bringt die Erkenntnis, dass gegenseitiges Verständnis nötig ist, um die verschiedenen Perspektiven zu koordinieren. Die Jugendlichen schauen als „beobachtendes Ich" (Selman 1984, 53) auf die gegenseitige Perspektivenübernahme mit dem Ziel, die unterschiedlichen Perspektiven für ein soziales Zusammensein zu arrangieren. Stufe 4 (Alter 12 bis Erwachsenenalter) ermöglicht schließlich, das Handeln wechselseitig nicht nur als das Ergebnis von unterschiedlichen Sichtweisen zu begreifen, sondern als (unbewusst) gesteuert von Handlungslogiken und -regeln unterschiedlicher gesellschaftlicher Bereiche. Es wird verstanden, dass Menschen in vielfältige systemische Handlungszwänge eingebunden sind und dass alle Menschen sich dies gegenseitig zugestehen, „um so eine Verständigung zu ermöglichen" (ebd., 55).

Für die qualitative Forschung in der Politikdidaktik ist diese Theorie der sozialen Perspektivenübernahme überaus bedeutsam geworden. Zunächst ging Sibylle Reinhardt (1997, 44–56) auf der Grundlage ihrer eigenen Unterrichtserfahrungen davon aus, dass die Fähigkeit zur sozialen Perspektivenübernahme sämtliche Kompetenzen des 5er-Modells beeinflusst und strukturiert. In Anlehnung an den strukturgenetischen Ansatz ließen sich auf diese Weise die Kompetenzen des 5er-Modells „unter der Perspektive Person (Bedürfnis, Nahraum, sozialer Umgang), Institution (Regeln, Teilsysteme, Logiken) und System (Reflexion, Sozialwissenschaften) auf verschiedenen Niveaus entfalten" (Behrmann/Grammes/Reinhardt 2004, 338). Dies hat wiederum eine ganze Reihe von Forschungen und systematischen Erfahrungssicherungen nach sich gezogen, die für unterschiedliche Kompetenzen versuchen, spezifische Kompetenzniveaus zu rekonstruieren.

Konfliktkompetenz

Konfliktkompetenz ist in der Politikdidaktik im Rahmen von Argumentationsanalysen untersucht worden (Petrik 2013b, 340-370, 380-478). Dafür wurden Gruppendiskussionen in einem kontroversen Unterrichtssetting interpretiert.

Die Ergebnisse geben v.a. Aufschluss über die Urteilsfähigkeit der Schüler*innen, aber auch Hinweise zu Stufen des Handelns im Konflikt.

Demnach ist auf einer als *privat und subjektiv* zu kennzeichnenden Stufe v.a. von Konfliktvermeidungs- oder Angriffsstrategien auszugehen. Dem Streit wird aus dem Weg gegangen oder es gibt (unbegründete) heftige Angriffe. Auf der *öffentlichen Stufe* werden unterschiedliche Interessen anerkannt und hinsichtlich der Stimmigkeit und Wertegebundenheit verglichen. Die *politisch-institutionelle Stufe* ist dadurch gekennzeichnet, dass die hinter den Interessen und Werten stehenden Prämissen reflektiert werden und – v.a. für den Fall der Nichteinigung – über Verfahrenskonsense nachgedacht wird. Es geht auf dieser Stufe also darum, Konflikte zu regeln, auch wenn man keinen Konsens erzielen kann. Auf der höchsten, der *systemischen Stufe* wird der Konfliktaustrag selbst zum Gegenstand der Reflexion. Bedingungen eines gelungenen oder gescheiterten Konfliktaustrags werden ergründet.

Auch wenn keine präzise Übereinstimmung mit den Stufen Selmans oder Reinhardts gegeben ist und die Stufen auch nicht als natürliche, aber als mögliche, aufeinanderfolgende Entwicklungen (also entwicklungslogisch) gedacht werden, ist die strukturelle Ähnlichkeit doch deutlich. Der Konfliktaustrag erfolgt zunächst ohne, ab der zweiten Stufe dann mit Perspektivenübernahme und wird ab der dritten Stufe auf der Grundlage eines „beobachtenden Ichs" in Richtung reflexiver Konfliktkoordination ausgeweitet. Die Ergebnisse können im Sinne von Kompetenzstufen, aber auch – weil entwicklungslogisch gedacht – als nacheinander zu gehende Schritte des Lernprozesses verstanden werden.

In weiteren Untersuchungen, die inhaltlich und methodisch anders, also weder auf Kompetenz noch auf Stufungen ausgerichtet waren, konnten Konfliktaustragungen in unterschiedlichen unterrichtsmethodischen Settings rekonstruiert werden (Thormann 2012). Hierbei ging es also nicht um die Rekonstruktion individueller Kompetenzen, sondern um Diskursmodi, also die Art und Weise, wie konflikthafte Themen im Unterricht von Schüler*innen verhandelt werden.

Dabei kamen zunächst drei Muster des Handelns im Konflikt zum Vorschein, die hier allerdings nicht im Sinne einer entwicklungsorientierten Stufenlogik zu verstehen sind. Bei einigen Gruppen konnte das *Muster „Kollektivität in Konsistenz"* (Thormann 2012, 315) rekonstruiert werden. Hier gelang es, politische Konflikte ernsthaft und fundiert im Unterricht zu diskutieren. Die Schüler*innen konnten Bezüge des diskutierten politischen Konflikts zu ihrer Lebenswelt und ihrem Erfahrungsraum herstellen, also Öffentlichkeit und Privatheit miteinander verknüpfen. Die Konflikte wurden eher im Stil eines „einerseits, andererseits" entfaltet sowie hart und kontrovers ausgetragen. Andere Rekonstruktionen solcher konsistenten (also ernsthaft und dicht geführten) Diskussionen konnten indes zeigen, dass die lebensweltlichen Perspektiven einerseits und die gesamtgesellschaftlichen Perspektiven andererseits auch zu divergenten (auseinandergehenden) Diskursverläufen führen können. Dies ist dann der Fall, wenn den Bezügen bzw. Perspektiven bestimmter Schüler*innen jeweils ein Vorrang eingeräumt wird. So brachten in einer Gruppendiskussion zur geänderten Rolle der Frau Mädchen vornehmlich lebensweltbezogene und biografische, Jungen demgegenüber eher gesamtgesellschaftliche Folgen der geänderte Rolle ein, was zu einem divergenten Gesprächsverlauf führte (May 2015a, 83–86). Das *Muster „Individualität in Divergenz"* bezeichnet Unterrichtsdiskussionen, in denen Schüler*innen auf der Ebene ihrer eigenen Lebenswelt und ihrer biografischen Planungen verbleiben. Der Konflikt wird also nur als Anlass genommen, über eigne Lebensentwürfe nachzudenken. Als divergent sind die Diskurse deshalb zu bezeichnen, weil unterschiedliche Orientierungen der Lebensgestaltung (festgefügt vs. entwicklungsoffen) relativ unvereinbar aufeinanderprallen. Im *Muster „Fremdheit in Distanz"* gelingt es den Schüler*innen nicht, den diskutierten politischen Konflikt in seiner Relevanz für die eigene Lebenswelt oder die gesamte Gesellschaft zu erfassen. Der Konflikt bleibt äußerlich und fremd, Argumente werden als Schulstoff reproduziert und bleiben mitunter unverstanden (auch Hempel/Jahr/Koop 2017, 167).

Die drei Diskursmuster lassen sich insgesamt zwischen den Polen politisch-involviert und politisch-fern verorten. Interessant an ihnen ist, dass sie in Verbindung mit bestimmten Unterrichtssettings rekonstruiert werden konnten. Handlungsorientierter Unterricht und die Arbeit mit kleinen Schüler*innengruppen können demnach mit allen rekonstruierten Diskursmustern einhergehen, fragend-entwickelnder Unterricht trat ausschließlich mit dem Muster „Fremdheit in Distanz" auf. Dies ist ein Hinweis darauf, dass handlungsorientierter Unterricht und kleine Gruppen zwar nicht vor entfremdetem Lernen schützen, lehrer*innenorientierter fragend-entwickelnder Unterricht aber weniger dazu führt, Schüler*innen in politische

Diskurse authentisch zu involvieren (Hempel/Jahr/Koop 2017, 167; Thormann 2012, 327).

Sozialwissenschaftliches Denken

Konzepte des Politischen: Das im Rahmen qualitativer Forschung oft herangezogene 5er-Modell weist keinen eigens ausgewiesenen Bereich des politischen Wissens aus – im Vergleich zum 4er-Modell, auf das häufig im Rahmen quantitativer Forschung Bezug genommen wird. Gleichwohl orientieren sich auch qualitativ arbeitende Forschungen auf politisches Wissen. Ähnlich wie bei einigen quantitativen Ansätzen steht hierbei nicht isoliertes Faktenwissen, sondern stehen Konzepte im Mittelpunkt (siehe Kap. 4.2.5). Konzepte sind so etwas wie gegenstandsspezifische Vorstellungen zu Phänomenen der sozialen Welt. Diese sind im Sinne des sozialwissenschaftlichen Denkens bedeutsam, um Erklärungen über die Funktionsweise der Gesellschaft zu entwickeln. Der entscheidende Unterschied von quantitativen und qualitativen Forschungen zu Konzepten besteht darin, dass erstere politikwissenschaftliche Konzepte wie *Entscheidung*, *Ordnung* und *Gemeinwohl* klar definieren und mit weiteren, wiederum klar definierten Fachkonzepten konkretisieren (zu *Ordnung* bspw. *Demokratie*, *Gewaltenteilung*), um erfassen zu können, inwiefern Schüler*innen über *richtige* Konzepte verfügen, letztere hingegen die subjektiven Vorstellungen der Schüler*innen selbst in den Blick nehmen. Die sinnstiftende Funktion dieser Vorstellungen für die Schüler*innen wird somit anerkannt und die Arbeit mit ihnen im Lernprozess wird betont. Im Rahmen der qualitativen Forschung interessieren somit die Konzepte nicht nur, aber oft, als Vorbedingungen des Lernens. Es soll herausgefunden werden, was die Schüler*innen zu bestimmten Themen denken, um im Unterricht gezielt an diese Wissensbestände anknüpfen und mit ihnen weiterarbeiten zu können.

Für solcherlei Forschungen hat sich ausgehend von den Naturwissenschaftsdidaktiken die Methode der Politikdidaktischen Rekonstruktion entwickelt. Im Kern besteht das Vorgehen dieser Methode darin, zu einem bestimmten fachlichen Konzept, bspw. *Demokratie*, die subjektiven Vorstellungen der Schüler*innen zum Konzept zu erheben, eine fachwissenschaftliche Klärung dieses Konzepts vorzunehmen und schließlich vor dem Hintergrund der Ziele politischer Bildung (wobei mitunter explizit auf das 5er-Modell hingewiesen wird; Vajen/Lange 2021, 59) die mitgebrachten Konzepte der Schüler*innen durch Unterrichtsplanungen zu entwickeln (didaktische Strukturierung). Im Folgenden werden einige ausgewählte Forschungsergebnisse mit dem Fokus auf *erhobene*

*Schüler*innenvorstellungen* knapp umrissen (für eine Übersicht Kleinschmidt/Lange 2016).

- Konzept *Demokratie*: Es konnten vier Schüler*innenvorstellungen rekonstruiert werden: Demokratie wird als „[e]litäre Entscheidungsfindung unter Beteiligung des Volkes" verstanden, wobei Politiker*innen die Aufgabe zukommt, Vorschläge zu unterbreiten, aber diese erst umzusetzen, wenn sich die Bevölkerung einverstanden zeigt. Eine weitere Vorstellung ist die der „[o]mnipotenten Führung", wonach sich die Bürger*innen letztlich aus der politischen Entscheidungsfindung heraushalten und den als kompetent eingeschätzten Politiker*innen die Entscheidung überlassen. Eine dritte, demokratieskeptische Vorstellung ist die „egalitäre Existenzbedrohung". Demnach würde eine umfassende und egalitäre Beteiligung der Bevölkerung „zu Chaos und schlechten Lösungen" führen. Schließlich wird in einer letzten Variante die „Rolle der Bürger" betont, die durch Wahlen Führungspersonal bestimmen und an einer politischen Öffentlichkeit partizipieren, aber politische Entscheidungen den Politiker*innen überlassen (alle Zitate aus Heidemeyer 2011, 268).
- Konzept *Menschenrechte*: Es konnten vier Typen des Menschenrechtsverständnisses aufgedeckt werden, 1.) Menschenrechte als Vorschriften (von politischen Autoritäten gesetzte *Regeln*, die den zwischenmenschlichen Umgang regulieren), 2.) Menschenrechte als prosozialer Kodex (verinnerlichte *Einstellungen* des sozialverträglichen zwischenmenschlichen Umgangs), 3.) Menschenrechte als Instrument der Politik (von politischen Autoritäten etablierte *Politiken* zur Organisation gesellschaftlicher Ordnung) und 4.) Menschenrechte als normativer Maßstab (universelle *Prinzipien*, an denen sich Politik und Handeln messen müssen). In dieser Typenbildung finden sich durchaus strukturgenetische Spuren, wenn man bedenkt, dass die ersten beiden Typen die wechselseitige Beziehung zwischen konkreten Menschen betonen, die letzten beiden Typen eine universelle, alle Menschen umfassende Perspektive einnehmen (Heldt 2018, 171–197). Interessant ist das Ergebnis, „dass die befragten Schüler/-innen einerseits Menschenrechte formal anerkennen, zugleich aber kaum in der Lage sind, lebensweltliche Handlungsimplikationen abzuleiten. Die global herangezogenen Menschenrechte werden von den Interviewten zwar als Anlass eines reflexhaften Bekenntnisses zum abstrakt ‚Wünschenswerten' verstanden. Sie sind

den Schüler/-innen dabei aber nicht als Grundlage der Wahrnehmung von oder gar Kritik an alltäglich erfahrbaren Diskriminierungspraktiken verständlich" (ebd., 271 f.).

- Konzept *Integration*: „Die individuellen Konzepte im Rahmen der Auseinandersetzung mit Migration variieren. Während funktional-intentionale Orientierungen Anpassung an sozial-kulturelle Alltagsstandards [...] legitimieren, entwickeln multikulturelle Orientierungen ablehnende Haltungen gegenüber Anpassungsvorstellungen, sie betonen normativ den Eigenwert kultureller Pluralität" (Lutter 2011, 122). Die Vorstellungswelt der Schüler*innen zum Thema Integration bewegt sich also – zustimmend oder ablehnend – um den Begriff der Anpassung. Alternative Integrationskonzepte scheinen nicht auf. Dabei spielen die Lebenswelt und die zwischenmenschliche Dimension eine entscheidende Rolle; als politische Aufgabe wird Integration kaum wahrgenommen (ebd., 121).
- Konzept *Rechtsextremismus*: Rechtsextremismus wird von Schüler*innen insbesondere mit den Phänomenen *Gewalt*, *Ausländerfeindlichkeit* und *Nationalsozialismus* verknüpft und offenbart sich damit als eine Erscheinungsform der politischen und gesellschaftlichen Ränder, einer „devianten Minderheit am Rande der Gesellschaft" (Fischer 2013, 207). Das bedeutet auch, dass die Verankerung rechtsextremer Einstellungen in der Mitte der Gesellschaft, wie sie etwa vom Konzept der *Gruppenbezogenen Menschenfeindlichkeit* vertreten wird, von den Schüler*innen nicht gesehen wird. Dass es Verbindungslinien des Rechtsextremismus zu weitverbreiteten ethno-zentristischen Einstellungen oder der Ablehnung von Pluralität gibt, wird nicht erkannt. Ursachen des Rechtsextremismus liegen in den Augen der Schüler*innen v.a. in schwierigen sozio-ökonomischen Verhältnissen, in mangelnden kognitiven Fähigkeiten, im Fehlverhalten von Migrant*innen oder in der Erziehung (ebd., 205–209).

Anders als die strukturgenetischen Forschungen, die sich auf recht übersichtliche Stufen der Weltwahrnehmung richten, sind die gegenstandsspezifischen fachdidaktischen Rekonstruktionen schwer zu überblicken. Die Anzahl und Heterogenität der politischen Phänomene, zu denen die Schüler*innenvorstellungen erhoben werden können, sind groß und reichen von „Arbeitsmarktvorstellungen" über „Vorstellungen zu sozialer Ungleichheit" bis hin zu Vorstellungen über Mode (Kleinschmidt/Lange 2016, 14 f.). Auch die Schüler*innenvorstellungen selbst sind zahlreich. Das ist für die Rezeption der Ergebnisse durch Lehrkräfte sicherlich nicht förderlich, wenngleich man sich eine Erforschung begrenzter, am Curriculum orientierter zentraler Konzepte vorstellen könnte. Eine andere Variante, Schüler*innenvorstellungen über Politik und Gesellschaft zu erforschen, besteht darin, typische Fehlvorstellungen in den Blick zu nehmen.

Illusionen über das Politische: Ausgangspunkt der Forschungen zu politischen Illusionen sind wiederum Unterrichtserfahrungen (Reinhardt 2003). Hierbei handelt es sich um subjektiv sinnstiftende und keineswegs falsche, aber einseitige oder unterkomplexe Vorstellungen über den Gegenstandsbereich der Politik, die Schüler*innen mit in den Unterricht bringen und die dort entsprechend die Aussagen der Schüler*innen strukturieren können. Deswegen erscheint es sinnvoll, bei solchen Vorstellungen von *Illusionen* und nicht von *Fehlvorstellungen* zu sprechen. Die Rede von *Fehlvorstellungen* würde vornehmlich auf die kognitive Dimension solcher Vorstellungen fokussieren, während mit dem Begriff der *Illusion* die Verwobenheit von kognitiven, emotionalen und handlungsbezogenen Elementen betont werden kann (Petrik 2013b, 224). Eine wirklich empirisch abgesicherte Erforschung solcher Illusionen liegt noch nicht vor. Zwar konnten im Rahmen von Analysen zur Politisierung von Schüler*innen (ebd., 225–232, 489-500) und im Zuge einer Studie zur Diagnose von Präkonzepten (Weber 2018) Spuren solcher Illusionen rekonstruiert werden, allerdings sind weitere empirische Ergebnisse rar bzw. gehen nicht deutlich über Unterrichtsbeobachtungen hinaus. Aus diesem Grund sollen an dieser Stelle lediglich die ursprünglich von Sibylle Reinhardt (2003) auf der Grundlage von Unterrichtserfahrungen berichteten Illusionen knapp vorgestellt werden.

- *Alle Menschen seien gleich*: Weil alle Menschen gleich sind und dem Grunde nach ähnliche Interessen (wie ich) haben, müssen sie auch zu gleichlautenden Entscheidungen kommen. Man muss nur genau nachdenken, dann kommt man schon zur Einsicht: Alle Menschen können wie ich denken.
- *Jeder könne selbst (verbindlich) bestimmen*: Weil dem Grunde nach alle Menschen wie ich denken und entscheiden können, muss ich mich nur kräftig für meine Sichtweise einsetzen. Alle Menschen müssen meiner Sichtweise folgen.
- *Die Mehrheit habe immer Recht*: Wenn erkannt wird, dass weder alle Menschen so denken wie ich noch meiner Entscheidung folgen, kommt mitunter ein verabsolutiertes Mehrheitsprinzip ins Spiel: Der Mehr-

heit müssen sich alle beugen. Minderheiten und abweichende Sichtweisen spielen keine Rolle.

- *Gewaltverzicht führe zu Gewaltlosigkeit*: Der Verzicht auf Gewalt gilt unbedingt, auch für diejenigen, die sich nicht an die Regeln der gewaltlosen Konfliktbearbeitung halten. Deshalb ist auch das Gewaltmonopol des Staates abzulehnen. Gewaltverzicht ist immer besser.
- *Das Private sei politisch – das Politische sei privat*: Die Werte und sozialen Integrationsmechanismen des privaten Bereichs (Liebe, bedingungslose Anerkennung, Harmonie, Freundschaft) sollen auch für die Politik gelten. Solange das nicht gelingt, ist Politik eher ein schmutziges Geschäft, mit dem man sich lieber nicht beschäftigen sollte oder das es zu überwinden gilt.
- *Wirtschaftliches Handeln sei unmoralisch*: Wirtschaftliches Handeln beruht ausschließlich auf dem Eigennutz und ist deshalb moralisch verwerflich. Wenn jeder nur nach dem eigenen Vorteil strebt, kann eine Gesellschaft nicht funktionieren.
- *Gerechtigkeit sei Rechtssicherheit*: Die vordringliche Arbeit der Gerichte besteht darin, der Gerechtigkeit zur Geltung zu verhelfen. Wenn ein Gericht ein gerechtes Urteil spricht, ohne den Gesetzestext zu berücksichtigen, ist das besser, als wenn ein Gericht ein ungerechtes Urteil spricht, sich dabei aber an den Wortlaut des Gesetzes hält (siehe auch den nächsten Abschnitt: *Tendenz zur Moralisierung*). Paradigmatisch zeigt sich dieses Verständnis im Ausruf der DDR-Bürgerrechtlerin Bärbel Boley: „Wir wollten Gerechtigkeit und bekamen den Rechtsstaat."
- *Theorie sei gleich Praxis*: Die Aussagen von Theorien müssen sich eigentlich in der Praxis unmittelbar zeigen oder bewähren. Die Beschäftigung mit politischer Theorie ist nun aber nicht sehr zielführend, weil das, was sich Politiktheoretiker*innen ausdenken, in der Realität ja ohnehin nicht existiert oder realisierbar ist. Die Umsetzung von Theorien in der Realität funktioniert nicht, weil immer alles anders kommt, als man dachte.

Erfahrene Lehrkräfte und politiktheoretisch informierte Leser*innen werden sicherlich noch eine Reihe von weiteren typischen Illusionen anfügen können. Beispielsweise taucht auch ein „effizienzorientierter Elitismus" (Weber 2018, 118) auf, also die Vorstellung, dass demokratische Partizipation Problemlösungen erschwert und eine kompetente Expert*innenherrschaft die Problemlösungen vereinfacht (siehe auch die Ergebnisse zu Demokratievorstellungen im vorangehenden Abschnitt).

Strukturgenetische orientierte Forschungen: Auch für den Kompetenzbereich des sozialwissenschaftlichen Analysierens kann die Politikdidaktik strukturgenetisch orientierte Forschungen vorweisen. Beim sozialwissenschaftlichen Analysieren geht es um die Frage, auf welche Art und Weise Schüler*innen die sie umgebende gesellschaftliche Welt verstehen und nach welchen Prinzipien sie sich das soziale (wirtschaftliche, politische, gesellschaftliche usw.) Geschehen erklärbar machen. Gerade für diesen Bereich hatte Sibylle Reinhardt auf der Basis von Unterrichtserfahrungen mit einem Planspiel die Stufenlogik *Person, Institution, System* ins Gespräch gebracht (s. o. *Perspektivenübernahme*). Demnach lassen sich die Stufen des sozialwissenschaftlichen Analysierens wie folgt beschreiben:

1. „Das elementare Niveau ist an die Situation und das Handeln einer bestimmten Person und an ihre Bedürfnisse gebunden" (Behrmann/Grammes/Reinhardt 2004, 338). Soziales Handeln wird also als vornehmlich individualisiert und bedürfnisorientiert verstanden. Wirtschaftliches Streben nach Gewinn etwa erscheint somit als die Gier Einzelner.
2. Auf einem mittleren Niveau werden die eigene Person und der soziale Nahraum im Zusammenhang von personen-übergreifenden Regeln und Institutionen gesehen" (ebd., 338). Soziales Handeln wird also erklärt, indem man auf die Regel der Institutionen verweist. Beispielsweise wird Gewinnstreben als Folge der Bilanzierungszwänge und -regeln kapitalistischer Wirtschaftsunternehmen verstanden.
3. „Das höchste Niveau der Kompetenz erfasst systematische Zusammenhänge und ihre Beurteilung unter übergreifenden Kriterien" (ebd., 338). Auf dieser Ebene werden die Funktionslogiken verschiedener gesellschaftlicher Bereiche erkannt und soziales Handeln wird erklärt, indem man versteht, dass Menschen auch diesen Logiken unterworfen sind. Beispielsweise erfassen Schüler*innen nun, dass Profitorientierung ein Grundprinzip des kapitalistischen Wirtschaftssystems ist. Gleichzeitig erfolgt – gerade durch die Kenntnis unterschiedlicher Logiken, beispielsweise von Recht (legal/illegal) und Wirtschaft (Profit/kein Profit) – auch eine Reflexion und Abwägung darüber, inwiefern in bestimmten Entscheidungssituationen die Logiken zu Geltung kommen sollen" (ebd., 338).

Zwar steht diese Stufenlogik in der Tradition der strukturgenetischen Entwicklungspsychologie von Jean Piaget, Lawrence Kohlberg (1927–1987) und Robert Selman und kann auch grundsätzlich durch Forschungsbefunde aus Nachbardisziplinen gestützt werden (bspw. zur Entwicklung des Geldverständnisses; Furth 1982), genuine politikdidaktische Forschungen lagen aber lange nicht vor.

Erst in letzter Zeit konnte durch die Analyse von Unterrichtsprozessen und Schüler*innenergebnissen im Rahmen von Planspielen gezeigt werden, dass sich die Stufen rekonstruieren lassen. In der Reflexion von Spielerfahrungen in Wirtschaftsplanspielen zu Plan- und Marktwirtschaft durch verschiedene Schüler*innen wurde deutlich, dass sie die simulierte Wirtschaftsrealität im Planspiel personalisierend, institutionell oder systemisch erklärten und dass sich im Laufe des Planspiels, also im Lernprozess, auch Veränderungen des sozialwissenschaftlichen Denkens in Richtung des systemischen Niveaus ergaben (Fischer 2018, 402 f.). Diese Ergebnisse kamen allerdings nicht durch ein dem qualitativen Vorgehen zumeist zugeschriebenes offenes Forschungsformat zustande, sondern durch die „subsumtionslogische Einordnung des Falles in das ausgewählte Kompetenzmodell“ (ebd., 232). Dennoch ist die Bestätigung des strukturgenetischen Ansatzes für den Politikunterricht hilfreich: Offenbar entwickelt sich das Gesellschaftsverständnis von Orientierungen auf handelnde Personen, über den Fokus auf Regelwerke von Institutionen hin zur Berücksichtigung systemischer Funktionsmechanismen und deren Reflexion – und Unterricht kann einen Beitrag dazu leisten, diese Entwicklung anzustoßen.

Politisch-moralische Urteilsfähigkeit

Die qualitativen Forschungen zur politisch-moralischen Urteilsfähigkeit folgen ebenfalls stärker dem strukturgenetischen Paradigma. In seinen Forschungen zum moralischen Urteil untersuchte Kohlberg die Gerechtigkeitsvorstellungen, die für die von ihm beobachteten Individuen leitend waren. Dazu setzte Kohlberg Dilemmasituationen ein, was dazu führte, dass bei der Entscheidung für eine Seite des Dilemmas die andere verletzt wurde. Bekannt geworden ist das Heinz-Dilemma, in dem ein Ehemann seine todkranke Frau nur retten könnte, wenn er eine Straftat begeht und in die Apotheke des einzigen Apothekers einbricht, der ein rettendes Medikament entwickelt hat, das sich Heinz aber nicht leisten kann. Es stellt sich die Frage, was Heinz tun soll. Anhand der Begründungen für die Entscheidungen im Dilemma rekonstruierte Kohlberg Gerechtigkeitsvorstellungen. Diese Gerechtigkeitsvorstellungen geben die Struktur für die Begründungen vor und verändern sich im Laufe des Aufwachsens – deshalb auch hier ein strukturgenetischer Ansatz.

> Grob gesagt, finden jüngere Kinder das gerecht, was ihnen persönlich Vorteile bringt (auch wenn man dabei die Interessen des Gegenübers berücksichtigen muss), größere Kinder, was von der Bezugsgruppe oder der Gesellschaft als Verhaltensnorm vorgegeben wird, und – wenn es gut läuft –

junge Erwachsene das, was man jenseits der tatsächlich existierenden Normen der Gesellschaft gemeinsam beschließt oder was universellen Prinzipien folgt, denen alle Menschen zustimmen könnten. Die Entwicklung verläuft also vom Egozentrismus über die Außensteuerung hin zur Orientierung an universell-vernünftigen Prinzipien.

Im Anschluss an die Forschungen zur moralischen Entwicklung von Kohlberg deuteten zunächst einige praktizierende Didaktiker*innen ihre Unterrichtserfahrungen (mit Dilemmaunterricht) im Hinblick auf die von Kohlberg festgestellte Stufenentwicklung des moralischen Urteils aus (Lutter-Link/Reinhardt 1993). Später wurde im Zuge qualitativer Forschungen, die sich am strukturgenetischen Ansatz sowie an den Arbeiten zur Argumentation von Stephen Toulmin (1922–2009) orientierten, politisch-moralische Urteilsbildung auf vier entwicklungslogischen Niveaus rekonstruiert (Petrik 2013b, 340-370). Diese Niveaus ähneln sehr denen der Konfliktfähigkeit (s.o.). Sie folgen wiederum der Charakterisierung *privat und subjektiv*, *öffentlich*, *politisch-institutionell* und *systemisch*. Dies verdeutlicht ein weiteres Mal die Anlehnung an die strukturgenetische Entwicklungstheorie. Während aber die Konfliktfähigkeit vornehmlich auf den Umgang mit anderen Positionen abzielt, geht es bei der politisch-moralischen Urteilsfähigkeit um die *formale Struktur der Begründung*, die bei Individuen zur Anwendung kommt. Folgende Stufen der politisch-moralischen Urteilskompetenz konnten rekonstruiert werden:

Auf der *privaten und subjektiven* Stufe werden überhaupt keine Begründungen hervorgebracht. Positionen werden unbegründet vorgetragen und als selbstevident betrachtet. Die *öffentliche Stufe* ist dagegen durch die Verknüpfung der Position mit Argumenten gekennzeichnet. Dabei stehen Position und Argument in einem plausiblen, nachvollziehbaren Zusammenhang, wozu verschiedene Schlussregeln zur Anwendung kommen. Auf der *politisch-institutionellen Stufe* werden die Prämissen für die Argumente reflektiert, es wird also überlegt, warum ein Argument sinnvoll und wertvoll ist. Es geht hier um die Begründung der Begründung. Die *systemische Stufe* ist durch eine Reflexion des eigenen Urteilsvorgangs gekennzeichnet. Menschen auf dieser Stufe nehmen gleichzeitig eine hingabevolle und distanzierte Perspektive auf ihr Urteil ein. Sie verstehen, dass sie ihr Urteil verfolgen, obwohl auch andere Urteile möglich wären. Es geht hier um die Fähigkeit, für Urteile leidenschaftlich einzustehen und „zugleich zu akzeptieren, dass die eigene Überzeugung keine absolute Gültigkeit beanspruchen kann“ (Petrik 2013b, 348).

Auslassungen

Die an dem 5er-Kompetenzmodell orientierte Zusammenstellung von Forschungsergebnissen und systematischen Erfahrungssicherungen ist, wie erwähnt, exemplarisch zu verstehen und nimmt einige Auslassungen in Kauf, die an dieser Stelle zumindest noch benannt werden sollen. Vernachlässigt werden zunächst neuere Forschungsansätze, die nur vereinzelt in der Politikdidaktik verfolgt werden oder die noch nicht zu Ergebnissen geführt haben, die an andere politikdidaktische Forschungsergebnisse anschlussfähig sind. Beispiele sind die „Metaphernanalyse" oder die „Kontexturanalyse" (Petrik/Jahr/Hempel 2021). Nicht berücksichtigt wird des Weiteren aber auch eine ganze Reihe älterer Forschungstraditionen, die entweder aktuell nicht weiter verfolgt werden oder die mittlerweile zu einem – hin und wieder auch in jüngeren Untersuchungen bestätigten – Allgemeingut in der Politikdidaktik geworden sind (vgl. auch den Forschungsüberblick von Fischer/Lange 2022). Darunter fällt bspw. die Diagnose, dass Politikunterricht häufig Gefahr läuft, entgegen der Idee des Beutelsbacher Konsenses vorschnell zu vereindeutigten Ergebnissen zu kommen, ohne dass dialogisch Denkalternativen entfaltet werden – und zwar selbst dann, wenn sich im Unterricht dazu die Gelegenheit bietet. Nicht nur, aber v.a. in Ostdeutschland konnte dieses Phänomen in den Neunziger- und den Nullerjahren nachgewiesen werden (Grammes 1998, 101; Henkenborg 2007, 41). Zu erwähnen ist darüber hinaus die Beobachtung eines unpolitischen Politikunterrichts, der eher Moralisierung in Phasen der politischen Urteilsbildung betreibt und es versäumt, bspw. auch Fragen der politischen Machbarkeit (finanziellen, rechtlichen usw. Umsetzbarkeit) in den Denkhorizont der Schüler*innen zu rücken (Massing 1999, 142-147). Zu einer älteren Tradition gehören auch Forschungen zu sogenannten *Lernertypen*, die sowohl in der schulpädagogischen als auch der politikdidaktischen Forschung nicht mehr verfolgt werden. Lernertypen sollen für bestimmte Schüler*innen typische Zugangsweisen zum Politischen beschreiben. Ein bestimmter Lernertyp verbindet mit dem Gegenstand des Faches und dem Fach selbst bestimmte Interessen, Emotionen und kognitive Zugänge. Anknüpfend an Vorgängerstudien (Weißeno 1989) unterscheidet eine Untersuchung bspw. inhaltliche Interessenschwerpunkte und Verstehensperspektiven (den politischen, soziologischen, ökonomischen, historischen, kulturellen Lernertyp) sowie Typen der kognitiven und emotionalen Nähe und Distanz zum Thema (Faszination, Betroffenheit, Distanzierung) (Schelle 1995).

Der Detailreichtum und die Differenziertheit, aber auch die mitunter anzutreffende Weitschweifigkeit und fehlende Ergebnisorientierung qualitativer Forschung erschweren zuweilen die Rezeption. Gleichzeitig liefern qualitative Studien Einblicke in die Unterrichtsrealität, deren Potenziale und Gefahren, die gerade durch ihre Anschaulichkeit für eine professionelle Selbstreflexion angehender Lehrkräfte überaus hilfreich sein können (Fischer/Lange 2022, 100).

5.3.4 Forschungen zur Professionalität von Politiklehrer*innen

a) Verschiedene Ansätze zur Lehrer*innenprofessionalität

Anders als bei der Erforschung der Unterrichtsrealität orientieren sich empirische Forschungen in diesem Bereich an verschiedenen Ansätzen, die eine bestimmte *Idee von Professionalität und Professionalisierung* vertreten. Diese Ansätze geben je unterschiedliche Antworten auf die Fragen, was Professionalität eigentlich ist, was ihr im Wege steht und was sie fördert. Sie sind aus einer Kombination von theoretischen Überlegungen und empirischen Forschungen entstanden und prägen die Art und Weise, wie die Professionalität von Lehrer*innen weiter erforscht wird. Die mittlerweile existierenden Ansätze von Lehrer*innenprofessionalität und professionalisierung in den Bildungswissenschaften sind vielfältig (einführend Cramer u.a. 2020). Teilweise finden sie sich auch in der Politikdidaktik wieder. Prägend für die politikdidaktische Diskussion sind v.a. kognitionspsychologisch-kompetenzorientierte Ansätze, Ansätze subjektiver Theorien und impliziten Wissens, berufsbiografische Ansätze sowie strukturtheoretische Ansätze. Allerdings sind die verschiedenen Ansätze in der Politikdidaktik empirisch höchst unterschiedlich ausgearbeitet. Vor diesem Hintergrund sollen im Folgenden nicht die quantitative und die qualitative Forschungsrichtung als Sortierungskriterium dienen, wie dies im letzten Kapitel der Fall gewesen ist, sondern verschiedene, in der Politikdidaktik vertretene Professionalisierungsansätze herangezogen werden. Dazu gehen wir zunächst knapp auf die Ansätze ein, um daran anschließend ausgewählte Forschungsergebnisse vorzustellen.

b) Empirische Forschungen zu den Professionalisierungsansätzen

Kognitionspsychologisch-kompetenzorientierter Ansatz

Der kognitionspsychologisch ausgerichtete Ansatz, der als eine Weiterentwicklung des sogenannten *Expert*innenparadigmas* verstanden werden kann, fokussiert v.a. auf Überzeugungen, Werthaltungen, Motivation sowie die Fähigkeit, über diese nachzudenken und gegebenenfalls den Anforderungen des Berufs anzupassen. Darüber hinaus spielt das Professionswissen eine bedeutende Rolle, das wiederum pädagogisches Wissen (Bildungstheorie, allgemeindidaktische Konzeptionen, allgemeine Grundsätze der Unterrichtsplanung, Klassenführung usw.), Fachwissen (der Unterrichtsfächer), fachdidaktisches Wissen (zur Vermittlung spezifischer Fachgegenstände), Organisationswissen (über Schule) und Beratungswissen (bspw. beim Umgang mit Eltern) beinhaltet (Abb. 10). In den Bereichen der Überzeugungen, Werthaltungen und motivationalen Orientierung, v.a. aber in den Wissensbereichen des Fachwissens und des fachdidaktischen Wissens muss dieser allgemeine, bildungswissenschaftliche Ansatz von den einzelnen Unterrichtsfächern konkretisiert werden.

Für uns ist insbesondere das Fachwissen und das fachdidaktische Wissen von (angehenden) Lehrer*innen interessant. *Fachwissen* bezieht sich im Grunde auf die in einem Fachstudium erworbenen Aspekte der jeweiligen Bezugswissenschaften – für die politische Bildung insbesondere die Politikwissenschaft (Weschenfelder 2014, 162–174), aber auch die Soziologie, die Wirtschaftswissenschaft und die Rechtswissenschaft (siehe Kap. 2.3). Zum fachdidaktischen Wissen zählt bspw. Wissen über typische fachspezifische Aufgaben und Anforderungssituationen, über typische fachliche Fehlvorstellungen von Schüler*innen sowie über Inszenierungs- und Vermittlungstechniken des Fachunterrichts (Baumert/Kunter 2006, 495; Weschenfelder 2014, 162–174).

Abb. 10: Professionelle Kompetenz von Lehrkräften

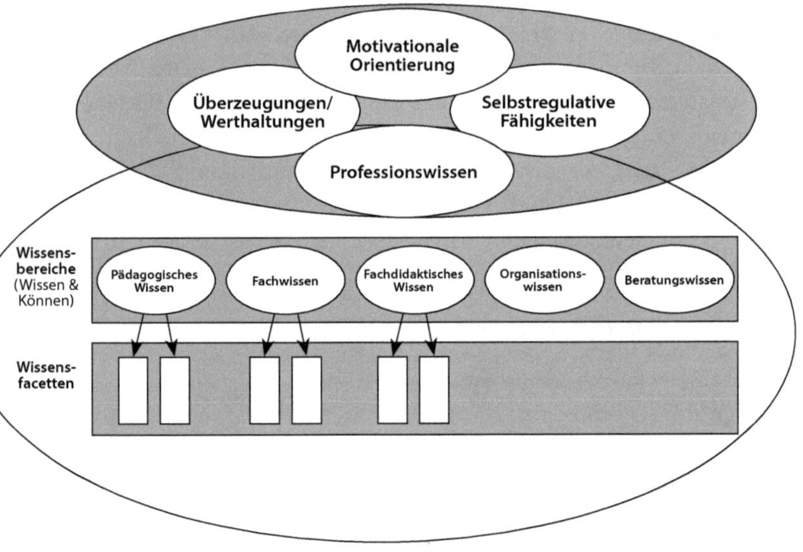

Quelle: Baumert/Kunter (2006, 482).

Professionalität wird in diesem Ansatz also mit den kognitiven Voraussetzungen von Lehrkräften in Verbindung gebracht, die sie zur Bearbeitung von Anforderungen im Arbeitsprozess benötigen. Die dahinterstehende Idee, die sich auch in das Angebots-Nutzungs-Modell einfügt, ist, dass Lehrer*innen dann einen Lernzuwachs bei ihren Schüler*innen erzielen können, wenn sie über die genannten Überzeugungen, Werthaltungen, Orientierungen und Kenntnisse verfügen. Professionalisierung bedeutet dann, angehenden Lehrer*innen entsprechende Wissensbestände zu vermitteln. Durchaus gesehen wird in diesem Ansatz, dass *Wissen über Politikunterricht* und *Politik unterrichten können* unterschiedliche Dinge sind, wobei aber die Verbindung dieser beiden Aspekte unterbestimmt bleibt. Insgesamt steht eine an diesem Ansatz orientierte politikdidaktische Forschung erst am Anfang (Weißeno 2022a, 117 f.). Erste Studien dienten u. a. zunächst dem Zweck, überhaupt erst einmal fachspezifische Testinstrumente für Überzeugungen und politikwissenschaftliches und politikdidaktisches Wissen zu entwickeln. Dabei konnte durchaus eine Reihe einzelner Zusammenhänge zwischen Überzeugungen, politikwissenschaftlichem sowie fachdidaktischem Fachwissen oder Motivation aufgezeigt werden (Reichhart 2018; Weschenfelder 2014), die sich allerdings (noch) nicht in ein konturiertes Bild kompetenzorientierter Professionalität oder Professionalisierung von Politiklehrer*innen einfügen.

Alltagstheorien und implizites Wissen

Die längste Tradition innerhalb der Politikdidaktik haben Forschungen zu Alltagstheorien von Politiklehrer*innen. Demnach sind für das Lehrer*innenhandeln nicht die wissenschaftlichen Theorien entscheidend, sondern vielmehr, wie Lehrkräfte diese Angebote verstehen und in Verbindung mit ihren eigenen Vorstellungen zum Lehren und Lernen zu subjektiven Theorien transformieren. Professionalität ist also zwangsläufig an subjektive Theorien gebunden, denn sie leiten das unterrichtliche Handeln von Lehrer*innen an. Zwar steckt in diesen subjektiven Theorien oft viel bewährtes Praxiswissen, aber sie sind auch anfällig für unreflektierte und durch die Wissenschaft nicht gedeckte Vorstellungen. Professionalisierung bedeutet deshalb, die Theorien von Politiklehrer*innen bewusst zu machen, um (sich) an ihnen (ab-)arbeiten zu können. Die Bewusstwerdung unterschiedlicher Alltagstheorien ermöglicht die Fragen: Welche*r Lehrer*in bin ich und welche*r möchte ich sein? Welche Hilfen gibt mir die Politikdidaktik?

Studien erheben Alltagstheorien oft mittels qualitativer Interviews mit Lehrer*innen zu bestimmten Themen – wie etwa zu den Zielen und einer guten Praxis der politischen Bildung, dem praktizierten Unterricht, zu ihren Demokratieverständnissen oder zu anderen fachlichen Aspekten – und werten die gewonnenen Daten durch qualitative Verfahren aus. Auf diese Weise können die Forscher*innen unterschiedliche Politiklehrer*innentypen rekonstruieren (vgl. auch die Forschungsüberblicke bei Fischer/Lange 2022 sowie Kessler 2021, 21–39). Eine zentrale Erkenntnis der politikdidaktischen Forschungen zu Alltagstheorien und implizitem Wissen ist die, dass Politiklehrer*innen ihre Vorstellungen über Unterricht und ihre Unterrichtspraxis keineswegs nur an denjenigen politikdidaktischen Kriterien orientieren, die ihnen im Studium und auf Weiterbildungen vermittelt worden sind (zunächst Harms/Breit 1992, 62 f.; siehe auch Kap. 3.2.3). Dieser Befund konnte bspw. durch Interviews mit Lehrer*innen zum Thema politische Urteilsbildung bestätigt werden. Während politische Urteilsbildung ein zentrales Ziel der politischen Bildung darstellt und in der Politikdidaktik intensiv diskutiert wird, bilden sich der Stellenwert und die inhaltliche Differenzierung des Konzepts in den Alltagstheorien von Politiklehrer*innen offenbar nicht ab (Klee 2008, 265–268). Mit Blick auf Ziele und gute Praxis des Politikunterrichts werden bspw. die Lehrer*innentypen „Tradition", „Moderator", „Interessen" und „Wissensvermittlung" unterschieden.

Während sich der Typ „Tradition" an einem ganzheitlichen Professionsverständnis orientiert, das eine starke Curriculumausrichtung mit Zielen wie Mündigkeit oder Kritikfähigkeit kombiniert, strebt der Typ „Moderator" an, Lernumgebungen zu gestalten, in denen durch kommunikativen Austausch eigenständige politische Urteile durch die Schüler*innen gefunden werden können. Der Typ „Interessen" gestaltet die Unterrichtspraxis so, dass Schüler*innen ihre politischen Interessen in den Mittelpunkt rücken, reflektieren und verfolgen können. Der Typ „Wissensvermittlung" stellt schließlich das Lehren systematischen Fachwissens in den Mittelpunkt seiner Unterrichtspraxis (Henkenborg 2002, 100; für eine differenzierte Typologie Henkenborg 2006).

Thematisch ähnlich ausgerichtete Studien richten ihr Augenmerk methodisch weniger auf die expliziten Vorstellungen von Lehrer*innen zu den Zielen politischer Bildung und gutem Unterricht, als mehr auf das Handlungswissen, das sich bei ihnen in den Handlungsbeschreibungen ihrer Praxis zeigt.

Mit diesem methodischen Fokus konnten auf der Grundlage von Interviews fünf Typen beschrieben werden, deren Bezeichnungen bereits die inhaltliche Ausrichtung andeuten: der Typ „Demokratielehren im Modus des

Einübens repräsentativer demokratischer Verfahren – Verständnis von Demokratie als formales Ordnungsprinzip“, der Typ „Demokratielehren im Modus des Auseinandersetzens mit politischen Positionen in der repräsentativen Demokratie – Verständnis von Demokratie als kontroverse Auseinandersetzung mit politischen Fragen“, der Typ „Demokratielehren im Modus des Befähigens zur Selbstbestimmung – Verständnis von Demokratie als Selbstbestimmung und Gestaltung der eigenen Lebenswelt“, der Typ „Demokratielehren im Modus des Aushandelns von Werten und Normen in der Gemeinschaft – Verständnis von Demokratie als Garant und Aushandlungsrahmen für gesellschaftliche Normen und Werte des Zusammenlebens“ und schließlich der Typ „Demokratielehren im Modus des Vorlebens einer anderen Demokratie – Verständnis von Demokratie als Gegenentwurf zur repräsentativen Demokratie“ (Kessler 2021, 130–201). Interessant ist v.a. das implizite, also das in den Interviews dokumentierte, aber von den Lehrer*innen nicht explizit geäußerte Selbstbild als Politiklehrer*in: Demnach verstehen sich die Lehrer*innen des ersten und des letzten Typs („Einüben“ und „Vorleben“) als Demokratieexpert*innen, die den Schüler*innen bedeutsames Wissen vermitteln, die Lehrer*innen des zweiten bis vierten Typs („Auseinandersetzen“, „Befähigen“, „Aushandeln“) dagegen als „Demokratielernbegleiter*innen“ (ebd., 213).

Wieder andere Studien fokussieren stärker auf die Ziele politischer Bildung und das Demokratieverständnis von Lehrer*innen. Dabei konnten in einer US-amerikanischen und einer Schweizer Studie – mit unterschiedlichem methodischen Vorgehen – Typen rekonstruiert werden, die gewisse Schnittmengen aufweisen.

So ermittelte die US-amerikanische Studie die vier Typen der „kritischen Denker“, der „Pluralisten“, der „Legalisten“ und der „auf Assimilation Orientierten“. Der erste Typ strebt an, dass Schüler*innen sich selbst und die gesellschaftliche Realität kritisch hinterfragen und nicht einfach hinnehmen. „Pluralisten“ wollen ihre Schüler*innen auf ein Leben in einer diversen Gesellschaft vorbereiten und sind skeptisch gegenüber patriotischen Orientierungen. „Legalisten“ legen Wert auf die Vermittlung von Rechten und Pflichten als Staatsbürger*innen und sind patriotisch ausgerichtet. Die „auf Assimilation orientierten“ Lehrer*innen finden es wichtig, ihre Schüler*innen mit den nationalen Kulturgütern und Werten vertraut zu machen und sie zu Patrioten zu erziehen (Anderson u.a. 1997, 342-354). Die Schweizer Studie unterscheidet „Demokraten“, die die staatsbürgerlichen und demokratischen Rechte und Pflichten vermitteln wollen, sowie „Funktionalisten", die die Schüler*innen zu Menschen erziehen wollen, die durch Fleiß, Anstand, Ordnung, Pflichterfüllung ihren (Steuer-)Beitrag für die Gemeinschaft leisten. Beide – „Demokraten" und „Funktionalisten" – scheinen den „Legalisten" der US-amerikanischen Studie ähnlich zu sein. Der dritte Typus der Schweizer Studie sind die „Kommunitaristen". Solche Lehrer*innen streben an, ihre Schüler*innen zu kritisch denkenden, aber auch sozial engagierten Bürger*innen heranzubilden, die ihre Egoismen hintanstellen und sich in die Gemeinschaft einbringen (Allenspach 2013, 222–225).

Neben Forschungen zu den expliziten Alltagstheorien und impliziten, handlungsleitenden Verständnissen zur politischen Bildung finden sich auch Studien zu bestimmten Themen und Herausforderungen des Politikunterrichts. So konnten zum Umgang mit rechtsextremer und rechtspopulistischer Jugendkultur anhand von Interviews verschiedene Handlungsstrategien rekonstruiert werden.

Alle Lehrer*innen nehmen rechtsextreme Jugendkultur als Herausforderung und Bewährungsprobe war. Sie bedienen sich jedoch verschiedener Strategien, um diese Bewährungsprobe zu bewältigen: „Grenzwert hoch ansetzen" (Tätigwerden erst bei rechtsextremer Gewalt oder verfestigten Organisationsstrukturen), „Sanktionen auf Regelverstöße begrenzen" (Tätigwerden bei Überschreitung gesetzter Grenzen), „Burgfrieden herstellen" (einvernehmliches Ausklammern des Themas durch Schüler*innen und Lehrer*innen), „Aufklärungsarbeit leisten" (politische Bildung), „Überlegenheit demonstrieren" (aus der Expert*innenrolle heraus den Nachweis führen, dass Schüler*innen falschliegen), „Vertrauensaufbau, Gewissheiten erschüttern" (Beziehungsarbeit, ohne das Thema auszuklammern) (Behrens 2014, 176–179).

Bedeutsam erscheint die Erkenntnis, dass gerade das fachwissenschaftliche Studium auch Auswirkungen auf Vorstellungen über gutes Lehren und Lernen hat. Was Lehramtsstudierende in ihren Vorlesungen und Seminaren der Fächer erleben, die Art und Weise, wie dort gelehrt wird, prägt jenseits des als richtig und bedeutsam deklarierten fachdidaktischen Wissenskanons auch ihre fachdidaktischen Vorstellungen (Besand 2022). Weitere Studien zeigen, dass einerseits auch Lehrkräfte nicht frei sind von bestimmten Formen antisemitischen Wissens

(Wolf 2021, 271) und sie andererseits im Rahmen ihrer Berufspraxis mit rassistischer Diskriminierung konfrontiert werden, was wiederum Konsequenzen für die berufliche Praxis mit sich bringt (Fereidooni 2016).

Der (berufs-)biografische Ansatz

Der (berufs-)biografische Ansatz begreift Professionalität als ein Ergebnis der lebenslangen Auseinandersetzung mit (berufs)biografischen Entwicklungsaufgaben. Professionalität entwickelt sich, so die Annahme, im Zuge der Biografie und im Zuge des Durchlebens und Reflektierens von Erfahrungen, die der Beruf, aber auch das Leben allgemein bereithalten. Besonderheiten der Generation, zu der man selbst gehört, eigene Schulerfahrungen, Berufswahlmotive, Belastungserfahrungen und krisenhafte Ereignisse sind bedeutsam dafür, wie man seinen Beruf als Politiklehrer*in sieht und ausübt. Um Professionalisierung zu betreiben, ist es nach diesem Ansatz hilfreich, zunächst einmal die eigenen biografischen Erfahrungen zu reflektieren und in ihrer Auswirkung auf das eigene Lehrer*innenhandeln zu verstehen. Biografische Reflexion in der Lehrer*innenbildung wird damit notwendig. Erst wenn dies erfolgt, wird die eigene Professionalität verfügbar. So kann man sich bspw. dann erst fragen, ob der als gut empfundene Frontalunterricht der eigenen Schulzeit auch weiterhin Orientierungspunkt für guten (Politik-)Unterricht sein soll. Biografische Reflexion nimmt auf diese Weise den Vorstellungen von gelingendem Unterricht ihre vermeintlich natürliche Gegebenheit und macht uns offen für Neues. In der Politikdidaktik fristet dieser Professionalisierungsansatz – zumindest auf Forschungsebene – allerdings eher ein Schattendasein. Nur wenige Studien untersuchen explizit die Auswirkungen biografischer Erfahrungen auf die Professionalität oder gar die Wirkungen eines biografisch orientierten Professionalisierungsansatzes bspw. an der Universität oder in der Lehrer*innenweiterbildung. So konnten etwa unterschiedliche Generationenprofile von Politiklehrer*innen rekonstruiert werden (wobei sich spezifisch ostdeutsche Generationserfahrungen in den Interpretationen nicht finden).

> Eine „Aufbaugeneration" politischer Bildner nach dem Zweiten Weltkrieg verstand sich als Erkundungstrupp in einem noch unbekannten Feld. Es ging darum, auf möglichst nüchterne Art und Weise – darin zeigt sich die Ablehnung gegenüber großen politisch-ideologischen Emotionen – die Grundlagen des neuen demokratischen Staates zu vermitteln. Davon grenzte sich die nachfolgende „68er-Generation" von Politiklehrer*innen ab. Politikunterricht wurde hier sehr viel politischer als Instrument der Verände-

rung von Gesellschaft gedacht. Die sich anschließende „pragmatische Generation" setzt sich wiederum von den mitunter moralisch aufgeladenen Zielen der Vorgängergeneration ab. Für sie erscheint Politikunterricht als ein Fach wie jedes andere, das es professionell durchzuführen gilt. Unterschiedliche Interessen und Konflikte gehören zum Unterricht, wobei Lehrer*innen nach Ansicht dieser Generation sich eher neutral zu verhalten haben (Besand 2006, 79–81).

Der strukturtheoretische Ansatz

Der soziologisch orientierte, strukturtheoretische Ansatz stellt widersprüchliche Anforderungen und Handlungsprobleme der Profession in den Mittelpunkt. Dies hat in der Pädagogik eine lange Tradition. So stellte bspw. bereits Kant die Frage, wie man in der Zwangsinstitution Unterricht Schüler*innen zur Freiheit erziehen solle. Eine Grundaussage strukturtheoretischer Ansätze ist, dass sich Lehrer*innen unweigerlich in derartige Widersprüche verwickeln und dass das Scheitern des Unterrichts dadurch wahrscheinlich wird. Ein wesentlicher Aspekt von Professionalität besteht infolgedessen darin, sich solcher Verwicklungen bewusst zu werden, um ihnen nicht wie in einem Hamsterrad ausgeliefert zu sein. Professionalisierung bedeutet dann, die Widersprüche und Handlungsdilemmata des eigenen Lehrer*innenhandelns bewusst wahrzunehmen und somit auch eine gewisse Gelassenheit hinsichtlich der manchmal unmöglichen Anforderungen zu entwickeln, aber auch, unterrichtliche Strategien zu entwickeln, mit diesen Widersprüchen und Handlungsdilemmata umzugehen. In der Politikdidaktik hat dieser Zugang eine lange Tradition und wird auch fachspezifisch konkretisiert. Der Schwerpunkt entsprechender Arbeiten bestand darin, die Widersprüche und Handlungsdilemmata zu konkretisieren. So wurden anknüpfend an Studien zur „Lehrer-Schüler-Interaktion" (Reinhardt 1972) bspw. das „Brücken-", das „Urteils-" und das „Emanzipationsproblem" rekonstruiert.

Das „Brückenproblem" verweist auf die Schwierigkeit, abstrakte und ferne politische Zusammenhänge für Schüler*innen verständlich zu machen. Konzentrieren sich Lehrer*innen mit ihrem Unterricht auf die naheliegende Lebenswelt ihrer Schüler*innen, so laufen sie Gefahr, die makropolitische Ordnung zu vernachlässigen. Orientieren sie sich aber stattdessen auf diese Ordnung, dann gelingt aufgrund der Ferne und Abstraktheit dieser Ordnung möglicherweise kein verständnisintensives Lernen. Lebenswelt und politisches System bleiben in beiden Fällen unverbunden nebeneinanderstehen. Das „Urteilsproblem“ bezeichnet das Problem, Urteilsbildungsprozesse Schüler*innen zu überlassen, gleichzeitig aber aufgrund des professionellen Auftrages politischer Bildung in der Demokratie bestimmte demokratiefeindliche Positionen ausschließen zu müssen. Eine Schwerpunktlegung auf das eigenständige Urteil riskiert aber potenziell die Sicherung der Demokratiestandards im Urteil; der Fokus auf die Demokratiekriterien führt möglicherweise zu Rückzug und Gesprächsabbruch seitens der Schüler*innen, die sich bevormundet fühlen. Das „Emanzipationsproblem“ schließlich ist dem bereits erwähnten Kant'schen Widerspruch von Freiheit und Zwang verwandt. Es tritt angesichts der Tatsache auf, dass wir die Emanzipation, verstanden als die Freisetzung der Schüler*innen aus ungerechtfertigten Herrschafts- und Bevormundungsverhältnissen, als Ziel politischer Bildung, anstreben, dies aber gleichzeitig mittels Außensteuerung im Rahmen von Schulpflicht und durch Beeinflussung im Unterricht tun. Eine weitgehende Offenheit des Unterrichtsgeschehens führt einerseits nicht automatisch zu Emanzipationsgewinnen, weil sich Schüler*innen entwicklungsbedingt noch gar nicht über die sie einschränkenden gesellschaftlichen Bedingungen im Klaren sind. Andererseits ist eine lehrer*innengesteuerte Aufklärung über die richtigen und falschen gesellschaftlichen Herrschafts- und Bevormundungsverhältnisse wenig vereinbar mit dem Gedanken der Emanzipation (May 2014, 178–180).

Im Anschluss an diese forschungsmethodisch noch wenig elaborierten Annäherungen konnte zudem das Spannungsverhältnis zwischen den Zielen der politischen Bildung (Mündigkeit, Emanzipation, eigenständige Urteilsbildung usw.) auf der einen Seite und institutionellen Vorgaben von Schule und Unterricht (Beachtung der Curricula, Notengebung usw.) auf der anderen Seite rekonstruiert werden. Offenbar wird dieses Verhältnis von Lehrer*innen als ein belastender Widerspruch erfahren, mit dem auf verschiedene Weise umgegangen wird. So gibt es Lehrer*innen,

- die (noch) damit beschäftigt sind, diese Widersprüche erst einmal zu durchdringen (Nachdenken und Entwerfen von Umgangspraxis),
- die sich damit abfinden und stark an den Vorgaben orientiert sind (Arrangieren mit den Anforderungen),
- die die widersprüchlichen Anforderungen reflektieren und beide Seiten gleichzeitig aufrechterhalten wollen (Wechsel in der Unterrichtsorientierung von externen Vorgaben und Bildungszielen),

- die in der Nutzung bestimmter Medien und Materialien beiden Anforderungen gleichzeitig begegnen wollen (Integration der Anforderungen),
- die das Problem in das Kollegium tragen und gemeinsam, bspw. durch geschickte Arbeitsteilung, Freiräume für die eigentlichen Bildungsziele des Faches schaffen wollen (kollektives Schaffen von Freiräumen) und schließlich solche,
- die die externen Anforderungen ablehnen und deren Erfüllung zurückweisen – bis hin zum Ausstieg aus dem Schulbetrieb (Distanzierung) (Kessler 2021, 295–298).

Für angehende Lehrer*innen und solche, die bereits in der Unterrichtspraxis tätig sind, können die hier skizzierten Professionalisierungsansätze eine wichtige Ressource der eigenen Weiterentwicklung sein. Sie zeigen auf unterschiedliche Art und Weise – vom Professionswissen über die Alltagstheorien, biografischen Verwicklungen der eigenen Professionalität bis hin zu den strukturellen Widersprüchen, in denen sich Politiklehrer*innen bewegen –, welche Facetten bedeutsam für professionelles Lehrer*innenhandeln sind. Sich diese Facetten zu vergegenwärtigen, sie in der eigenen Praxis aufzuspüren, sich in ein Verhältnis zu ihnen zu setzen, an ihnen zu arbeiten und Konsequenzen für zukünftiges Handeln zu ziehen, sind wichtige Aufgaben eines gelingenden, lebenslangen Professionalisierungsprozesses im Beruf.

6 Aktuelle Entwicklungsfelder der politischen Bildung

6.1 Digitalisierung und Unterricht

6.1.1 Digitalisierung und der Primat der Didaktik

Über die Vorzüge und Nachteile sowie die Chancen und Gefahren der Digitalisierung im Lehr-Lernprozess wird viel diskutiert (Burow 2019; Lankau 2019). Diese Diskussion ist keineswegs unnötig und kreist um viele wichtige Fragen, bspw. inwieweit ein engmaschiges digitales Lerncontrolling noch mit Bildungszielen wie Mündigkeit und Emanzipation vereinbar ist, ob ein tiefgreifendes Textverständnis auch an Bildschirmen erworben werden kann oder ab wann, in welchen Situationen und in welchem Ausmaß Schüler*innen mit digitalen Technologien in Kontakt kommen sollen. Parallel zu diesen wichtigen Fragen etabliert sich zunehmend eine durch die Digitalisierung beeinflusste Praxis des Politikunterrichts. Zahlreiche freie und kostenpflichtige digitale Tools drängen auf den Markt (für einen Überblick siehe das Dossier *Digitale Spiele* auf der Internetseite der Bundeszentrale für politische Bildung). In welchem Ausmaß solche und andere digitale Angebote den Politikunterricht bereits prägen, ist eine offene Frage. Es ist davon auszugehen, dass dieser Trend in der Zukunft anhalten und sich verstärken wird und Lehrer*innen vor die Frage stellt, inwiefern Digitalisierung ihre Unterrichtspraxis verändern kann und soll. Gleichzeitig sind digitale Endgeräte mit Programmen sowie das Internet selbst ein selbstverständlicher Teil der jugendlichen Lebenswelt. Onlinemedien spielen (neben persönlichen Gesprächen) eine herausragende Rolle beim politischen Informationsverhalten Jugendlicher (Vodafone Stiftung Deutschland 2019, 11).

Digitalisierung kann grundlegend als eine Umwandlung analoger Informationen in binär organisierte Zeichensysteme verstanden werden, die von Computern gespeichert, ausgewertet und weiterverarbeitet werden können. Auf dieser Grundlage vollzieht sich eine umfassende Transformation der Gesellschaft, also in Alltagswelt, Wirtschaft, Zivilgesellschaft, Politik usw., die häufig als ein Übergang in eine neue Menschheitsepoche beschrieben wird (Sprachlichkeit, Schriftlichkeit, Buchdruck, Digitalisierung) (Baecker 2018). Angesichts dieses tiefgreifenden Wandels stellt sich die Frage, inwiefern die politische Bildung und die Politikdidaktik davon berührt sind. Muss auch die politische Bildung vollkommen neu gedacht werden? Unsere Antwort auf diese Frage ist – dies sei vorweggenommen –, dass Digitalisierung die Grundsätze der politischen Bildung in der Demokratie nicht infrage stellt. Denn Politikdidaktik und politische Bildung kommen ohne normative Orientierungen, die man auf gesellschaftlicher Ebene mit dem Schlagwort *Demokratie* und auf individueller Ebene mit den Richtzielen *Mündigkeit* und *Emanzipation* umreißen kann, nicht aus. Digitalisierung verändert diese Orientierungen nicht, vielmehr müssen Politikdidaktik und politische Bildung ausgehend von diesen Orientierungen auf Digitalisierung blicken sowie deren Potenziale, Grenzen und Ambivalenzen einschätzen (Hippe 2020). Die didaktische Leitfrage lautet somit, wie Demokratie, Mündigkeit und Emanzipation unter den sich verändernden Bedingungen der Digitalisierung auch weiterhin als Richtwerte der politischen Bildung Geltung erlangen können. Auch auf der eher unterrichtspraktischen und technischen Ebene hat sich die Bedeutung einer genuin didaktischen Perspektive auf Digitalisierung und die Nutzung digitaler Tools gezeigt. Unisono wird in der bisherigen Diskussion in der politischen Bildung „das Primat der Didaktik als zentrales Kriterium für den Lernerfolg von Schülerinnen und Schülern im Umgang mit digitalen Medien benannt" (Hauk 2017, 222). Die didaktisch-methodische Idee ist wichtiger als der Einsatz eines (digitalen) Mediums, weil der Lernerfolg von den Lehr-Lernzielen, der Qualität der Themen, Anforderungssituationen und Aufgabenstellungen und nicht von der Nutzung eines digitalen Mediums abhängt. Dies wird durch empirische Befunde unterstützt, nach denen die Nutzung digitaler Medien nicht prinzipiell Vorteile bringt, also abwechselnd keine, nur partielle (für bestimmte Ziele) oder ambivalente (für bestimmte Schüler*innen) Effekte zeigt (ebd., 219–222). Mit der Betonung des Primats der Didaktik soll aber keineswegs vernachlässigt werden, dass Digitalisierung die Politikdidaktik und die politische Bildung in all ihren Aufgabenbereichen vor neue Herausforderungen stellt und zu Veränderungen führt. Um diese Herausforderungen und Veränderungen in den Blick nehmen zu können, erscheint es sinnvoll, konsequent von den klassischen Leitfragen didaktischer Konzeptionen auszugehen, also den Fragen nach dem „Wozu", dem „Was" und dem „Wie" (Hilligen 1985, 22). Wie beeinflusst also Digitalisierung die Ziele, Inhalte und Methoden des Politikunterrichts? Wenngleich zunehmend eine breitere politikdidaktische Diskussion zu diesen Fragen zu verzeichnen ist, ist die Auseinandersetzung mit Digitalisierung in der Tat noch ein Entwicklungsfeld. Folgende Ausführungen sollen erste Überlegungen zusammenfassen.

6.1.2 Digitalisierung und Ziele des Politikunterrichts

Die Bewusstmachung und Begründung von Bildungszielen des Unterrichts ist von Bedeutung, weil Politikunterricht nur dann gerechtfertigt werden kann, wenn er einen Beitrag zu deren Erreichung leistet. Wie bereits ausgeführt, sind Demokratie, Emanzipation und Mündigkeit die wichtigsten Orientierungspunkte politischer Bildung. Daran ändert auch Digitalisierung nichts. Digitalisierung erlangt aber für diese Ziele Bedeutsamkeit, weil das Verwobensein in eine digitalisierte Welt – mitunter gleichzeitig – einerseits mit Entdemokratisierungs- und Unmündigkeitsrisiken, andererseits mit Mündigkeits- und Emanzipationschancen einhergeht. Das, was politische Bildung anstrebt, wird einerseits sowohl auf gesellschaftlicher als auch auf individueller Ebene durch die Prozesse der Digitalisierung, zumindest teilweise, erschwert: Thorsten Hippe fasst diese Gefährdungen wie folgt zusammen:

> Die Digitalisierung erhöht „die (potenzielle) Machtasymmetrie zwischen dem Individuum und ihm gegenüberstehenden, ohnehin mächtigen Akteuren/Entitäten. In der Ökonomie sind diese Akteure/Entitäten Unternehmen, in der Politik Staaten, aber auch Interessengruppen, und im sozialen Raum die sozialen Gruppe/der Mainstream. Heutige Digitalisierung kann die heteronome Beeinflussbarkeit des Individuums durch diese mächtigen Akteure/Entitäten aus zwei Gründen erhöhen: Erstens erhöht sie einseitig die Transparenz des Individuums für die Akteure/Entitäten [gläserne Bürger*innen, gläserne Konsument*innen; die Verf.]. Zweitens gibt Digitalisierung diesen Akteuren/Entitäten neue Mittel an die Hand, mit denen sie das Individuum effektiver beeinflussen können (z.B. hybride Werbung, ‚Nudging'-Verkaufstechniken, politisches Microtargeting und Rankings/Scores)" (Hippe 2020, 99 f.).

Gleichzeitig und andererseits beinhaltet Digitalisierung Chancen für einen transparenteren und effektiveren Konsum, eine häufigere und breitere Bürger*innenbeteiligung in der Politik sowie eine leichtere Integration in soziale Netzwerke (ebd., 84, 89, 94). Für den Bereich der Politik fasst Marianne Kneuer (2017, 49) die Potenzialität der Digitalisierung wie folgt zusammen:

> „Inzwischen hat sich ein realistischer Ansatz, der davon ausgeht, dass das Internet an sich weder demokratieförderlich noch demokratiefeindlich ist, als der geeignetere herausgestellt. Ob die Nutzung sozialer Netzwerke demokratieförderlich oder -hinderlich ist, hängt von mehreren Faktoren ab: den Akteuren, der Art der Nutzung (Was wird wie kommuniziert?), den Nut-

> zungsmotiven und -zielen (Warum wird mit welchem Ziel kommuniziert?) sowie dem politisch-institutionellen und dem sozialen Kontext, in dem sie agieren. Das Gleiche gilt für die Handlungslogiken politischer Akteure."

Nicht unerwähnt bleiben darf an dieser Stelle jedoch, dass sich gerade im Hinblick auf die Bürger*innenbeteiligung gezeigt hat, dass die Nutzung digitaler Möglichkeiten der politischen Partizipation von denjenigen sozialen Gruppen genutzt wird, die bereits auch ohne Digitalisierung politisch aktiv waren. Trotz der Potenziale für leichtere und umfassendere Partizipation, konnte Digitalisierung diesen Partizipationsbias nicht beseitigen. Fasst man die Chancen und Gefahren der Digitalisierung auf diese Art und Weise zusammen, dann kommt es in der politischen Bildung darauf an, Schüler*innen in inhaltliche Reflexionsprozesse über die Gefahren und Chancen von Digitalisierung für die Gesellschaft zu verwickeln sowie das eigene reflexive (politische) Handeln in der digitalen Welt anzubahnen (Hippe 2020, 100). Dies ist anschlussfähig an die vorgestellten Kompetenzziele der politischen Bildung, die sich, digital angereichert, wie folgt konkretisieren lassen (siehe auch Hauk 2022, 486-488):[21]

- politisches Wissen sowie politische Analyse- und Urteilskompetenz zur Funktionsweise des digitalen Raumes, zu den Chancen und Gefahren der Digitalisierung, den Veränderung von Politik, Gesellschaft und Lebenswelt durch Digitalisierung sowie den individuellen und kollektiven Gestaltungsmöglichkeiten einer digitalisierten Gesellschaft;
- politische Handlungskompetenz als reflexive Nutzungsstrategien zur Beteiligung an einer konfliktgeprägten digitalen Öffentlichkeit sowie als Fähigkeit zur reflexiven Nutzung von digitalen Partizipationsmöglichkeiten (z.B. Onlinepetitionen, Onlinesprechstunden) – mit dem Ziel, politische Entscheidungen (auch zur Digitalisierung) zu beeinflussen.

21 Freilich ließen sich im Zusammenhang mit der Digitalisierung noch eine ganze Reihe weiterer lohnenswerter Kompetenzen formulieren, wie sie bspw. durch die Medienpädagogik vorgestellt (z.B. Brüggen 2019; Tulodziecki/Grafe 2020) und auch teilweise in der politischen Bildung rezipiert werden (Gloe/Puhl 2019; Heldt 2018). Zu denken wäre etwa – angesichts von Falschinformationen – an die reflexive Nutzung von Informationsquellen aus dem Netz. Solche Kompetenzen haben zweifelsohne einen politischen Gehalt, werden hier aber nicht als Kompetenzen für den Politikunterricht gefasst, weil sie in sämtlichen geistes- und gesellschaftswissenschaftlichen Fächern von Belang sind (siehe auch den Abschnitt zu den „Methoden und Medien").

6.1.3 Digitalisierung und Inhalte des Politikunterrichts

Die Analyse des Unterrichtsinhalts dient der Erschließung, Strukturierung, Dimensionierung und Portionierung des fachlichen Gegenstandes, um ihn in einen Lehr-Lerngegenstand zu transformieren. Es ist für den Unterricht wichtig zu klären, welche Perspektive ich mit den Schüler*innen auf einen fachlichen Gegenstand werfen möchte.

In der Politikdidaktik existiert eine Reihe von Analyseinstrumenten, um die unterschiedlichen Facetten eines Gegenstandes zu erschließen. Erläutert wurden oben u.a. die *Dimensionen des Politischen* (siehe Kap. 4.1.4), die hier exemplarisch herangezogen werden sollen, um darüber nachzudenken, wie Digitalisierung die Inhalte der politischen Bildung verändert. Bei der *policy-Dimension* geht es um den *Problemgehalt* des Gegenstandes. Stellt man den Problemgehalt eines Gegenstandes in den Mittelpunkt des Unterrichts, dann geht es darum, die Potenziale und die Gefahren einer gesellschaftlichen Entwicklung zu erschließen, sie als Herausforderung wahrzunehmen und darüber nachzudenken, wie Politik und Gesellschaft möglichst die Potenziale dieser Entwicklung herbeiführen und die Gefahren abwenden können (Hilligen 1985, 30 ff.). Für die Digitalisierung mahnt insbesondere Sander (2020) in jüngster Zeit die Thematisierung der Herausforderungen an. Für eine demokratische Öffentlichkeit ergeben sich bspw. Gefahren durch eine Fragmentierung und Spaltung der Öffentlichkeit. Digitale Kommunikation über soziale Netzwerke und Messengerdienste tragen dazu bei, öffentliche Kommunikation zu differenzieren (Bedeutungsverlust von Qualitätsmedien) und zu deinstitutionalisieren (keine journalistischen Standards). Durch die algorithmische Steuerung der Meinungs- und Nachrichtenangebote entstehen auf diese Weise Teilöffentlichkeiten Gleichgesinnter. Die in den Teilöffentlichkeiten durch Selbstverstärkung begünstigte Tendenz zur Radikalisierung verhindert oder erschwert einen auf Ausgleich orientierten Austausch mit Andersdenkenden, was problematisch für eine demokratische Öffentlichkeit ist (Jarren/Klinger 2017; Kneuer 2017). Gleichzeitig beinhalten soziale Netzwerke und Messengerdienste aber auch das Potenzial zur demokratischen Mobilisierung, wie wir es bspw. beim *Arabischen Frühling* oder bei *Hashtag-Kampagnen* (z.B. #MeToo) beobachten konnten. Diese Art von herausfordernder Ambivalenz ist typisch für die Digitalisierung und ließe sich noch an vielen weiteren Beispielen ausführen. Folgende Stichworte sollen dies nur andeuten: *totale Herrschaft durch Sozialkreditsysteme* (Big Data) und *Kooperation autoritärer Herrscher mit sozialen Netzwerken vs. neue Formen der Partizipation und Herrschaftskontrolle* (z.B. Onlinepetitionen); *Verschlankung und Optimierung öffentlicher und wirtschaftlicher Infrastruktur vs. Verletzbarkeit durch Hackerangriffe, Erpressung, Falsch-*

information und Datendiebstahl; *Effizienzgewinne im Konsum durch digitale, globale Märkte* (z.B. Amazon) *vs. Steuerung des Verbraucherinteresses durch Analyse des Kaufverhaltens*; *neue Möglichkeiten der individuellen Selbstverwirklichung im multimodalen Netz* (Text, Bild, Film) *vs. verstärkte soziale Kontrolle, erhöhter Gruppendruck, Internetsucht, Verletzung von Persönlichkeits- und Eigentumsrechten.*

Richtet man das Augenmerk auf die *politics-Dimension*, dann betont man die Konfliktdimension des Politischen. Es geht dann im Unterricht darum, Konfliktlinien wahrzunehmen, zu analysieren und – im Hinblick auf Lösungen – zu beurteilen. Solche Konflikte ergeben sich aus unterschiedlichen Interessen, Werten und Vorstellungen darüber, wie man mit den im letzten Absatz skizzierten Problemgehalten der Digitalisierung umgehen sollte. Digitalisierung führt auf diese Weise zu neuen Konfliktkonstellationen, die im nicht digitalisierten Zeitalter noch nicht zu beobachten waren. Greifen wir bspw. das oben skizzierte Problem der Fragmentierung der Öffentlichkeit und die Radikalisierung von Teilöffentlichkeiten heraus, so zeigen sich hierzu politische Positionen, die zum Schutz der Demokratie und zur Vermeidung von Straftaten für eine Regulierung eintreten – bis hin zur Löschung von Posts und dem Verbot von Plattformen –, und andere, die mit dem Verweis auf die Meinungsfreiheit solche Eingriffe ablehnen. Zu beobachten waren solche Konfliktlinien bspw. beim „Netzwerkdurchsetzungsgesetz“, das darauf abzielt, Hasskriminalität, strafbare Falschnachrichten und andere strafbare Inhalte wie Beleidigung, üble Nachrede, Verleumdung, öffentliche Aufforderung zu Straftaten, Volksverhetzung, Gewaltdarstellung und Bedrohung auf den Plattformen sozialer Netzwerke zu bekämpfen. Auch die Debatte um das Telegram-Verbot lässt sich in diese Konfliktlinie einordnen.

Fokussiert man die *polity-Dimension* des Politischen, dann ist damit die institutionelle Seite der Politik angesprochen, also sowohl die verfassten Verfahren, die zu politischen Entscheidungen führen, als auch die in kodifiziertes Recht überführten Entscheidungen selbst. Die im letzten Absatz beschriebenen Konflikte werden durch die Anwendung dieser Verfahren geregelt und transformieren die Konflikte in Entscheidungen, die dann allgemeinverbindlich gelten. Dabei sind die Entscheidungen und die daraus resultierenden gesetzlichen Regelungen mitunter selbst Ausgangspunkt von Konflikten, nämlich dann, wenn politische Akteur*innen sich gegen die Weitergeltung eines Gesetzes richten und es verändern oder gar abschaffen wollen. Liegt der Schwerpunkt des Unterrichts auf den rechtlichen Regelungen, dann heißt dies zu erkunden, was eine durch Problemlagen und Konflikte entstandene Regelung beinhaltet, was diese Regelung für das Handeln der von der Regelung Betroffenen bedeutet und schließlich die Regelung zu beurteilen. Bezogen auf die Digitalisierung geht es dann darum, gesetzliche Regelungen zu behandeln, die das individuelle und kollektive Handeln in der digitalen Welt regulieren. So kann im Unterricht bspw. danach gefragt werden, welche Regelungen das Netzwerkdurchsetzungsgesetz oder die gesetzlich vorgeschriebene Urheberrechtskontrolle durch Uploadfilter beinhalten und für das eigene Handeln im Internet bedeuten und ob wir diese Regelung als sinnvoll betrachten.

Digitalisierung als einen fachgegenständlichen Aspekt von politischer Bildung zu denken bedeutet also, „die inhaltliche Auseinandersetzung mit den Folgen der Digitalisierung als einer politischen Herausforderung" (Sander 2020, 59) zu suchen. Da Digitalisierung ein umfassender Vorgang ist, der alle gesellschaftlichen Teilsysteme und damit auch unser Handeln in ihnen betrifft, wirken sich auch die politischen Problemdefinitionen, Konflikte und Entscheidungen zur Digitalisierung auf unser Leben aus. Wie in jedem guten Politikunterricht bedeutet auch die inhaltliche Auseinandersetzung mit Digitalisierung damit, gesellschaftliche Bedeutsamkeit mit lebensweltlicher Betroffenheit zu verknüpfen (Hilligen 1985, 34; siehe auch Kap. 4.1.1).

6.1.4 Digitalisierung, Methoden und Medien des Politikunterrichts

Unterrichtsmethoden lassen sich als schüler*innen- und gegenstandsangemessene Wege der unterrichtlichen Befassung mit einem Gegenstand begreifen. Dies bedeutet, dass im Gegenstand selbst, in seiner Struktur bereits Hinweise auf mögliche Schritte seiner Erschließung zu finden sind. So lässt sich ein Fall mit der Fallanalyse oder Fallstudie bearbeiten, ein Problem mit der Problemstudie, ein Konflikt mit der Konfliktanalyse oder mit Kontroversverfahren, ein Dilemma mit der Dilemmamethode usw. Hieran ändert auch Digitalisierung nichts. Fälle, Probleme, Konflikte oder Dilemmata lassen sich auch im Hinblick auf den gesellschaftlichen Megatrend der Digitalisierung identifizieren und mit den bewährten Methoden des Politikunterrichts bearbeiten. Die Verlaufslogiken und Dynamiken der Makromethoden ergeben sich aus dem Zuschnitt und der Perspektivierung des Unterrichtsgegenstandes, nicht aus der Tatsache, dass der Unterrichtsgegenstand etwas mit Digitalisierung zu tun hat (siehe Kap. 5.2). Gleichwohl lässt sich die Lernumgebung, in deren Rahmen ein Fall, Problem oder Dilemma bearbeitet wird, digitalisieren. Die Dynamik einer Makromethode, die Leitfragen der jeweiligen Unterrichtsphasen können bspw. auch in einem Content Management System (CMS) abgebildet werden. Die Schüler*innen belegen dann einen Onlinekurs, in dem sie – ebenso wie im herkömmlichen Unterricht – Fragestellungen erfassen, Materialien erarbeiten, mit anderen Schüler*innen in Kontakt treten und Lösungen finden. Best-Practice-Beispiele sind hierzu noch rar, wären aber dringend nötig. Während Unterrichtsbeispiele in Form der gängigen *Makromethoden* in der Regel nicht als digitalisierte Lernumgebung vorliegen, hat das Planspiel einen Sonderstatus. Rollenbasierte Planspiele werden v.a. eingesetzt, um den Austrag politischer Konflikte unter bestimmten Rahmenbedingungen oder die Funktionsweise systemischer Zusammenhänge und Mechanismen (den Markt, einen Gesetzgebungsprozess, Machtkonstellationen) zu simulieren und greifbar zu machen. Im Gegensatz zu den anderen Makromethoden liegen Planspiele vollständig digitalisiert vor (Oberle u.a. 2017). Darüber hinaus existieren – ohne dass es hierbei eine Orientierung an der schulischen Makromethode gibt – digitale Spiele, die auf der Grundlage von Spielentscheidungen Szenarien simulieren und somit Folgen gesellschaftlichen Handelns deutlich machen (z.B. *Canvas City* zum Thema Smart Cities).

Die innerhalb einer makromethodischen Struktur ablaufenden Meso- und Mikromethoden bieten vielfältigste Möglichkeiten für den Einsatz digitaler Tools. Meso- und Mikromethoden profitieren in besonderer Weise von der Medienkonvergenz digitaler Tools: Bild/Video, Ton und Text können unterschiedliche Wahrnehmungskanäle ansprechen. Gleichzeitig sind diese Tools sowohl rezeptiv als auch produktiv einsetzbar, Schüler*innen können damit sowohl Wissen aufnehmen als auch aufbereiten (Heusinger 2020, 13 ff.). Digitalisierung löst methodische Praktiken von der Präsenznotwendigkeit in einem Klassenraum oder transformiert sie in digitale kommunikative Akte:

- *Sozialform*: Im Bereich der Sozialformen kann Plenumsunterricht auf digitale Präsentationen oder Erklärfilme zurückgreifen, die mit Text, Bild und Ton versehen sind und mit einem Onlinequiz abschließen. Auch Einzelarbeit kann – wenn jede*r über ein Endgerät verfügt – auf diese Art erfolgen, wobei hier Tempo, Wiederholungen oder Pausen individuell gewählt werden können. Partner*innen- und Gruppenarbeit können unter Nutzung diverser kollaborativer Tools organisiert werden, bspw. wenn durch kollaborative Schreibprogramme oder Wikis gemeinsam Texte verfasst, an gemeinsamen Präsentationen gearbeitet wird oder in Chats politische Urteile oder Lösungsvorschläge für gesellschaftliche Probleme diskutiert werden. Auch die kollaborative Herstellung von Podcasts oder Erklärfilmen bietet sich hier an.
- *Handlungsmuster*: Im Bereich der Handlungsmuster sind exemplarisch die Positionslinie und die Pro-Kontra-Diskussion aufgeführt worden (siehe Kap. 4.1.4). Tools zur Abfrage von Positionen und politischen

Meinungen existieren in großer Zahl. Bei vorhandener Technik können Abfragen von Schüler*innen direkt auf der digitalen Tafel visualisiert werden und Gesprächsanlässe bilden. Eine Pro-Kontra-Diskussion lässt sich auch in einem digitalen Diskussionsforum organisieren und bietet den Vorteil, dass die Argumente nicht verschwinden, sondern dokumentiert werden. Auch Blogs (mit Kommentarfunktion) oder Chats eignen sich, um Kontroversität und Konflikt zu üben. Die voranstehend genannten Möglichkeiten richten sich auf den geschützten Raum einer digitalen Klassen- oder Schulöffentlichkeit auf der Basis einer schulinternen digitalen Plattform. Eine neue Möglichkeit bietet die Teilnahme an der digitalen Öffentlichkeit. Zwar gehören Leser*innenbriefe für Zeitungen zu einem traditionellen mesomethodischen Instrument des Politikunterrichts, Digitalisierung bringt hier aber erweiterte Beteiligungsmöglichkeiten. So kann die Kommentarfunktion auf Nachrichtenportalen ebenso genutzt werden wie eine Hashtag-Aktion oder die Initiierung einer Onlinepetition (Hauk 2016, 26-36). Der digitale Gang in die reale politische Sphäre will aber gut überlegt sein. Überwältigungen und Gruppendruck bei solchen politischen Beteiligungen sind – im Sinne des Beutelsbacher Konsenses – zu vermeiden. Die Reflexion der gesammelten Erfahrungen darf nicht vernachlässigt werden.

- *Mikromethoden*: Auch Mikromethoden wie Impulse, Fragen und Moderationstechniken können im digitalen Raum zur Anwendung kommen. So kann auch im Distanzunterricht im Einstieg mit Bildimpulsen gearbeitet werden, auf die die Schüler*innen sodann mit eigenen Impulsen reagieren – wie Emojis oder Wortassoziationen, die zu einer Wortwolke geformt werden und so Perspektiven der Thematisierung aufzeigen. Auch Fragen sind fester Bestandteil des digitalen Lernens. Innerhalb von Internetkursen sind Fragen die zentralen Instrumente, um den Unterrichtsprozess voranzutreiben und das Lernen der Schüler*innen anzuregen. In digitalen Kontroversverfahren können Moderationstechniken zum Einsatz kommen – bspw. wenn Moderatoren auf ein Ampelsystem der Moderation zurückgreifen und auf diese Weise Regelverstöße markieren.

Digitale Medien liefern Informationen (Internetseiten, Filme, Podcasts), konservieren diese Informationen (in einem Ablage- und Lernsystem auf dem eigenen Endgerät), können auf diese Weise leicht zur Wiederholung und Festigung genutzt werden, verarbeiten Informationen, bieten Möglichkeiten spielerischen Lernens (digitale Quizze, Lernspiele, Serious Games, Motyka 2017), können hergestellt (eigene Erklärfilme, Podcasts usw.) und müssen ästhetisch wie inhaltlich reflektiert werden. Durch die Veränderung der Öffentlichkeit durch die Digitalisierung und den Bedeutungsgewinn der sozialen Medien kommt indes noch eine Funktion hinzu: Digitale Medien können in der Schule genutzt werden, um an öffentlichen Diskussionsprozessen teilzunehmen und auf diese Weise Handlungskompetenz im digitalen Raum anzubahnen (Kommentare auf Nachrichtenportalen, in sozialen Netzwerken usw.). Sie ermöglichen so eine Öffnung von Schule.

Mitunter sind Forderungen zu hören, Schule und Unterricht von digitalen Medien als Unterrichtsmedien möglichst freizuhalten. Schließlich könnte man so auch in der Schule Gefahr laufen, sich unversehens und unreflektiert in die Strukturen einer digitalen Gesellschaft einzupassen, die es doch zu hinterfragen und gegebenenfalls zu kritisieren gilt. Nicht Einlassung *auf*, sondern Distanzierung *von* Digitalisierung seien deshalb zu fördern. Vor allem auf diese Weise könnten Bildungsprozesse gefördert werden, die eben nicht darin bestehen, Techniken des Umgangs mit digitalen Tools zu erlernen, sondern sich als Individuum zur Digitalisierung in ein reflektiertes Verhältnis zu setzen (Sander 2017). In der Tat ist vor einem unüberlegten Einsatz von digitalen Unterrichtsmedien zu warnen – handelt es sich nun um Medien, die eigens für den Einsatz in Bildungskontexten konzipiert wurden (z.B. Lernsoftware, Serious Games) oder für ein breiteres Publikum vorgesehen sind (z.B. eine Suchmaschine, Apps). So arbeiten etwa kultur- oder medientheoretische Analysen heraus, inwiefern wir uns mit der Nutzung solcher Medien – bei jeder App, bei jedem Spiel, bei jeder Nutzung einer Suchmaschine oder eines YouTube-Videos – vorgegebenen Handlungsspielräumen unterzuordnen haben. Weder wird uns bei der Nutzung selbstläufig der Handlungsspielraum bewusst noch haben wir in der Regel die Möglichkeit, den Handlungsspielraum zu beeinflussen (z.B. die Algorithmen, die unsere Suchergebnisse steuern):

> „Jede Mensch-Computer-Interaktion ist durch die Vorschriften der Programmierung und definierte Hardware-Software-Beziehungen vorbereitet. Dass und wie ich auf das reagieren kann, was mittels User-Interfaces (z.B. eine App) zur Verfügung gestellt wird […], hat Programmierung so und nicht anders vorgesehen. Meine Handlungsfreiheit existiert, weil und insofern sie eingeräumt ist. Es kann nicht anders sein, weil die nicht festgelegte

Maschine – für meine Bestimmung – zuvor festgelegt worden sein muss" (Distelmeyer 2021, 68).

Und der Kulturtheoretiker Felix Stalder schreibt: „Die Nutzer haben keine Entscheidungsmöglichkeiten auf die Ausgestaltung oder die Entwicklung der Bedingungen, unter denen sie handeln (müssen). Bestenfalls besteht noch die Möglichkeit [...] Optionen zu nutzen oder nicht zu nutzen. *Take it or leave it*" (2017, 216).

Aus unserer Sicht rechtfertigen solche machtkritischen Erkenntnisse jedoch nicht den Verzicht auf digitale Medien als Unterrichtsmedien. Vielmehr machen sie darauf aufmerksam, im Unterricht diese Verwicklungen auch zu thematisieren. So schlägt bspw. Jan Distelmeyer (2021, 98-106) für die Medienwissenschaft Interface-Analysen vor, die für den Politikunterricht angepasst werden könnten, um den machtanalytischen und machtkritischen Ansprüchen der politischen Bildung zu genügen. Letztlich unterscheidet sich dieses Vorgehen im Grundsatz nicht von der Nutzung von Texten im Unterricht, denn auch Texte bilden die Welt nicht objektiv ab und unterbreiten uns Deutungsangebote, die machtanalytisch zu untersuchen sind – ohne dass wir fordern würden, Texte aus dem Unterricht zu verbannen. Die Perspektivität von Texten ist ein alter Hut in der politischen Bildung und geht mit der Forderung einher, diese auch immer ideologiekritisch zu betrachten, also Macht- oder Wirtschaftsinteressen zu reflektieren, die hinter den Argumenten oder Sichtweisen auf der Oberfläche stehen (Mickel 2003, 393-395).

Angesichts der unterrichtlichen Rahmenbedingungen (v.a. zeitliche Restriktionen) werden Politiklehrer*innen zu reflektieren und zu entscheiden haben, ob sie die Nutzung digitaler Medien mit kritischen Analysen verbinden oder diese entkoppeln. So wünschenswert es wäre, nicht immer besteht die Möglichkeit, ein Medium auf die Plausibilisierungs- und Steuerungsstrategien hin zu untersuchen. Unterricht darf aber nicht dauerhaft ohne solche Analysen auskommen.

6.2 Inklusion und Unterricht

6.2.1 Vielfalt der Gesellschaft als Voraussetzung und normative Richtschnur

Homogenität war vermutlich schon immer eine Illusion, aber die Entwicklungsprozesse der letzten Jahrzehnte ließen v.a. in den westlichen Demokratien überaus vielfältige Gesellschaften entstehen. Vielfaltsdimensionen wie *Migration*, *Sprache*, *Milieu* oder *Geschlecht*, die sich teilweise überlagern, prägen die heutige

Gesellschaft. Um diese Vielfalt und Verschiedenheit zu beschreiben, werden wissenschaftliche Konzepte wie bspw. „Diversity", „Heterogenität", „Behinderung" „Intersektionalität" oder „Gender" genutzt (Achour 2021). *Inklusion* bedeutet vor diesem Hintergrund, mögliche Herrschafts-, Macht- und Diskriminierungsverhältnisse nicht mehr zu tolerieren, sondern allen Menschen unabhängig von den zugeschriebenen Gruppenzugehörigkeiten Partizipationschancen zu eröffnen. Als ein solches Konzept ist Inklusion auf verschiedenen gesellschaftlichen Ebenen bedeutsam, wobei dem Bildungsbereich eine herausgehobene Bedeutung zukommt (ebd.). Unterschieden werden zwei Konzepte von Inklusion. Während ein *enges Konzept* v. a. auf behinderte Schüler*innen zielt (z. B. Förderschwerpunkte Hören, Sehen, geistige Entwicklung), orientiert sich ein *weites Konzept* von Inklusion auf alle Differenzdimensionen (z. B. Migration, Sprache, Milieu, Geschlecht) sowie deren gleichzeitiges und verschränktes Auftreten (*Intersektionalität*). In diesem weiten Verständnis geht es um die je spezifischen Lernvoraussetzungen, Möglichkeiten und Barrieren, die das Lernen einzelner Schüler*innen beeinflussen können. In der didaktischen Diskussion wird vornehmlich das weite Konzept verwendet (Achour 2020). Gemeinsam ist beiden Konzepten, „Zugang, Teilhabe und Selbstbestimmung zu erlangen, die durch individuelle Bedarfe des Subjekts – nicht durch dessen Anpassung – ermöglicht werden sollen" (Besand/Jugel 2015a, 46).

Grundsätzlich ist politische Bildung – auf der Ebene der unterrichtlichen Prozessgestaltung – durch die Prinzipien des Beutelsbacher Konsenses, insbesondere durch die Orientierung an den Schüler*inneninteressen und am Kontroversitätsgebot, inklusiv gedacht (Besand/Jugel 2015b, 101 f.). Schließlich sind Politiklehrkräfte traditionell angehalten, die Vielfalt der politischen Interessen und Sichtweisen im Unterricht zu berücksichtigen und aufeinander zu beziehen. Auch neuere Ansätze zur Inclusive-Citizenship-Bildung betonen die Stellung der Schüler*innen als politische Subjekte, die im Zuge politischer Bildung in ihren Kämpfen gegen Diskriminierung und um Zugehörigkeit unterstützt werden sollen (Kleinschmidt/Kenner/Lange 2021). In gewisser Weise kann deshalb in der Tat gelten, dass Politikdidaktiker*innen und politische Bildner*innen „Inklusionsexperten" (Besand/Jugel 2015b, 101) sind. Grundsätzlich weist politische Bildung eine positive Haltung gegenüber Ansprüchen auf Inklusion auf. Außerdem gibt es bspw. zahlreiche Unterrichtsprinzipien und Unterrichtsmethoden, die die Vielfalt der politischen Interessen und Sichtweisen berücksichtigen. Darüber hinaus ist auch Inklusion als Unterrichtsgegenstand von besonderem Interesse für die politische Bildung, weil Fragen der Ermöglichung und Gestaltung von Teilhabe ein wichtiger Teil der politischen Auseinandersetzung und Regelung sind (z.B. zum Thema *Nutzung gendergerechter Sprache in amtlichen Dokumenten*). Auf diese Weise können Inklusion und Exklusion in unserer Gesellschaft selbst zum Inhalt des Unterrichts und auf die Lebenswelt der Schüler*innen bezogen werden (Vennemeyer 2019, 42–46). Allerdings darf dies nicht darüber hinwegtäuschen, dass die bildungspolitische Konsequenz der Inklusion, der gemeinsame Unterricht von Schüler*innen ungeachtet von Differenzkategorien, Schule und Politikunterricht vor enorme Herausforderungen stellt. Denn trotz aller damit verbundenen Chancen: Die didaktischen Entwicklungsaufgaben fangen bei der Beteuerung, allen einen gleichberechtigten Zugang zu den Themen der politischen Bildung ermöglichen und alle bei der diskriminierungskritischen Selbstermächtigung als *Citizens* unterstützen zu wollen, erst an (hierzu auch Fischer 2020, 26). Wie unterrichtet man bspw., wenn Schüler*innen in einer Klasse kognitiv oder sozial-emotional beeinträchtigt sind, die deutsche Sprache nicht sprechen, Gendertransitionen stattfinden und eine hohe soziökonomische Heterogenität der Elternhäuser existiert? Gerade für die bürgerschaftliche Aktivierung (Inclusive Citizenship Education) muss gelten, dass diese für bestimmte Zielgruppen der politischen Bildung hochgradig voraussetzungsvoll ist. Gelegenheitsstrukturen des Engagements bereitzustellen, reicht oft nicht aus, weil dies allein „mangelnde Motivation, strukturelle Überforderung, subjektive Borniertheit, mangelndes Durchhaltevermögen und diverse Lernblockaden kaum überwinden" (Hedtke 2011, 187) kann. Wie aber kann das gelingen? Für dieses Gebiet der konkreten politikdidaktisch-gegenständlichen Vermittlungsarbeit und auch der Unterrichtsforschung hat die Politikdidaktik bislang kaum etwas zu bieten (vgl. aber z.B. Jöhnck/Baumann 2022; Stegkemper 2022).

Lässt man die systemischen und schulischen Rahmenbedingungen einmal beiseite und konzentriert sich auf die inklusiven Lernprozesse im Politikunterricht, dann weist Inklusion also drei Facetten auf (Abb. 11): Sie kann als *politikunterrichtliches Strukturprinzip* (politische Interessen, Meinungen und Urteile berücksichtigen), als *politikdidaktisches Inhaltsprinzip* (Inklusion und Exklusion als Gegenstand politischer Entscheidungen sowie als Unterrichtsgegenstand) oder als *politikdidaktisches Vermittlungsprinzip* (inklusive Gestaltung der Begegnung von Schüler*in und Gegenstand) verstanden werden – wobei mitunter alle Facetten gleichzeitig im Unterricht zur Geltung kommen können. Im Folgenden wird das letzte Verständnis im Mittelpunkt stehen.

Abb. 11: Drei Facetten inklusiver politischer Unterrichtsprozesse

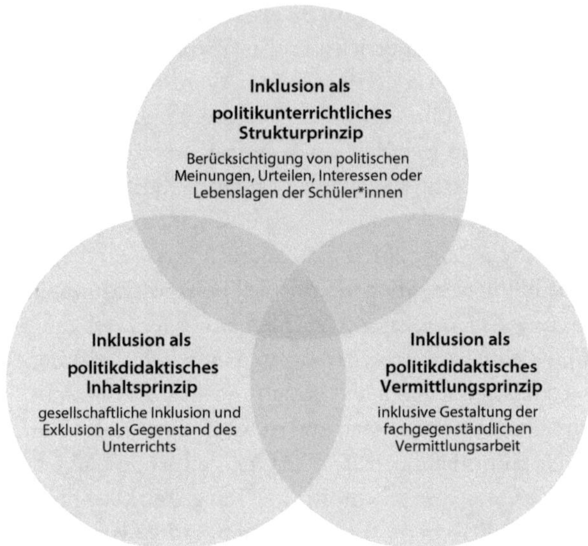

Quelle: Eigene Darstellung.

6.2.2 Strategien des inklusiven Unterrichtens

Wir möchten uns den Antworten auf die Vermittlungsfrage annähern, indem wir konkrete Strategien des inklusiven Unterrichtens diskutieren. Dabei greifen wir auf Arbeiten von David Jahr (2019) zurück, der sich wiederum an der Inklusionsforscherin Mai-Anh Boger orientiert. Boger (2017) unterscheidet drei Konzepte von Inklusion: „Normalisierung" strebt an, Menschen gleichberechtigt zu behandeln, sie in den Kontexten der ‚Normalen' mitmachen zu lassen. „Empowerment" bedeutet, Menschen dabei zu unterstützen, zu den ‚Normalen' aufzuschließen, möglichst so, dass dies aus eigener Kraft erfolgen kann (Hilfe zur Selbsthilfe). „Dekonstruktion" richtet sich auf die Hinterfragung von Normalitätsvorstellungen und Vorstellungen von Andersartigkeit und versteht diese als willkürliche gesellschaftliche Setzungen. Was bedeutet dies nun für unterrichtliche Strategien der Inklusion im gemeinsamen Unterricht? Bedeutsam für die Beantwortung dieser Frage ist zunächst, dass man – folgt man Boger – immer nur zwei Verständnisse von Inklusion kombinieren bzw. in Maßnahmen oder Handlungen überführen kann und damit das jeweils verbleibende, dritte Verständnis und dazu passende Maßnahmen oder Handlungen ausschließt. Boger bezeichnet das als „Trilemma der Inklusion" (ebd.).

Wir möchten im Folgenden versuchen, dieses Trilemma als professionelles Handlungstrilemma auszubuchstabieren. Um Strategien der Inklusion identifizieren zu können, ist es sinnvoll, sich darüber Klarheit zu verschaffen, wie „Andersheit“ und „Normalität“ (ebd.) in den verschiedenen Kombinationen von „Normalisierung“, „Empowerment“ und „Dekonstruktion“ verstanden werden, sich also Klarheit zu verschaffen sowohl über das individuell und kollektiv Spezifische, das Vielfalt herbeiführt, als auch über die Bewertung dieser Vielfalt im Hinblick auf einen Zustand von Normalität.

- Eine erste mögliche Kombination ist die von *Empowerment und Normalisierung (E-N)*, der wir für die folgenden Ausführungen den Titel *Unterstützung und Anerkennung* geben. Diese Kombination geht davon aus, dass Andersheit wirklich existiert, also *essenziell* ist. Es gibt Menschen mit großen Abweichungen von der Normalität. Sie sollten aber unterstützt werden, an der faktisch existierenden gesellschaftlichen Normalität teilzunehmen. „Menschen sind *tatsächlich* verschieden, sollen aber gleichberechtigt an der Normalität teilnehmen können“ – so könnte man diese Position zusammenfassen. Bei dieser Kombination gestehen wir bspw. Behinderten zu, bei der Normalität der Normalen, bspw. im gemeinsamen Unterricht, mitzumachen. Gleichzeitig versuchen wir, die besonderen Lernausgangslagen von Schüler*innen zu berücksichtigen sowie ihnen diejenigen Ressourcen und Hilfestellungen zu geben, die sie brauchen, um am Politikunterricht erfolgreich partizipieren zu können. Es geht um Hilfe zur Selbsthilfe, die Schüler*innen empowert, am normalen Unterricht und der normalen politischen Welt teilhaben zu können. Beispielhaft für dieses Vorgehen sind Unterrichtsarrangements im Politikunterricht, in denen Urteilsbildungsprozesse mit sprachlichen Hilfestellungen versehen werden. Solche *Scaffolds* (sprachliche Gerüste) können Schüler*innen mit wenig ausgeprägten sprachlichen Fähigkeiten helfen, ein politisches Urteil zu bilden (Studtmann 2016; Studtmann/Jordan 2020). Verfolgen wir jedoch diese Strategie, so transportieren wir zwangsläufig die Botschaft, dass es Normale und weniger Normale gibt sowie dass das Normale der Standard unseres Handelns ist. Unterstützungsbedarfe werden markiert, eine *Dekonstruktion* von Normalitätsvorstellungen erreichen wir damit nicht.
- Die zweite Kombination vereint *Normalisierung und Dekonstruktion (N-D)*, die wir hier mit *Ernstnehmen und Berücksichtigen* bezeichnen. Bei dieser Kombination werden der essenzielle Charakter der Anders-

heit und die Existenz einer Normalität bezweifelt. Beides – Andersheit und Normalität – seien gesellschaftliche Konstruktionen, die von dominierenden gesellschaftlichen Gruppen zur Macht- und Privilegiensicherung genutzt werden. So ist Rassismus bspw. ein Versuch, durch die Unterstellung von Unterschieden zwischen Menschen, Machtansprüche zu stabilisieren und zu legitimieren. Deshalb komme es darauf an, Vorstellungen des Anderen und der Normalität zu dekonstruieren, also in ihrer Willkür und gesellschaftlichen Machtsicherungsfunktion sichtbar und damit kritisierbar und gestaltbar zu machen. Normalität wird als Vielfalt umgedeutet. „Vielfalt ist normal und Normalität ist vielfältig" – so könnte man diese Sichtweise zusammenfassen. Anders als die erste Strategie zielt diese zweite nicht so sehr auf Hilfestellungen, sondern auf die Einbeziehung sämtlicher vielfältiger Beiträge und Zugänge zu einem Unterrichtsprozess. Auch wenn die Beiträge zunächst abseitig klingen mögen und nicht so recht zu den Lehr-Lernzielen des Unterrichts zu passen scheinen, sollen sie auf ihren Wert für den gemeinsamen Unterrichtsprozess hin befragt werden. Die Vielfalt der Beiträge wird hier als Normalität begriffen; Normalität als starres Konzept wird hinterfragt. Beispielhaft für diese Strategie ist, wenn ein*e Schüler*in Aspekte an einem Unterrichtsmaterial problematisiert, die für die meisten anderen abwegig erscheinen, die aber dennoch aufgegriffen und als Beitrag für das gemeinsame Lernvorhaben berücksichtigt werden. Das *Ernstnehmen und Berücksichtigen* führt jedoch dazu, dass Unterstützungsbedarfe und Hilfestellungen (*Empowerment*) aus dem Blick geraten – jeder Beitrag ist gleich viel wert.

- Die dritte Kombination ist schließlich die von *Dekonstruktion und Empowerment (D-E)*, die den Titel *Zulassen von Verweigerung und alternativen Wegen* tragen soll. Diese Kombination versteht Andersheit als fundamental gegeben und nicht wegzureden und gerade deshalb Normalität als eine konstruierte hegemoniale Machtstrategie, von der man sich entkoppeln muss. Inklusive Maßnahmen, die dieser Kombination entsprechen, gehen davon aus, dass es keine für alle gültige Normalität gibt (*Dekonstruktion*) und dass *Empowerment* damit auch nicht bedeuten kann, zum Normalen hin zu unterstützen. In den Blick kommen damit eigensinnige Wege der Selbstermächtigung, die auch in einer Verweigerung, der selbstgewählten Exklusion oder der Wahl eigener Vorhaben bestehen können. Das Offenhalten solcher Verwirklichungsräume wäre eine Maßnahme, die zu dieser Kombination passt. Das *Zulassen*

> *von Verweigerung und alternativen Wegen* gibt dann aber eine Vorstellung von Normalität gänzlich auf. Weder die Teilhabe an Normalität als Standard noch eine Normalität als Vielfalt kann damit angestrebt werden.

Es ist darauf hingewiesen worden, dass in der schulischen (politischen) Bildung v.a. die ersten beiden Kombinationen zum Einsatz kommen (so bspw. in den Vorschlägen von Kühberger/Windischbauer 2013), weil die letzte Strategie *Zulassen von Verweigerung und alternativen Wegen* die „grundsätzliche Zielstellung von Mündigkeit, nämlich die Teilnahme an den demokratischen Prozessen, in Frage stellt" (Jahr 2019, 27). Aus den beschriebenen Spannungsverhältnissen kommen Lehrkräfte nicht heraus. Man sollte sich aber darüber im Klaren sein, was man mit welcher Kombination erreicht und welche Ziele man möglicherweise ausschließt. Für das didaktische Denken und Handeln kommt es darauf an, sich der jeweiligen Folgen und Nebenfolgen der unterschiedlichen Strategien bewusst zu sein und diese in der Unterrichtsplanung zu reflektieren sowie im Unterrichtsverlauf „situativ angemessen" (ebd., 29) einzusetzen.

6.2.3 Notwendige Konkretisierungen – Eine Beispielreflexion

Die von Boger (2017) und Jahr (2019) aufgezeigten Inklusionsvarianten und deren Spannungsverhältnisse sind aus unserer Perspektive für (angehende) Lehrer*innen hilfreich. Sie helfen dabei zu reflektieren, welche grundlegenden Wege man beim Unterrichten im gemeinsamen Unterricht einschlagen kann und welche Vor- und Nachteile damit verbunden sind. Darüber hinaus kann inklusiver Politikunterricht aber nur begrenzt pauschal konzeptioniert oder erforscht werden. Allgemeine Aussagen über Ziele, Inhalte und Methoden des inklusiven Politikunterrichts und dessen fachdidaktische Erforschung zu treffen, würde etwa der Aussage gleichkommen, man müsse für eine Reise Gepäck mitnehmen. So wie der Inhalt der Koffer von Reiseziel, geplanten Aktivitäten oder Jahreszeit abhängig ist, so sind auch die Unterrichts- oder Forschungsschwerpunkte von konkreten Lerngruppen, realer Diversität und spezifischen Schüler*innen abhängig. Aus diesem Grund soll im Folgenden der Versuch unternommen werden, an einem konkreten Beispiel Fragen der inklusiven Unterrichtsgestaltung – orientiert an den Zielen, Inhalten, Methoden und Medien – zu reflektieren. Dazu greifen wir auf ein Unterrichtsbeispiel von Christian Fischer (2020) zurück und unterziehen dieses einer neuen Interpretation. Bevor wir darauf eingehen, wie dies erfolgt, sei zunächst die Unterrichtssituation geschildert. Im Mittelpunkt des Unterrichtsbeispiels steht der 16-jährige Schüler

Friedemann, den Fischer 2017 unterrichtet hat. Fischer charakterisiert Friedemann wie folgt:

> „Er liest […] vergleichsweise langsam und hat ein Textverständnis, das nur die wörtliche, konkrete Sinnebene des Sprachmaterials betrifft. Bildliche Sprache und Fremdwörter erschweren ihm das Lesen. Das Erschließen abstrakter Begriffe und Zusammenhänge stellt für ihn eine große Herausforderung dar, bei der er in der Regel Hilfe benötigt. Außerdem sind an einer längeren Arbeit an einer Anforderung häufig motivierende und strukturierende Impulse notwendig, die seine Aufmerksamkeit bei der Auseinandersetzung mit dieser Sache aufrechterhalten. Sein großes persönliches Interesse liegt im Bereich der Rock- und Metalmusik" (Fischer 2020, 11).

Auch die Themen *Gefahr* und *Sicherheit* spielen für Friedemann eine große Rolle. Man kann also sagen, dass sich das Verständnis der sozialen Welt bei ihm auf einer konkret-personalisierenden Ebene bewegt (siehe Kap. 5.3.3, Fischer 2020, 12, 30). Den Unterricht bezeichnet Fischer (ebd., 14) als einen „genetischen Lehrgang". Der Unterricht geht von der Inszenierung einer Anforderungssituation aus, die man am ehesten als eine genetische Ursprungssituation deuten kann: In einer fiktiven Szene, die den Einstieg bildet, kommen zwei Jugendliche, Lea und Karl, zu Wort, die das Leben auf einer fiktiven Inselrepublik beschreiben und bewerten, einmal befürwortend und einmal kritisch. Dabei wird deutlich, dass es sich beim politischen System der Insel um etwas handelt, was wir als ‚gelenkte Demokratie' bezeichnen würden. Es gibt zwar akklamatorische Wahlen, die Rechte auf freie Meinungsäußerung, auf Opposition und Kritik an der Regierung sind aber stark eingeschränkt. Es gibt keine Gewaltenteilung, dafür aber einen starken Konformitätsdruck durch die staatlichen Behörden. Ausgehend von der Anschauung einer fiktiven beschädigten Demokratie sollen im Unterricht dann deren Beschädigungen identifiziert und Merkmale von ‚echten' Demokratien erarbeitet bzw. selbst entdeckt werden (Wie könnte man die Inselrepublik reformieren, bspw. hinsichtlich der Rolle von Wahlen und Parteien?). Zusammenfassend kann man sagen, dass das zentrale Ziel in einem „Gestaltungsurteil" (Detjen 2013b, 60-62) über eine ‚echte', jedenfalls im Vergleich zum Szenario, bessere Demokratie, liegt. Die Schüler*innen erfahren hier zwar eine (legitime) Lenkung des Urteils in Richtung einer westlichen Demokratie, haben aber die Möglichkeit, eigene Vorstellungen und Ideen einzubringen. Zentrale Unterrichtsgegenstände sind die Inselgeschichte (inklusive der Merkmale einer ‚gelenkten Demokratie') sowie (auch am Beispiel der Bundesrepublik) die Prinzipien einer ‚besseren Demokratie' mit „politische[n] Auswahlmöglichkeiten, [dem] Schutz der Opposition, Meinungs- und Pressefreiheit, Gewaltenteilung und Rechtsstaatlichkeit" (Fischer 2020, 16). Methodisch setzt der Lehrer im Rahmen des genetischen Lehrgangs v.a. kooperative Arbeitsphasen mit einer Produktorientierung (Ergebnisse auf Plakaten festhalten) sowie Diskussionsformate ein.

Im Folgenden reflektieren wir für die Planungsaufgaben der Ziel-, Inhalts-, Methoden- und Medienentscheidungen, die für die Unterrichtsplanung zu treffen sind, was es jeweils bedeutet, wenn die Strategien *Unterstützung und Anerkennung* oder *Ernstnehmen und Berücksichtigen* verfolgt werden. Dazu richten wir an jede Planungsaufgabe zunächst die beiden Fragen a) „Wie kann man Friedemann unterstützen, damit er am Unterrichtsprozess teilnehmen und Unterrichtsziele erreichen kann?" (*Unterstützung und Anerkennung)* und b) „Wie kann ich den Unterricht so gestalten, dass Friedemann möglichst individuelle Beiträge einbringen kann?" (*Ernstnehmen und Berücksichtigen)*. Zudem zeigen wir auf, wie sich der Lehrer entschied und welche Folgen die Entscheidungen für den Unterrichtsverlauf hatten. Die dritte Strategie *Zulassen von Verweigerung und alternativen Wegen* wird separat am Ende des Abschnitts auf den Fall Friedemann bezogen.

6.2.4 Inklusion – Ziele und Inhalte des Politikunterrichts

Ziele und Inhalte stehen im geplanten Unterricht in einem engen Zusammenhang. Bei der Urteilsfindung über die Gestaltung der reformierten Demokratie der Inselrepublik befassen sich die Schüler*innen mit Prinzipien und Merkmalen von Demokratien.

Für die *Planung* eines inklusiven Unterrichts angesichts der Anwesenheit von Friedemann wäre Folgendes zu überlegen: a) Die Frage nach Handlungsmöglichkeiten im Sinne von *Unterstützen und Anerkennen* setzt voraus, dass man sowohl eine Charakterisierung des Anforderungsprofils in Sachen Ziele und Inhalte vornimmt als auch die spezifischen Schwierigkeiten Friedemanns im Blick hat. Die Anforderung der Ziel- und Inhaltsplanung besteht darin, die Einschätzungen der beiden Protagonist*innen in der Inselgeschichte mit den abstrakten Merkmalen und Prinzipien einer ‚gelenkten Demokratie' zu verknüpfen, um sodann ausgehend von einer Reform dieser Merkmale und Prinzipien auf ein verändertes bzw. verbessertes Leben der Protagonist*innen zu schließen. Angesichts der Charakterisierung von Friedemann durch Fischer ist davon auszugehen, dass Friedemann insbesondere bei dem Schritt von der Analyse der konkret-anschaulichen Inselszene mit personalisierten Protagonist*innen hin zu abstrakten

Merkmalen einer Demokratie Schwierigkeiten hat. Abstrakte, strukturelle Zusammenhänge sind für Friedemann schwer verständlich, bspw. Demokratie als formal-regelhaftes politisches System kollektiver Entscheidungsfindung (*polity*) zu begreifen, das Auswirkungen auf das Leben der Menschen hat. Angesichts dieser Analyse stellt sich nun für planende Politiklehrer*innen die Frage nach den Unterstützungsmöglichkeiten. In den Blick kommt damit etwa – bei Konstanthaltung des Unterrichtsziels – eine alternative Materialauswahl. Diese könnte auf die fiktive Geschichte mit einer Mischung aus abstrakten Beschreibungen des politischen Systems der Inselrepublik und den Einschätzungen der Protagonist*innen verzichten – bspw. zugunsten einer anschaulicheren, personalisierenden Beschreibung des Alltags (z.B. Karrieregrenzen, wenn man nicht auf Linie des autoritären Herrschers ist). Denkbar wären auch unterstützende Leitfragen, die es Friedemann ermöglichen, den Sinn und die Bedeutung der abstrakten Systemprinzipien für jeden einzelnen zu erschließen. So wären etwa Fragen denkbar, die bereits auf die abstrakten Prinzipien ausgerichtet sind (z.B. „Demokratie bedeutet, dass alle Bürger die Wahl haben, wer regieren soll. Überlege, ob Du in einem Land leben möchtest, in dem alle Bewerber*innen um das Regierungsamt die gleichen Chancen haben, oder in dem einer immer bessere Chancen hat, z.B. durch Zuteilung von mehr Werbezeit im Fernsehen." Oder: „Demokratie bedeutet, dass es Gerichte gibt, die entscheiden, ob jemand nach dem Gesetz gehandelt hat oder nicht. Überlege, ob Du in einem Land leben möchtest, in dem die Richter*innen nur dem Gesetz verpflichtet sind oder sie nach den Wünschen der politischen Führung handeln.").

Was passierte tatsächlich im Unterricht? Im Unterricht zeigte sich, dass Friedemann sehr große Schwierigkeiten bei der allgemeinen Zielerreichung hatte (Fischer 2020, 21 f.). Alternative Ziele, Materialien oder Hilfestellungen wurden nicht eingeplant. Nach den Schilderungen von Fischer lehnte Friedemann solche Extrabehandlungen auch ab und wollte mit demselben Material wie alle anderen arbeiten (ebd., 25, 42 f.). Diese Ablehnung lässt sich erhellen, wenn man die Nebenwirkungen einer Extrabehandlung berücksichtigt: Durch die unterstützenden Maßnahmen wird gerade keine Hinterfragung von Normalitätsvorstellungen geleistet (*Dekonstruktion*). Vielmehr würde Friedemann vor dem Publikum der Schulklasse als eine Person markiert, die den Normalitätsansprüchen nicht genügt und Hilfestellung braucht – was er ablehnt.

Eine weitere Planungsüberlegung besteht in der Frage: b) Könnte die planende Lehrkraft oder Friedemann im Sinne der Strategie *Ernstnehmen und Berücksichtigen* alternative Ziele setzen und inhaltliche Zugänge realisieren, die ein Lernen an einem gemeinsamen Gegenstand (Feuser 1989) ermöglichen, auch wenn dies von den Zielen und Inhalten der anderen Schüler*innen abweicht? In diesem Sinne ist es zunächst einmal denkbar, dass Friedemanns Bearbeitungen der Materialien und der Aufgaben gleichberechtigt in die Ergebnisdiskussionen einfließen können, dass also auch Räume geschaffen werden, seine Ideen zu diskutieren. Seine Zugänge zum Material sollen – ernst genommen und berücksichtigt – gleichberechtigt neben allen anderen stehen. Eine weitere Maßnahme wäre, eine Auswahlmöglichkeit von Materialien und Aufgaben zu schaffen, die gleichermaßen bedeutsam für den Unterricht sind und die arbeitsteilig erledigt werden, wobei auch Friedemann eine für das Gesamtvorhaben bedeutsame Aufgabe wählen kann. So könnten bspw. Arbeitsaufträge zur inhaltlichen Erschließung und zur Beurteilung des Inselszenarios zur Wahl gestellt werden. Beides wäre ein wichtiger Beitrag für die Arbeit am gemeinsamen Gegenstand (ebd.).

Was passierte tatsächlich im Unterricht? Fischer beschreibt Friedemann als einen Schüler, der voll in die Lerngruppe integriert ist und dessen Beiträge gehört und ernst genommen werden. Darüber hinaus konfrontierte der Lehrer die Schüler*innen mit einer Reihe von Aufgaben:

> „1. Wie sieht Lea das Leben in ihrem Land? Was und wen findet sie gut? 2. Was erfährt man von Lea über die politische Ordnung der ‚Demokratischen Inselrepublik'? Wie ist der Staat organisiert? 3. Was erfährt man von Karl über die politischen Verhältnisse auf der Insel? 4. Beurteile, ob es sich bei der ‚Demokratischen Inselrepublik' um eine Demokratie handelt. Entwickle dafür eine Definition von Demokratie (nach Merkmalen), die du als Maßstab anlegst" (Fischer 2020, 21).

Allerdings organisiert der Lehrer die Bearbeitung nicht arbeitsteilig, sondern arbeitsgleich, sodass alle Gruppen sämtliche der zitierten Aufgaben erledigen müssen. Auf diese Weise wird vereitelt, dass sich Friedemann durch die Wahl der ihm angemessenen Aufgabe und der Ergebnispräsentation als gleichberechtigter Teil bei der Bearbeitung des gemeinsamen Gegenstandes erleben kann. Seine Schwierigkeiten bei der Bearbeitung der Aufgabe 4 werden damit zentral gestellt, nicht seine Ergebnisse, die er zu den anderen Aufgaben durchaus stimmig erzielte (ebd., 21 f.). Doch auch bei einem solchen arbeitsteiligen Vorgehen, wie es vorgeschlagen wurde, werden Nebenfolgen sichtbar. Es gelänge eben nicht, Friedemann beim Verständnis der abstrakten Prinzipien einer Demokratie zu unterstützen (*Empowerment*). Er erhielte von vornherein keine Hilfestellungen, die es ihm ermöglichen würden, sein Denken im Hinblick auf das eigentliche Kernziel des Unterrichts zu entwickeln. Vielmehr wird er auf einen Teilaspekt der Gegenstandserschließung beschränkt, die zwar ein notwendiger Beitrag für das Unterrichtsvorhaben ist, aber eben nicht hinreichend für ein Verständnis von Demokratieprinzipien.

6.2.5 Inklusion – Methoden und Medien des Politikunterrichts

Bei der Frage nach den Unterrichtsmethoden geht es darum, mit welchem Vorgehen, mit welchen sachlogischen und interaktiven Schritten Unterrichtsgegenstände erschlossen und Unterrichtsziele erreicht werden können. Für die beiden Strategien a) *Unterstützen und Anerkennen* sowie b) *Ernstnehmen und Berücksichtigen* werden im Folgenden Makromethoden und Mesomethoden betrachtet.

Für die Strategie des a) *Unterstützens und Anerkennens* müsste überlegt werden, welche Methoden Friedemann eine Annäherung an die Ziele und Inhalte des Unterrichts ermöglichen. *Makromethoden* bezeichnen mitunter mehrere Unterrichtsstunden umfassende Prozesse, die sich um die Bearbeitung eines Themas organisieren (siehe Kap. 4.1.4). Für diesen Bereich wäre es aufgrund der beschriebenen Ausgangslagen von Friedemann, der gerade in längerfristigen und komplexeren Unterrichtsvorhaben immer wieder „motivierende und strukturierende Impulse" (ebd., 11) benötigt, angeraten, eher lehrgangsmäßigen Unterricht zu planen, der mit klaren und kleinschrittigen Zielvorgaben und Unterrichtsphasen arbeitet. Sinnstiftend werden für ihn eher die kurzfristigeren, mesomethodischen Strukturierungen des Unterrichts sein. Das Entschlüsseln von Texten, Herstellen von Plakaten oder Bearbeiten konkreter Aufgaben wird bei Friedemann eher Flow-Erlebnisse auslösen als die Logik einer komplexen Makromethode. Für den Bereich der *Mesomethoden* erscheinen für Friedemann aus der Förderperspektive in dieser Logik eher individualisierte *Sozialformen* passend, weil die Arbeitsgeschwindigkeit Friedemanns nicht mit der der anderen Schüler*innen harmoniert und auf diese Weise gezielte Hilfestellungen gegeben werden könnten. Hinsichtlich der *Handlungsmuster* ist zu reflektieren, wie man Friedemann bei der Texterschließung oder später bei einer Plakaterstellung helfen kann. Hier kommen unterstützende Techniken wie bspw. die Unterstützung durch weitere Wahrnehmungskanäle (Bilder, Rede, Video) sowie Scaffolding in den Blick. Beim Scaffolding werden bspw. zur Erledigung einer Aufgabe unterstützende Zwischenziele angegeben, deren Erreichung für weitere Ziele hilfreich ist (Studtmann/Jordan 2020).

Was passierte tatsächlich im Unterricht? Im Bereich der *Makromethoden* entschied sich Fischer – wie bereits geschildert – für einen genetischen Lehrgang, der seine Gesamtdynamik aus der fiktiven Eingangsszene einer ‚gelenkten Demokratie' und der Suche nach Alternativen gewinnt. Hier traten bei Friedemann in der Tat Schwierigkeiten dabei auf, den didaktischen Sinn des Vorgehens zu rekonstruieren (ebd., 24). Die Inselgeschichte kam Friedemann wie ein „Comic“ oder „Witz“ vor (ebd., 22). *Mesomethodisch* wurde der Unterricht im Rahmen von Kleingruppen vorangetrieben, war aber auch offen für individualisiertes Arbeiten, was Friedemann entgegenkam und von ihm in Anspruch genommen wurde. An kooperativen *Sozialformen* und *Handlungsmustern* beteiligte er sich nicht (z.B. Gruppenarbeit zur Aufgabenerledigung). Im Unterricht wurden u.a. durch unterschiedliche Präsentationsformen der fiktiven Szene, die mit unterstützenden Bildern visualisiert wurden, Hilfestellungen gegeben. Auch die Aufgaben zur Bearbeitung der fiktiven Szene orientierten sich an Prinzipien des Scaffolding (zuerst die Sichtweisen der Protagonisten wiedergeben, dann über die Merkmale von Demokratie nachdenken), wobei dieses Gerüst für Friedemann offenbar nicht funktionierte. Er hätte ein Scaffold (Gerüst) für die vierte Aufgabe (Merkmale einer Demokratie bestimmen) benötigt. Der Lehrer konnte aber, da Friedemann in einer Einzelarbeit arbeitete, individuelle Gespräche mit ihm führen und auf diese Weise versuchen, gezielte Impulse zu geben, die ihn bei der Entwicklung seines Verständnisses der Inselgeschichte und der Demokratieprinzipien helfen sollten.

Aus der Perspektive b) *Ernstnehmen und Berücksichtigen* wären *Makromethoden* zu prüfen, die sehr stark an das individuelle Problembewusstsein der Schüler*innen anknüpfen, so etwa bei der Projektmethode, bei der die Problembestimmung von den Schüler*innen (möglichst im Nahraum) selbst geleistet wird und der Unterricht um die Bearbeitung des Problems kreist. In solch einem Arrangement könnte Friedemann eigene Präferenzen einbringen. Es bleibt allerdings fraglich, inwiefern Unterricht, der auf die systematische Vermittlung demokratischer Prinzipien zulaufen soll, wie dies im Beispiel der Fall ist, im Projektformat geplant werden kann. Auf der Ebene der *Sozialformen* sind Plenumsvarianten in Kombination mit Mindmapping oder der Metaplantechnik denkbar, aber auch kooperative Verfahren, bspw. Gruppenarbeiten in Kombination mit dem Placemat-Verfahren. Auf diese Weise könnte den Ideen von Friedemann – bspw. durch eine Metaplankarte – Raum und Beachtung gegeben werden. Als *Handlungsmuster* könnten Methoden geeignet sein, die Friedemann genug Raum lassen, seine eigenen Ideen zu entwickeln und zu präsentieren und dann zur Diskussion zu stellen (z.B. Herstellung und Präsentation von Plakaten), aber auch die Positionslinie oder das Vier-Ecken-Spiel könnten genutzt werden. Unpassend scheinen Methoden, die Friedemann in eine kompetitive Situation bringen (z.B. Pro-Kontra-Streitgespräch über echte Demokratie).

Was passierte tatsächlich im Unterricht? Wenngleich Fischer als *Makromethode* keinen Projektunterricht realisierte und durch die Arbeitsaufträge 1 bis 4 der Unterrichtsverlauf klar strukturiert und gelenkt erscheint, wich Friedemann von den Relevanzsetzungen der Lehrkraft, die er nicht rekonstruieren konnte, ab und stellte sich eigenen Fragen, die er durch das Material aufgeworfen sah (ebd., 22). So interessierte er sich für die Abwendung von Sicherheitsgefahren (durch vorgebliche Terrorist*innen, die in der Inselgeschichte von der autoritären Führung vorgeschoben wurden, um autoritäre Maßnahmen der Gefahrenabwehr zu rechtfertigen) – und damit für das Spannungsverhältnis von Sicherheit und Freiheit. An dieser Stelle hätte es sich angeboten, die Frage im Plenum zu diskutieren oder vielleicht als zusätzliche Aufgabe für alle zu formulieren („Ab wann sollte ein*e Systemkritiker*in im Sicherheitsinteresse des Staates als Terrorist*in verfolgt werden können?") und so die Fragehaltung Friedemanns zu würdigen – auch wenn sie nicht unmittelbar auf die ursprünglich geplanten Arbeitsaufträge einzahlte (ebd., 33). Auf der Ebene der *Mesomethoden* setzte der Lehrer – wie bereits erwähnt – v.a. *Gruppenarbeiten* ein, die durchaus zur Berücksichtigung unterschiedlicher Perspektiven der Schüler*innen geeignet sind, denen sich Friedemann allerdings entzog. Er arbeitete lieber allein. Auch an interaktiven *Handlungsmustern* wie Diskussionen, durch die seine Sichtweisen eingebracht worden wären, beteiligte er sich nicht. Insgesamt ergreift er damit gerade nicht die Möglichkeit, Teil einer normalen Vielfalt bzw. vielfältigen Normalität zu sein. Man kann diese Zurückhaltung auf der mesomethodischen Ebene auch als ein Hinweis darauf verstehen, dass gut gemeinte Inszenierungen der Vielfalt nicht verhindern, dass sich Schüler*innen wie Friedemann doch defizitär wahrnehmen – und solchen Vielfaltssituationen dann doch lieber aus dem Weg gehen. Insbesondere hier im methodischen Bereich lässt sich grundsätzlich erkennen, dass die Logiken *Unterstützen und Anerkennen* und *Ernstnehmen und Berücksichtigen* kollidieren. Während die Hilfelogik eher auf adaptiv-individualisiertes Lernen setzt und damit auf Normalitätshinterfragungen verzichtet (*Dekonstruktion*), legt die Vielfalt-ist-normal-Logik kooperatives und interaktives Arbeiten nahe und vernachlässigt adaptiv-individualisierte Hilfestellungen (*Empowerment*).

6.2.6 Exit-Option als Inklusion

Beim inklusiven Unterricht sind also immer die beiden Fragen nach den *Unterstützungs- und Hilfsangeboten* sowie nach der *Ermöglichung individueller Einbringung* zu stellen und mitunter gegeneinander abzuwägen. Die dritte Leitfrage, die im Planungsprozess für inklusiven Unterricht zu berücksichtigen ist und bislang vernachlässigt wurde, lautet: „In welchen Phasen des Unterrichts sollte ich Rückzugsräume und Exit-Optionen ermöglichen?“ Die Aufgabe besteht hierbei darin, ein mögliches Unbehagen Friedemanns mit den unterrichtlichen Abläufen zu antizipieren oder wahrzunehmen und sich darauf gefasst zu machen, dass er in diesen Situationen eigene Wege gehen möchte. Der Unterricht von Fischer verdeutlicht anschaulich, wie sich Friedemann immer wieder solche Exit-Optionen nimmt, mitunter aber auch darauf besteht, am normalen Unterricht teilzunehmen. So zieht sich Friedemann vom geplanten Streitgespräch, einem kompetitiven Unterrichtsszenario, zurück, besteht aber darauf, dasselbe, nicht entlastete Material wie alle anderen Schüler*innen zu bearbeiten (Fischer 2020, 43). Hier zeigt sich, dass inklusiver Unterricht mitunter auch den Schüler*innen die Entscheidung lassen muss, was für sie angemessen erscheint und was nicht (Jahr 2019, 29).

Quellen und Literatur

Achour, Sabine (2020): Inklusion. In: Achour, Sabine/Busch, Matthias/Massing, Peter/Meyer-Heidemann, Christian (Hg.): Wörterbuch Politikunterricht. Frankfurt/M., 118–120.

Achour, Sabine (2021): Gesellschaftliche Diversität: Herausforderungen und Ansätze. In: Sander, Wolfgang/Pohl, Kerstin Pohl (Hg.): Handbuch politische Bildung. 5., vollst. überarb. Aufl. Frankfurt/M., 365–373.

Achour, Sabine/Gill, Thomas (Hg.) (2017): Was politische Bildung alles sein kann. Einführung in die politische Bildung. Schwalbach/Ts.

Achour, Sabine/Wagner, Susanne (2019): Wer hat, dem wird gegeben: Politische Bildung an Schulen. Online: https://www.fes.de/themenportal-bildung-arbeit-digitalisierung/artikelseite/wer-hat-dem-wird-gegeben-politische-bildung-an-schulen

Achour, Sabine u.a. (Hg.) (2020): Methodentraining für den Politikunterricht. Frankfurt/M.

Ackermann, Paul u.a. (1994): Politikdidaktik kurzgefasst. Planungsfragen für den Politikunterricht. Bonn.

Adorno, Theodor W. (1971): Erziehung nach Auschwitz. In: Ders.: Erziehung zur Mündigkeit – Vorträge und Gespräche mit Hellmut Becker 1959 bis 1969. Frankfurt/M., 92–109.

Albert, Mathias/Hurrelmann, Klaus/Quenzel, Gudrun/Schneekloth, Ulrich/Leven, Ingo/Utzmann, Hilde/Wolfert, Sabine (2019): Jugend 2019. 18. Shell Jugendstudie. Eine Generation meldet sich zu Wort. Weinheim.

Allenspach, Dominik (2013): Professionsverständnisse Deutschschweizer Lehrpersonen in der politischen Bildung. In: Hufer, Klaus-Peter/Richter, Dagmar (Hg.): Politische Bildung als Profession. Verständnisse und Forschungen. Perspektiven politischer Bildung. Bonn, 217–228.

Almond, Gabriel A./Verba, Sidney (1965): The Civic Culture. Political Attitudes and Democracy in Five Nations. Boston.

Andersen, Uwe (1999): Wirtschaftswissenschaft. In: Mickel, Wolfgang (Hg.): Handbuch zur politischen Bildung. Bonn, 582–588.

Anderson, Christopher u.a. (1997): Divergent Perspectives on Citizenship Education: A Q-Method Study and Survey of Social Studies Teachers. In: American Educational Research Journal, 34(2), 333–364.

APuZ (Aus Politik und Zeitgeschichte) (32–33/2013): Emotionen und Politik.

Arzheimer, Kai (2002): Politikverdrossenheit. Bedeutung, Verwendung und empirische Relevanz eines politikwissenschaftlichen Begriffs. Wiesbaden.

Ausubel, David P. (1971): Das Jugendalter. Fakten, Probleme, Theorie. 3. Aufl. München.

Autorengruppe Fachdidaktik (2011): Konzepte der politischen Bildung. Eine Streitschrift. Bonn.

Autorengruppe Sozioökonomische Bildung (2019): Was ist gute ökonomische Bildung? Leitfaden für den sozioökonomischen Unterricht. Frankfurt/M.

Baecker, Dirk (2018): 4.0 oder Die Lücke, die der Rechner lässt. Leipzig.

Baumert, Jürgen/Kunter, Mareike (2006): Stichwort: Professionelle Kompetenz von Lehrkräften. In: ZfE, 9(4), 469–520. DOI: 10.1007/s11618-006-0165-2.

Baumert, Jürgen u.a. (Hg.) (2001): PISA 2000. Basiskompetenzen von Schülerinnen und Schülern im internationalen Vergleich. Opladen.

BBG (Bundesbeamtengesetz). Online: https://www.gesetze-im-internet.de/bbg_2009/index.html#BJNR016010009BJNE006101311

BeamtStG (Gesetz zur Regelung des Statusrechts der Beamtinnen und Beamten in den Ländern). Online: https://www.gesetze-im-internet.de/beamtstg/index.html#BJNR101000008BJNE003500000

Beauftragte der Bundesregierung für die Belange von Menschen mit Behinderungen (Hg.) (2017): Die UN-Behindertenrechtskonvention. Übereinkommen über die Rechte von Menschen mit Behinderungen. Online: https://www.institut-fuer-menschenrechte.de/fileadmin/Redaktion/PDF/DB_Menschenrechtsschutz/CRPD/CRPD_Konvention_und_Fakultativprotokoll.pdf

Becker, Egon/Herkommer, Sebastian/Bergmann, Joachim (1970): Erziehung zur Anpassung? Eine soziologische Untersuchung der politischen Bildung in den Schulen. 3. Aufl. Schwalbach/Ts.

Behrens, Rico (2014): Solange die sich im Klassenzimmer anständig benehmen. Schwalbach/Ts.

Behrmann, Günter C./Grammes, Tilman/Reinhardt, Sibylle (2004): Politik: Kerncurriculum Sozialwissenschaften in der gymnasialen Oberstufe. In: Tenorth, Heinz-Elmar (Hg.): Kerncurriculum Oberstufe II. Biologie, Chemie, Physik, Geschichte, Politik. Expertisen – im Auftrag der KMK. Weinheim/Basel, 322–406.

Berg-Schlosser, Dirk u. a. (1977): Einführung in die Politikwissenschaft, 2., neubearb. Aufl. München.

Bergmann, Klaus (1999): Zeitgeschichte. In: Mickel, Wolfgang (Hg.): Handbuch zur politischen Bildung. Bonn, 624–629.

Besand, Anja (2006): Wir sagen nicht mehr, wo die Bösen sitzen. Oder die Frage: Was will die neue Generation von Fachlehrerinnen und Fachlehrern in der politischen Bildung eigentlich? In: Politisches Lernen, (3–4), 76–81.

Besand, Anja (2007): Sozialwissenschaftliche Bildung im Schnellkochtopf. Oder: Wie positioniert sich die sozialwissenschaftliche Bildung in der bildungspolitischen Reformdiskussion? In: Schattschneider, Jessica (Hg.): Domänenspezifische Diagnostik. Wissenschaftliche Beiträge für die politische Bildung. Schwalbach/Ts., 8–20.

Besand, Anja (2009): 12 Jahre Berufserfahrung – die besondere Situation des Lehramtsstudiums als Herausforderung für die didaktische Ausbildung. In: JSSE, 8(2), 46–56.

Besand, Anja (2014): Mit digitalen Medien lernen: Lernprodukte und Lernumgebungen. In: Sander, Wolfgang (Hg.): Handbuch politische Bildung. 4., völlig überarb. Aufl. Schwalbach/Ts., 474–483.

Besand, Anja (2022): Politik lehren lernen. Was Lehramtsstudierende in politikwissenschaftlichen Lehrveranstaltungen lernen und warum das wichtig ist. In: Bieling, Hans-Jürgen u. a. (Hg.): Politikwissenschaft trifft Politikdidaktik. Stand und Perspektiven der politikwissenschaftlichen Lehrerbildung. Wiesbaden, 111–126.

Besand, Anja/Jugel, David (2015a): Inklusion und politische Bildung – gemeinsam denken! In: Dönges, Christoph/Hilpert, Wolfram/Zurstrassen, Bettina (Hg.): Didaktik der inklusiven politischen Bildung. Bonn, 45–59.

Besand, Anja/Jugel, David (2015b): Zielgruppenspezifische politische Bildung jenseits tradierter Differenzlinien. In: Dönges, Christoph/Hilpert, Wolfram/Zurstrassen, Bettina (Hg.): Didaktik der inklusiven politischen Bildung. Bonn, 99–109.

Besand, Anja/Sander, Wolfgang (Hg.) (2010): Handbuch Medien in der politischen Bildung. Schwalbach/Ts.

Besand, Anja/Overwien, Bernd/Zorn, Peter (Hg.) (2019): Politische Bildung mit Gefühl. Bonn.

Besier, Gerhard (1999): Theologie. In: Mickel, Wolfgang (Hg.): Handbuch zur politischen Bildung. Bonn, 605–610.

Beutel, Wolfgang/Fauser, Peter (Hg.) (2001): Erfahrene Demokratie. Wie Politik praktisch gelernt werden kann. Pädagogische Analysen, Berichte und Anstöße aus dem Förderprogramm Demokratisch Handeln. Opladen.

Bieber, Götz (2016): Querschnittsaufgaben in aktuellen deutschen Lehrplänen. In: Die Deutsche Schule, 108(2), 278–286.

Biskupek, Sigrid (2002): Transformationsprozesse in der politischen Bildung. Von der Staatsbürgerkunde in der DDR zum Politikunterricht in den neuen Ländern. Schwalbach/Ts.

Blankertz, Herwig (1973): Theorien und Modelle der Didaktik. 7. Aufl. München.

Blankertz, Herwig (1982): Die Geschichte der Pädagogik. Von der Aufklärung bis zur Gegenwart. Wetzlar.

Bleek, Wilhelm (2001): Geschichte der Politikwissenschaft in Deutschland. München.

Boger, Mai-Anh (2017): Theorien der Inklusion – eine Übersicht. In: Zeitschrift für Inklusion, (1). Online: https://www.inklusion-online.net/index.php/inklusion-online/article/view/413

Böckenförde, Ernst Wolfgang (1991): Die Entstehung des Staates als Vorgang der Säkularisation. In: Ders.: Recht, Staat, Freiheit. Studien zur Rechtsphilosophie, Staatstheorie und Verfassungsgeschichte. Frankfurt/M., 92–114.

Böhret, Carl/Jann, Werner/Kronenwett, Eva (1988): Innenpolitik und politische Theorie. Ein Studienbuch. 3., neubearb. und erw. Aufl. Opladen.

Bommes, Michael u.a. (1996): Sozialwissenschaften und Lehramt: Der Umgang mit sozialwissenschaftlichen Theorieangeboten in der Lehrerausbildung. Opladen.

Breit, Gotthard (2016): Mit Leidenschaft und Augenmaß zugleich. Zum Spannungsverhältnis von Rationalität und Emotionalität im Politikunterricht. Schwalbach/Ts.

Breit, Gotthard/Schiele, Siegfried (Hg.) (2002): Demokratie-Lernen als Aufgabe der politischen Bildung. Bonn.

Breit, Gotthard/Schiele, Siegfried (Hg.) (2004): Demokratie braucht politische Bildung. Bonn.

Breit, Gotthard/Weißeno, Georg (2012): Planung des Politikunterrichts. Eine Einführung. 4. Aufl. Schwalbach/Ts.

Bromme, Rainer u.a. (2006): Lehrende in Schulen. In: Krapp, Andreas/Weidenmann, Bernd (Hg.): Pädagogische Psychologie. 5. vollst. überarb. Aufl. Weinheim/Basel, 296–334.

Brügelmann, Hans (2015): Vermessene Schulen – standardisierte Schüler. Zu Risiken und Nebenwirkungen von PISA, Hattie, VerA & Co. Weinheim/Basel.

Brüggen, Niels (2019): Bildung der Jugend für den digitalen Wandel. Kompetenzanforderungen, Ressourcen, Potentiale. In: APuZ, (27–28), 30–35. Online: https://www.bpb.de/system/files/dokument_pdf/APuZ_2019-27-28_online_0.pdf

Brunkhorst, Hauke (2012): Legitimationskrisen. Verfassungsprobleme der Weltgesellschaft. Baden-Baden.

Burow, Olaf-Axel (2019): Wie die digitale Revolution uns und die Schule verändert. Sieben revolutionäre Herausforderungen und ihre Bewältigung. In: Ders. (Hg.): Schule digital – wie geht das? Wie die digitale Revolution uns und die Schule verändert. Weinheim, 12–60.

Busch, Matthias (2020): Didaktische Prinzipien. In: Achour, Sabine/Busch, Matthias/Massing, Peter/Meyer-Heidemann, Christian (Hg.): Wörterbuch Politikunterricht. Frankfurt/M., 54–55.

Busch, Matthias/Grammes, Tilman (2018): Wenn das Fach sein Gedächtnis (wieder-)entdeckt … Warum eine Auseinandersetzung mit der Geschichte der politischen Bildung lohnt. In: POLIS, (2), 7–11. Online: https://www.ew.uni-hamburg.de/ueber-die-fakultaet/personen/grammes/files/werksverzeichnis/polis-18-fb1-final.pdf

Butterwegge, Christoph (2020): Die zerrissene Republik. Wirtschaftliche, soziale und politische Ungleichheiten in Deutschland. Weinheim.

BVerfG (Bundesverfassungsgericht) (2018): Chancengleichheit von Parteien, Urteil vom 27. Februar 2018, 2 BvE 1/16.

Cramer, Colin/König, Johann/Rothland, Martin/Blömeke, Sigrid (Hg.) (2020): Handbuch Lehrerinnen- und Lehrerbildung. Bad Heilbrunn. Online: https://www.researchgate.net/publication/344554933_Handbuch_Lehrerinnen-_und_Lehrerbildung

Damasio, Antonio R. (2000): Ich fühle, also bin ich. Die Entschlüsselung des Bewusstseins. Berlin.

Damasio, Antonio R. (2004): Descartes' Irrtum. Fühlen, Denken und das menschliche Gehirn. Berlin.

Das Wörterbuch der Staatssicherheit. Definitionen zur „politisch-operativen Arbeit" (1996). Berlin.

DDR (1959): Gesetz über die sozialistische Entwicklung des Schulwesens in der Deutschen Demokratischen Republik – vom 02. Dezember 1959. In: GBl. I/1959, Nr. 67, 859–863.

DDR (1965): Gesetz über das einheitliche sozialistische Bildungssystem – vom 25. Februar 1965. In: GBl. I/1965, Nr. 6, 83–106.

Decker, Frank (2016): Demokratie ohne Wähler, Politik ohne Bürger. Neue Herausforderungen für die Politikwissenschaft. In: Gallus, Alexander (Hg.): Politikwissenschaftliche Passagen. Deutsche Streifzüge zur Erkundung eines Faches. Baden-Baden, 109–128.

Deichmann, Carl (1981): Das Konzept der politisch/sozialen Realität als didaktisches Problem der politischen Bildung. Augsburg.

Deichmann, Carl (2004): Lehrbuch Politikdidaktik. München u.a.

Deichmann, Carl (2009): Hermeneutische Politikdidaktik und qualitative Unterrichtsforschung. In: Oberreuter, Heinrich (Hg.): Standortbestimmung Politische Bildung. Schwalbach/Ts., 175–194.

Deichmann, Carl/Tischner, Christian K. (Hg.) (2013a): Handbuch Dimensionen und Ansätze in der politischen Bildung. Schwalbach/Ts.

Deichmann, Carl/Tischner, Christian K. (2013b): Zur Einführung. In: Dies. (Hg.): Handbuch Dimensionen und Ansätze in der politischen Bildung. Schwalbach/Ts., 7–15.

Deichmann, Carl/Tischner, Christian K. (Hg.) (2014): Handbuch Fächerübergreifender Unterricht in der politischen Bildung. Schwalbach/Ts.

Deimel, Daniel/Hahn-Laudenberg, Katrin (2017): Gesellschaftliche Partizipationsbereitschaft. In: Abs, Hermann Josef/Hahn-Laudenberg, Katrin (Hg.): Das politische Mindset von 14-Jährigen. Ergebnisse der International Civic and Citizenship Education Study 2016. Münster/New York, 205–232.

Deitelhoff, Nicole/Groh-Samberg, Olaf/Middell, Matthias (Hg.) (2020): Gesellschaftlicher Zusammenhalt. Ein interdisziplinärer Dialog. Frankfurt/M./New York.

Detjen, Joachim (2011): Interpretation und Kommentar. In: May, Michael/Schattschneider, Jessica (Hg.): Klassiker der Politikdidaktik neu gelesen. Originale und Kommentare. Schwalbach/Ts., 152–166.

Detjen, Joachim (2013a): Politische Bildung. Geschichte und Gegenwart in Deutschland. 2., akt. und erw. Aufl. Berlin/Boston.

Detjen, Joachim (2013b): Politikkompetenz – Urteilsfähigkeit. Schwalbach/Ts.

Detjen, Joachim (2015): Bildungsaufgabe und Schulfach. Online: https://www.bpb.de/gesellschaft/bildung/politische-bildung/193595/bildungsaufgabe-und-schulfach?p=all

Detjen, Joachim (2016): Politische Erziehung als Wissenschaftsaufgabe. Das Verhältnis der Gründergeneration der deutschen Politikwissenschaft zur politischen Bildung. Baden-Baden.

Detjen, Joachim u. a. (2012): Politikkompetenz. Ein Modell. Wiesbaden.

Dewey, John [1916] (2011): Demokratie und Erziehung. Eine Einleitung in die philosophische Pädagogik. 5. Aufl. Weinheim.

Dewey, John [1909] (2002): Wie wir denken. Zürich.

Distelmeyer, Jan (2021): Kritik der Digitalität. Wiesbaden.

Döring, Sabine (Hg.) (2009): Philosophie der Gefühle. Frankfurt/M.

Dönges, Christoph/Hilpert, Wolfram/Zurstrassen, Bettina (Hg.) (2015): Didaktik der inklusiven politischen Bildung. Bonn.

Drerup, Johannes (2021): Kontroverse Themen im Unterricht. Konstruktiv streiten lernen. Stuttgart.

Drerup, Johannes/Yacek, Douglas (2020): Wir können, müssen aber nicht über alles kontrovers diskutieren. Über Grenzen des politischen Streits und die Kontroverse über Kontroversitätsgebote. In: Journal für politische Bildung, 10(4), 18–23.

Dürr, Karlheinz (2003): Die Projekte zur berufsbegleitenden Qualifizierung von Politiklehrern in den neuen Bundesländern (1991–1999). In: Wallraven, Klaus Peter (Hg.): Handbuch politische Bildung in den neuen Bundesländern. Schwalbach/Ts., 64–73.

Dust, Martin/Mierendorff, Johanna (Red.) (2010): Der vermessene Mensch. Ein kritischer Blick auf Messbarkeit, Normierung und Standardisierung. Frankfurt/M. u. a.

Easton, David/Dennis, Jack (1969): Children in the Political System. Origins of Political Legitimacy. New York u. a.

Edelmann, Walter/Wittmann, Simone (2019): Lernpsychologie. Mit Online-Material. 8., vollst. überarb. Aufl. Weinheim/Basel.

Edelstein, Wolfgang/Fauser, Peter (2001): Demokratie lernen und leben. Gutachten für ein Modellversuchsprogramm. BLK.

Eis, Andreas (2020): Citizenship. In: Achour, Sabine/Busch, Matthias/Massing, Peter/Meyer-Heidemann, Christian (Hg.): Wörterbuch Politikunterricht. Frankfurt/M., 46–48.

Ellwein, Thomas (1955): Pflegt die deutsche Schule Bürgerbewußtsein? Ein Bericht über die staatsbürgerliche Erziehung in den höheren Schulen der Bundesrepublik. München.

Engartner, Tim (2016): „Da mit der zunehmenden Verlagerung politischer Verantwortlichkeiten auf die europäische und globale Ebene eine schleichende ‚Entdemokratisierung' stattfindet, muss das Interesse an Demokratie (wieder)belebt werden." In: Pohl, Kerstin (Hg.): Positionen der politischen Bildung. Bd. 2. Interviews zur Politikdidaktik. Schwalbach/Ts., 496–513.

Engartner, Tim (2020): Politisch-ökonomisches Lernen. In: Achour, Sabine/Busch, Matthias/Massing, Peter/Meyer-Heidemann, Christian (Hg.): Wörterbuch Politikunterricht. Frankfurt/M., 189–191.

Engartner, Tim/Fridrich, Chris/Graupe, Silja/Hedtke, Reinhold/Tafner, Georg (Hg.) (2018): Sozioökonomische Bildung und Wissenschaft. Entwicklungslinien und Perspektiven. Wiesbaden.

Engartner, Tim/Hedtke, Reinhold/Zurstrassen, Bettina (2021): Sozialwissenschaftliche Bildung. Politik – Wirtschaft – Gesellschaft. Paderborn.

Engelhardt, Rudolf (1968): Urteilsbildung im politischen Unterricht. Einübung kontroversen Denkens als Aufgabe politischer Bildung. Essen.

Fereidooni, Karim (2016): Diskriminierungs- und Rassismuserfahrungen im Schulwesen. Eine Studie zu Ungleichheitspraktiken im Berufskontext. Wiesbaden.

Feuser, Georg (1989): Allgemeine integrative Pädagogik und entwicklungslogische Didaktik. In: Behindertenpädagogik, 28(1), 4–48.

Fischer, Christian (2018): Wirtschaftsordnungen verstehen und beurteilen – mit der Planspielmethode. Grundlagen, Unterrichtskonzeption und Lernwege als Beitrag zur Politikdidaktik. Leverkusen-Opladen.

Fischer, Christian (2020): Inklusion im Politikunterricht. Ein fallbezogener Denkanstoß. Frankfurt/M.

Fischer, Kurt Gerhard (1970): Einführung in die politische Bildung. Ein Studienbuch über den Diskussions- und Problemstand der politischen Bildung in der Gegenwart. Stuttgart.

Fischer, Kurt Gerhard (2011): Einführung in die Politische Bildung. In: May, Michael/Schattschneider, Jessica (Hg.): Klassiker der Politikdidaktik neu gelesen. Originale und Kommentare. Schwalbach/Ts., 66–75.

Fischer, Sebastian (2013): Denkweisen des Rechtsextremismus – eine didaktisch motivierte Untersuchung der Vorstellungen von Schülern über Rechtsextremismus. Schwalbach/Ts.

Fischer, Andreas/Zurstrassen, Bettina (Hg.) (2014): Sozioökonomische Bildung. Bonn.

Fischer, Sebastian/Lange, Dirk (2022): Qualitative empirische Forschung zur politischen Bildung. In: Sander, Wolfgang/Pohl, Kerstin (Hg.): Handbuch politische Bildung. Frankfurt/M., 99–109.

Fraser, Nancy (2019): Die Krise der Demokratie. Über politische Widersprüche des Finanzmarktkapitalismus jenseits des Politizismus. In: Ketterer, Hanna/Becker, Karina (Hg.): Was stimmt nicht mit der Demokratie? Eine Debatte mit Klaus Dörre, Nancy Fraser, Stephan Lessenich und Hartmut Rosa. Berlin, 77–99.

Frech, Siegfried/Richter, Dagmar (Hg.) (2019): Emotionen im Politikunterricht. Frankfurt/M.

Frech, Siegfried/Massing, Peter (2020): Politik/Politikbegriffe. In: Achour, Sabine/Busch, Matthias/Massing, Peter/Meyer-Heidemann, Christian (Hg.): Wörterbuch Politikunterricht. Frankfurt/M., 161–164.

Fries, Norbert (2000): Sprache und Emotionen. Ausführungen zum besseren Verständnis, Anregungen zum Nachdenken. Bergisch Gladbach.

Frindte, Wolfgang/Neumann, Jörg (1999): Ausgangslagen und Entwicklungen rechtsextremer Einstellungen und Wahlpräferenzen bei jungen Menschen. Abschlussbericht. Teil B: Motiv- und Entwicklungslagen von Jugendlichen mit rechtsextremen Orientierungen – Ein Regionenvergleich zwischen der Stadt Altenburg und dem Landkreis Sömmerda. Jena.

Fuchs, Dieter (2002): Das Konzept der politischen Kultur: Die Fortsetzung einer Kontroverse in konstruktiver Absicht. In: Ders. u. a. (Hg.): Bürger und Demokratie in Ost und West. Studien zur politischen Kultur und zum politischen Prozess. Wiesbaden, 27–49.

Furth, Hans G. (1982): Das Gesellschaftsverständnis des Kindes und der Äquilibrationsprozess. In: Edelstein, Wolfgang/Keller, Monika (Hg.): Perspektivität und Interpretation. Beiträge zur Entwicklung des sozialen Verstehens. Frankfurt/M., 188–215.

Gagel, Wolfgang (1994): Geschichte der politischen Bildung in der Bundesrepublik Deutschland 1945–1989. Zwölf Lektionen. Opladen.

Gagel, Walter (2000): Einführung in die Didaktik des politischen Unterrichts. Ein Studienbuch. 2., völlig überarb. Aufl. Opladen.

Gagel, Walter (2005): Geschichte der politischen Bildung in der Bundesrepublik Deutschland 1945–1989/90. 3., überarb. und erw. Aufl. Wiesbaden.

Gaiser, Wolfgang/Gille, Martina (2015): Früh übt sich: Startbedingungen für lebenslange Partizipation. In: Harles, Lothar/Lange, Dirk (Hg.): Zeitalter der Partizipation. Paradigmenwechsel in Politik und politischer Bildung? Schwalbach/Ts., 95–115.

Geissler, Gert (1994): Schulreform zwischen Diktaturen? Pädagogik und Politik in der frühen Sowjetischen Besatzungszone Deutschlands. In: Benner, Dietrich/Lenzen, Dieter (Hg.): Bildung und Erziehung in Europa. Beiträge zum 14. Kongreß der Deutschen Gesellschaft für Erziehungswissenschaft vom 14.–16. März 1994 in der Universität Dortmund. Weinheim, 49–63. Online: https://www.pedocs.de/volltexte/2015/10162/pdf/Geissler_1994_Schulreform_zwischen_Diktaturen.pdf

Gessner, Susann (2021): Bildungspotenziale politischer Bildung im Kontext gesellschaftlicher Erwartungen. In: Deichmann, Carl/Partetzke, Marc (Hg.): Demokratie im Stresstest. Reaktionen von Politikdidaktik und politischer Bildung. Wiesbaden, 71-85.

GFD (Gesellschaft für Fachdidaktik) (2004): Kerncurriculum Fachdidaktik. Orientierungsrahmen für alle Fachdidaktiken. Online: https://www.fachdidaktik.org/cms/download.php?cat=Ver%C3%B6ffentlichungen&file=Publikationen_zur_Lehrerbildung-Anlage_3.pdf

Giesecke, Hermann (1970): Didaktik der politischen Bildung. 5. Aufl. München.

Giesecke, Hermann (1971): Didaktische Probleme des Lernens im Rahmen von politischen Aktionen. In: Ders. u.a.: Politische Aktion und politisches Lernen. 2. Aufl. München, 11–45.

Giesecke, Hermann (1976): Didaktik der politischen Bildung. 10. Aufl. München. Online: http://www.hermann-giesecke.de/76pd.pdf

Giesecke, Hermann (1996): Die Normalisierung der politischen Bildung. In: Weidinger, Dorothea (Hg.): Politische Bildung in der Bundesrepublik. Zum 30jährigen Bestehen der Deutschen Vereinigung für Politische Bildung. Opladen, 106–111.

Giesecke, Hermann (2011): Didaktik der politischen Bildung. In: May, Michael/Schattschneider, Jessica (Hg.): Klassiker der Politikdidaktik neu gelesen. Originale und Kommentare. Schwalbach/Ts., 91–100.

Gökbudak, Mahir/Hedtke, Reinhold (2019): Ranking Politische Bildung 2018. Politische Bildung an allgemeinbildenden Schulen der Sekundarstufe I im Bundesländervergleich. Online: https://pub.uni-bielefeld.de/record/2934293

Goll, Thomas (2005): „Sehen – Beurteilen – Handeln" – ein aktuelles Unterrichtsdesign. In: Weißeno, Georg (Hg.): Politik besser verstehen. Neue Wege der politischen Bildung. Wiesbaden, 180–194.

Göhlich, Michael/Zirfas, Jörg (2013): Lernen. Ein pädagogischer Grundbegriff. Stuttgart.

Görtler, Michael/Lotz, Mathias/Partetzke, Marc/Poma Poma, Sara/Winckler, Marie (Hg.) (2017): Kritische politische Bildung: Standpunkte und Perspektiven. Schwalbach/Ts.

Gloe, Markus/Puhl, Sebastian (2019): Digitalisierung und (neue) Partizipation(en). Herausforderungen für die politische Bildung. In: Barsch, Sebastian/Meyer-Heidemann, Christian/Lutter, Andreas (Hg.): Fake und Filter. Historisches und politisches Lernen in Zeiten der Digitalität. Frankfurt/M., 35–49.

GPJE (Gesellschaft für Politikdidaktik und politische Jugend- und Erwachsenenbildung) (Hg.) (2004): Anforderungen an Nationale Bildungsstandards für den Fachunterricht in der Politischen Bildung an Schulen. Ein Entwurf. Schwalbach/Ts.

Grammes, Tilman (1993): Vorüberlegung zu Planungsdidaktiken von Lehrern. Die Trägerfunktion des Materials bei der Konstruktion von Wirklichkeit im Unterricht. In: Ders./Weißeno, Georg (Hg.): Sozialkundestunden. Politikdidaktische Auswertung von Unterrichtsprotokollen. Opladen, 121–142.

Grammes, Tilman (1998): Kommunikative Fachdidaktik. Politik – Geschichte – Recht – Wirtschaft. Opladen.

Grammes, Tilman (2011): Interpretation und Kommentar. In: May, Michael/Schattschneider, Jessica (Hg.): Klassiker der Politikdidaktik neu gelesen. Originale und Kommentare. Schwalbach/Ts., 49–65.

Grammes, Tilman (2012): Werkbuch I. Einführung in fachdidaktisches Denken – am Beispiel sozialwissenschaftlicher Fächer und Demokratiepädagogik. Hamburger Studientexte Didaktik Sozialwissenschaften. Bd. 3. Hamburg. Online: https://www.ew.uni-hamburg.de/ueber-die-fakultaet/personen/grammes/files/skript-tg.pdf

Grammes, Tilman (2014): Wolfgang Feige. In: Sander, Wolfgang (Hg.): Politische Bildung in Deutschland – Profile, Personen, Institutionen. Bonn, 223–225.

Grammes, Tilman (2015): Was wissen wir über das professionelle Planungsdenken von Politiklehrerinnen und Politiklehrern? In: Frech, Siegfried/Richter, Dagmar (Hg.): Politikunterricht professionell planen, Schwalbach/Ts., 207–226.

Grammes, Tilman (2020): Kritik. In: Achour, Sabine/Busch, Matthias/Massing, Peter/Meyer-Heidemann, Christian (Hg.): Wörterbuch Politikunterricht. Frankfurt/M., 134–137.

Grammes, Tilman/Schluß, Henning/Vogler, Hans-Joachim (2006): Staatsbürgerkunde in der DDR. Ein Dokumentenband. Wiesbaden.

Grammes, Tilman/Torrau, Sören (2021): Bürgerschaft/Citizenship global? Anregungen, Bürgermodelle mit sprachlichen Bildern zu unterrichten. In: GWP, 70(3), 440–451.

Greco, Sara Alfia/Lange, Dirk (2017) (Hg.): Emanzipation. Zum Konzept der Mündigkeit in der Politischen Bildung. Schwalbach/Ts.

Gronostay, Dorothee (2019): Argumentative Lehr-Lern-Prozesse im Politikunterricht. Eine Videostudie. Wiesbaden.

Grosser, Dieter u.a. (Hg.) (1976): Politische Bildung. Grundlagen und Zielprojektionen für den Unterricht an Schulen. Stuttgart.

Gruschka, Andreas (2007): Bildungsstandards oder das Versprechen, Bildungstheorie in empirischer Bildungsforschung aufzuheben. In: Pongratz, Ludwig A./Reichenbach, Roland/Wimmer, Michael (Hg.): Bildung – Wissen – Kompetenz. Bielefeld, 9–29.

Gudjons, Herbert (1995): Pädagogisches Grundwissen. Überblick – Kompendium – Studienbuch. 4., überarb. und. erw. Aufl. Bad Heilbrunn.

Gutzwiller-Helfenfinger, Eveline/Ziemes, Johanna F. (2017): Qualität der schulischen Sozialbeziehungen. In: Abs, Hermann Josef/Hahn-Laudenberg, Katrin (Hg.): Das politische Mindset von 14 Jährigen. Ergebnisse der International Civic and Citizenship Education Study 2016. Münster/New York, 279–305.

Hahn-Laudenberg, Katrin (2022): Kompetenzorientiert unterrichten: Gestaltung von Anforderungssituationen und kognitivaktivierenden Lernaufgaben. In: Sander, Wolfgang/Pohl, Kerstin (Hg.): Handbuch politische Bildung. 5., vollst. überarb. Aufl. Frankfurt/M., 543–552.

Hahn-Laudenberg, Katrin/Abs, Hermann Josef (2017): Politisches Wissen und Argumentieren. In: Abs, Hermann Josef/Hahn-Laudenberg, Katrin (Hg.): Das politische Mindset von 14-Jährigen. Ergebnisse der International Civic and Citizenship Education Study 2016. Münster/New York, 77–111.

Harms, Hermann/Breit, Gotthard (1992): Zur Situation des Unterrichtsfachs Sozialkunde/Politik und der Didaktik des politischen Unterrichts aus der Sicht von Sozialkundelehrerinnen und -lehrern. Eine Bestandsaufnahme. In: Breit, Gotthard/Massing, Peter (Hg.): Grundfragen und Praxisprobleme der politischen Bildung. Ein Studienbuch. Bonn, 53–65.

Hartmann, Jürgen (2003): Geschichte der Politikwissenschaft. Grundzüge der Fachentwicklung in den USA und in Europa. Opladen.

Hartwich, Hans-Hermann (2002): Im Brennpunkt: Ökonomische versus politische Bildung? – ein sinnloser Konflikt! In: GWP, 61(1), 5–9. Online: https://www.budrich-journals.de/index.php/gwp/article/download/8414/7314

Hascher, Tina & Zordo, Lea de (2015): Langformen von Praktika. Ein Blick auf Österreich und die Schweiz. In: Journal für LehrerInnenbildung, 15(1), 20–32.

Hättich, Manfred (1977): Rationalität als Ziel politischer Bildung. Eine Einführung. München.

Hauk, Dennis (2016): Digitale Medien in der politischen Bildung. Anforderungen und Zugänge an das Politik-Verstehen im 21. Jahrhundert. Wiesbaden.

Hauk, Dennis (2017): Der Einsatz digitaler Medien im Politikunterricht. Empirischer Forschungsstand und politikdidaktische Handlungsfelder. In: Gapski, Harald/Oberle, Monika/Staufer, Walter (Hg.): Medienkompetenz. Herausforderung für Politik, politische Bildung und Medienbildung. Bonn, 218–225.

Hauk, Dennis (2022): Mit digitalen Medien lernen: Lernprodukte und Lernumgebungen. In: Sander, Wolfgang/Pohl, Kerstin (Hg.): Handbuch politische Bildung. 5., vollst. überarb. Aufl. Frankfurt/M., 484–490.

Hedtke, Reinhold (2000): Das unstillbare Verlangen nach Praxisbezug – Zum Theorie-Praxis-Problem der Lehrerbildung am Exempel Schulpraktischer Studien. Online: https://www.sowi-online.de/journal/2000_0/hedtke_unstillbare_verlangen_nach_praxisbezug_zum_theorie_praxis_problem_lehrerbildung_exempel.html

Hedtke, Reinhold (2011): Interpretation und Kommentar. In: May, Michael/Schattschneider, Jessica (Hg.): Klassiker der Politikdidaktik neu gelesen. Originale und Kommentare. Schwalbach/Ts., 178–189.

Hedtke, Reinhold (2015): Sozioökonomische Bildung. In: HiBiFo, (3), 3–18.

Hedtke, Reinhold (2018): Das Sozioökonomische Curriculum. Frankfurt/M.

Hedtke, Reinhold/Gökbudak, Mahir/Hagedorn, Udo (2021): 4. Ranking Politische Bildung. Politische Bildung in der Sekundarstufe I und in der Berufsschule im Bundesländervergleich 2020. Bielefeld.

Heidemeyer, Sven (2011): Demokratievorstellungen von Jugendlichen. In: Lange, Dirk/Fischer, Sebastian (Hg.): Politik und Wirtschaft im Bürgerbewusstsein. Untersuchungen zu den fachlichen Konzepten von Schülerinnen und Schülern in der Politischen Bildung. Schwalbach/Ts., 266–272.

Heimann, Paul (1976): Didaktik als Unterrichtswissenschaft. Sammlung. Stuttgart.

Heintel, Peter (1977): Politische Bildung als Prinzip aller Bildung. Wien.

Heldt, Inken (2018): Die subjektive Dimension von Menschenrechten. Wiesbaden.

Helmke, Andreas (2015): Unterrichtsqualität und Lehrerprofessionalität. Diagnose, Evaluation und Verbesserung des Unterrichts. Franz Emanuel Weinert gewidmet. 6. Aufl. Seelze-Velber.

Helsper, Werner u. a. (2006): Unpolitische Jugend? Eine Studie zum Verhältnis von Schule, Anerkennung und Politik. Wiesbaden.

Hempel, Christopher/Jahr, David/Koop, Dieter (2017): Zur Konstitution des Gegenstands im Politikunterricht. Ergebnisse aus der dokumentarischen Analyse von Unterrichtsgesprächen. In: Manzel, Sabine/Schelle, Carla (Hg.): Empirische Forschung zur schulischen Politischen Bildung. Wiesbaden, 161–170.

Henkenborg, Peter (1999): Ethik. In: Mickel, Wolfgang (Hg.): Handbuch zur politischen Bildung. Bonn, 610–616.

Henkenborg, Peter (2002): Interpretative Unterrichtsforschung in der politischen Bildung. Ansätze, Stand und Perspektiven. In: Combe, Arno/Breidenstein, Georg (Hg.): Forum qualitative Schulforschung. Opladen, 81–110.

Henkenborg, Peter (2006): Alltägliche Philosophien der politischen Bildung. Ergebnisse einer empirischen Untersuchung. In: Kursiv: Journal für politische Bildung, (2), 76–88.

Henkenborg, Peter (2007): Demokratie lernen und leben durch kognitive Anerkennung. Eine empirische Untersuchung zur Lehrerprofessionalität im Politikunterricht in Ostdeutschland. In: Kursiv: Journal für politische Bildung, (2), 34–43.

Henkenborg, Peter (2011): Wissen in der politischen Bildung – Positionen der Politikdidaktik. In: Autorengruppe Fachdidaktik: Konzepte der politischen Bildung. Eine Streitschrift. Schwalbach/Ts., 111–132.

Henkenborg, Peter (2014): Politische Bildung als Schulprinzip. In: Sander, Wolfgang (Hg.): Handbuch politische Bildung. 4., völlig überarb. Aufl. Schwalbach/Ts., 212–221.

Hentges, Gudrun (2020): Krise der Demokratie – Demokratie in der Krise? Einleitung. In: Dies. (Hg.): Krise der Demokratie – Demokratie in der Krise? Gesellschaftsdiagnosen und Herausforderungen für die politische Bildung. Frankfurt/M., 9–27.

Hertelt, Willi/May, Michael (2016): Kritische politische Bildung ohne didaktische Konzeption? – Rekonstruktion didaktischer Grundzüge kritischer politischer Bildung. In: zdg, 7(2), 119–129.

Heusinger, Monika (2020): Lernprozesse digital unterstützen. Ein Methodenbuch für den Unterricht. Weinheim.

Hilligen, Wolfgang (1955): Plan und Wirklichkeit im sozialkundlichen Unterricht. Untersuchungen, Erfahrungen u. Vorschläge. Frankfurt/M.

Hilligen, Wolfgang (1957): Sehen – Beurteilen – Handeln. Lese- und Arbeitsbuch zur politischen Bildung und Sozialkunde. Frankfurt/M.

Hilligen, Wolfgang (1985): Zur Didaktik des politischen Unterrichts. Wissenschaftliche Voraussetzungen. Didaktische Konzeptionen. Unterrichtspraktische Vorschläge. 4., völlig neu bearb. Aufl. Bonn.

Hilligen, Wolfgang (1991): Didaktische Zugänge in der politischen Bildung. Schwalbach/Ts.

Hilligen, Wolfgang (2011): Zur Didaktik des politischen Unterrichts. In: May, Michael/Schattschneider, Jessica (Hg.): Klassiker der Politikdidaktik neu gelesen. Originale und Kommentare. Schwalbach/Ts., 114–124.

Himmelmann Gerhard (2001): Demokratie Lernen als Lebens-, Gesellschafts- und Herrschaftsform. Ein Lehr- und Studienbuch. Schwalbach/Ts.

Himmelmann Gerhard (2002): Demokratie-Lernen als Lebens-, Gesellschafts- und Herrschaftsform. In: Breit, Gotthard/Schiele, Siegfried (Hg.): Demokratie-Lernen als Aufgabe der politischen Bildung. Schwalbach/Ts., 21–39.

Hippe, Thorsten (2020): Digitalisierung – Fluch oder Segen für Mündigkeit? In: zdg, 11(1), 83–104.

Hölzel, Tina/Jahr, David (Hg.) (2019): Konturen einer inklusiven politischen Bildung. Konzeptionelle und empirische Zugänge. Wiesbaden.

Jahr, David (2019): Zur (Re-)Politisierung der Inklusionstheorie. Umgang mit unausweichlichen Widersprüchen in der inklusiven politischen Bildung. In: Hölzel, Tina/Jahr, David (Hg.): Konturen einer inklusiven politischen Bildung. Konzeptionelle und empirische Zugänge. Wiesbaden, 17–33.

Jank, Werner/Meyer, Hilbert (1993): Didaktische Modelle. 2. Aufl. Berlin.

Jank, Werner/Meyer, Hilbert (2008): Didaktische Modelle. 8. Aufl. Berlin.

Jarren, Otfried/Klinger, Ulrike (2017): Öffentlichkeit und Medien im digitalen Zeitalter: Zwischen Differenzierung und Neu-Institutionalisierung. In: Gapski, Harald/Oberle, Monika/Staufer, Walter (Hg.): Medienkompetenz. Herausforderung für Politik, politische Bildung und Medienbildung. Bonn, 33–42.

Jehle, May (2018): Staatsbürgerkunde – „Schlüsselfach" der politischen Erziehung in der DDR? In: APuZ, 68(13–14), 25–30. Online: https://www.bpb.de/system/files/dokument_pdf/APuZ_2018-13-14_online.pdf

Jöhnck, Johannes/Baumann, Simon (Hg.) (2022): Politische Bildung mit dem Förderschwerpunkt geistige Entwicklung. Grundlagen und Praxisbeispiele für Förderschulen und Inklusion. Frankfurt/M.

Jung, Eberhard (1999): Technik/Arbeitslehre. In: Mickel, Wolfgang (Hg.): Handbuch zur politischen Bildung. Bonn, 595–605.

Kant, Immanuel (1784): Beantwortung der Frage: Was ist Aufklärung? In: Berlinische Monatsschrift, H. 12, 481–494.

Kenner, Steve (2020): Politische Bildung – Bildungsaufgabe mit Verfassungsrang? In: Haarmann, Moritz-Peter/Kenner, Steve/Lange, Dirk (Hg.): Demokratie, Demokratisierung und das Demokratische. Aufgaben und Zugänge der Politischen Bildung. Wiesbaden, 31–48.

Kenner, Steve/Lange, Dirk (Hg.) (2018): Citizenship Education. Konzepte, Anregungen und Ideen zur Demokratiebildung. Frankfurt/M.

Kessler, Stefanie (2021): Demokratielehre in Politikunterricht und Schule. Eine qualitativ-rekonstruktive Studie zu Lehrorientierungen von Politiklehrern/innen. Weinheim.

Klafki, Wolfgang (1958): Didaktische Analyse als Kern der Unterrichtsvorbereitung. In: Die Deutsche Schule, 50(10), 450–471.

Klafki, Wolfgang (1974): Studien zur Bildungstheorie und Didaktik. Weinheim/Basel.

Klafki, Wolfgang (1985): Neue Studien zur Bildungstheorie und Didaktik. Beiträge zu einer kritisch-konstruktiven Didaktik. Weinheim/Basel.

Klee, Andreas (2008): Entzauberung des politischen Urteils. Eine didaktische Rekonstruktion zum Politikbewusstsein von Politiklehrerinnen und Politiklehrern. Wiesbaden.

Kleinert, Corinna (2008): Ein Problem der Vergangenheit? Die Entwicklung fremdenfeindlicher Einstellungen. In: Gille, Martina (Hg.): Jugend in Ost und West seit der Widervereinigung. Ergebnisse aus dem replikativen Längsschnitt des DJI-Jugendsurvey. Wiesbaden, 211–236.

Kleines Politisches Wörterbuch (1973). 2. Aufl. Berlin.

Kleinschmidt, Malte/Lange, Dirk (2016): Empirische Forschungsergebnisse von subjektiven Vorstellungen von Lernenden für die politische Bildung. Eine Kartographierung. Institut für Didaktik der Demokratie. Hannover.

Kleinschmidt, Malte/Kenner, Steve/Lange, Dirk (2021): Inclusive Citizenship als Ausgangspunkt für emanzipative und inklusive politische Bildung in der Migrationsgesellschaft. In: Natarajan, Radhika (Hg.): Sprache – Bildung – Geschlecht. Interdisziplinäre Ansätze in Flucht- und Migrationskontexten. Wiesbaden, 407–416.

Klieme, Eckhard u.a. (Hg.) (2003): Zur Entwicklung nationaler Bildungsstandards. Eine Expertise. Bonn. Online: https://www.pedocs.de/volltexte/2020/20901/pdf/Klieme_et_al_2003_Zur_Entwicklung_Nationaler_Bildungsstandards_BMBF_A.pdf

Klingberg, Lothar (1989): Einführung in die Allgemeine Didaktik. Vorlesungen. 7. Aufl. Berlin.

KMK (o. J.): Weitere Unterrichtsinhalte und Themen. Online: https://www.kmk.org/themen/allgemeinbildende-schulen/weitere-unterrichtsinhalte.html

KMK (2004): Bildungsstandards der Kultusministerkonferenz. Erläuterungen zur Konzeption und Entwicklung. Online: https://www.kmk.org/fileadmin/Dateien/veroeffentlichungen_beschluesse/2004/2004_12_16-Bildungsstandards-Konzeption-Entwicklung.pdf

KMK (2013): Interkulturelle Bildung und Erziehung in der Schule. Online: https://www.kmk.org/fileadmin/veroeffentlichungen_beschluesse/1996/1996_10_25-Interkulturelle-Bildung.pdf

KMK (2018): Demokratie als Ziel, Gegenstand und Praxis historisch-politischer Bildung und Erziehung in der Schule. Online: https://www.kmk.org/fileadmin/Dateien/veroeffentlichungen_beschluesse/2009/2009_03_06-Staerkung_Demokratieerziehung.pdf

KMK (2019): Ländergemeinsame inhaltliche Anforderungen für die Fachwissenschaften und Fachdidaktiken in der Lehrerbildung. Online: https://www.kmk.org/fileadmin/veroeffentlichungen_beschluesse/2008/2008_10_16-Fachprofile-Lehrerbildung.pdf

Kneuer, Marianne (2017): Politische Kommunikation und digitale Medien in der Demokratie. In: Gapski, Harald/Oberle, Monika/Staufer, Walter (Hg.): Medienkompetenz. Herausforderung für Politik, politische Bildung und Medienbildung. Bonn, 43–52.

Knothe, Doreen/May, Michael (2020): Politikunterricht 16-mal anders. Der Bildungsföderalismus am Beispiel eines Unterrichtsfachs. In: Pädagogik, 72(3), 42–47.

Korte, Karl-Rudolf (Hg.) (2015): Emotionen und Politik. Begründungen, Konzeptionen und Praxisfelder einer politikwissenschaftlichen Emotionsforschung. Baden-Baden.

KPD und SPD [1945] (1986): Grundsätze für die Erneuerung der deutschen Schule (18.10.1945). In: Kleßmann, Christoph (Hg.): Die doppelte Staatsgründung. Deutsche Geschichte 1945–1955. 4., erg. Aufl. Göttingen, 391–392.

Krüger, Heinz-Hermann u.a. (2002): Jugend und Demokratie – Politische Bildung auf dem Prüfstand. Eine quantitative und qualitative Studie aus Sachsen-Anhalt. Unter Mitarbeit von Sibylle Reinhardt, Catrin Kötters-König, Nicolle Pfaff, Ralf Schmidt, Adrienne Krappidel und Frank Tillmann. Wiesbaden.

Kühberger, Christoph/Windischbauer, Elfriede (2013): Individualisierung und Differenzierung im Politikunterricht. Offenes Lernen in Theorie und Praxis. Schwalbach/Ts.

Kuhn, Hans-Werner/Massing, Peter/Skuhr, Werner (Hg.) (1993): Politische Bildung in Deutschland. Entwicklung – Stand – Perspektiven. 2., überarb. und erw. Aufl. Opladen.

Kunter, Mareike/Trautwein, Uwe (2013): Psychologie des Unterrichts. Stuttgart.

KVFF (Konferenz der Vorsitzenden der fachdidaktischen Fachgesellschaften) (1998): Fachdidaktik in Forschung und Lehre. Online: https://www.fachdidaktik.org/cms/download.php?cat=Ver%C3%B6ffentlichungen&file=Fachdidaktik_Forschung_und_Lehre.pdf

Land Thüringen (1946): Gesetz der Demokratisierung der Deutschen Schule, vom 02.06.1946. In: Regierungsblatt, (20), 113–115.

Lange, Dirk (2005): Was ist und wie entsteht Demokratiebewusstsein? Vorüberlegungen zu einer politischen Lerntheorie. In: Himmelmann, Gerhard/Lange, Dirk (Hg.): Demokratiekompetenz. Beiträge aus Politikwissenschaft, Pädagogik und politischer Bildung. Wiesbaden, 258–269.

Lange, Dirk (2008a): Bürgerbewusstsein. Sinnbilder und Sinnbildungen in der Politischen Bildung. In: GWP, 57(3), 431–439.

Lange, Dirk (2008b): Kernkonzepte des Bürgerbewusstseins. Grundzüge einer Lerntheorie der politischen Bildung. In: Weißeno, Georg (Hg.): Politikkompetenz. Was Unterricht zu leisten hat. Bonn, 245–258.

Lange, Dirk (2011): Konzepte als Grundlage der politischen Bildung. Lerntheoretische und fachdidaktische Überlegungen. In: Autorengruppe Fachdidaktik: Konzepte der politischen Bildung. Eine Streitschrift. Schwalbach/Ts., 95–110.

Lange, Dirk/Himmelmann, Gerhard (Hg.) (2007): Demokratiebewusstsein. Interdisziplinäre Annäherungen an ein zentrales Thema der Politischen Bildung. Wiesbaden.

Lankau, Ralf (2019): Vom Unterrichten zum Bildungscontrolling. Über die Blindheit gegenüber den Zielen der „Digitalisierung“ von Schule und Unterricht. In: Bleckmann, Paula/Lankau, Ralf (Hg.): Digitale Medien und Unterricht. Eine Kontroverse. Weinheim, 54–69.

Lave, Jean/Wenger-Trayner, Étienne (1991): Situated learning. Legitimate peripheral participation. Cambridge. Online: https://www.researchgate.net/publication/314460458_Situated_Learning_A_Legitimate_Peripheral_Participation_in_Learning_Mathematics_in_Public_Schools

Lazarus, Richard S. (1982): Thoughts on the Relations between Emotion and Cognition. In: American Psychologist, 37, 1019–1024.

Lechner-Amante, Alexandra (2014): Politische Bildung als Unterrichtsprinzip. In: Sander, Wolfgang (Hg.): Handbuch politische Bildung. 4., völlig überarb. Aufl. Schwalbach/Ts., 203–211.

Lefrançois, Guy R. (2006): Psychologie des Lernens. 4., überarb. und erw. Aufl. Berlin/Heidelberg.

Lempert, Wolfgang (1971): Leistungsprinzip und Emanzipation. Studien zu Realität, Reform und Erforschung des beruflichen Bildungswesens. Frankfurt/M.

Leonhard, Tobias/Abels, Simone (2017): Der „reflective practitioner“. Leitfigur oder Kategorienfehler einer reflexiven Lehrerbildung? In: Berndt, Constanze/Häcker, Thomas/Leonhard, Tobias (Hg.): Reflexive Lehrerbildung revisited. Traditionen – Zugänge – Perspektiven. Bad Heilbrunn, 46–55.

Leser, Christoph (2011): Politische Bildung in und durch Schule. Wiesbaden.

Litt, Theodor [1958] (1993): Kritik der Partnerschaftserziehung. In: Kuhn, Hans-Werner/Massing, Peter/Skuhr, Werner (Hg.): Politische Bildung in Deutschland. Entwicklung – Stand – Perspektiven. 2., überarb. und erw. Aufl. Opladen, 167–170.

Lösch, Bettina/Thimmel, Andreas (2010a): Einleitung. In: Dies. (Hg.): Kritische politische Bildung. Ein Handbuch. Schwalbach/Ts., 7–10.

Lösch, Bettina/Thimmel, Andreas (2010b): Kritische politische Bildung. Ein Handbuch. Schwalbach/Ts.

Lukasch, Peter (2012): Der muss haben ein Gewehr. Krieg, Militarismus und patriotische Erziehung in Kindermedien. Ein Beitrag zur Geschichte der Kindermedien. Norderstedt.

Lutter, Andreas (2011): Migrationsbewusstsein empirisch: Integration in den Vorstellungen von Schüler/Innen. In: Lange, Dirk/Fischer, Sebastian (Hg.): Politik und Wirtschaft im Bürgerbewusstsein. Untersuchungen zu den fachlichen Konzepten von Schülerinnen und Schülern in der Politischen Bildung. Schwalbach/Ts., 110–122.

Lutter-Link, Christine/Reinhardt, Sibylle (1993): „Export einer Chemiefabrik" – Schüler/innen diskutieren eine moralische Frage. In: Grammes, Tilman/Weißeno, Georg (Hg.): Sozialkundestunden. Politikdidaktische Auswertungen von Unterrichtsprotokollen. Opladen, 35–52.

Mager, Robert F. (1974): Lernziele und Unterricht. Weinheim/Basel.

Mambour, Gerrit (2007): Politische Bildung im Spannungsfeld zwischen Politik und Pädagogik. Schwalbach/Ts.

Manzel, Sabine (2014): Was wissen wir wirklich über politische Bildung in der Schule? Eine kritische Würdigung zum Stand der Disziplin. In: Lange, Dirk/Oeftering, Tonio (Hg.): Politische Bildung als lebenslanges Lernen. Schwalbach/Ts., 55–68.

Manzel, Sabine/Zischke, Frank Eike (2022): Interventionsstudien im Politikunterricht. In: Weißeno, Georg/Ziegler, Béatrice (Hg.): Handbuch Geschichts- und Politikdidaktik. Wiesbaden, 1–15.

Massing, Peter (1997): Kategorien des politischen Urteilens und Wege zur politischen Urteilsbildung. In: Ders./Weißeno, Georg (Hg.): Politische Urteilsbildung. Zentrale Aufgabe für den Politikunterricht. Schwalbach/Ts., 115–131.

Massing, Peter (1999): Welche Angebote machen Schülerinnen und Schüler im Politikunterricht. In: Kuhn, Hans-Werner/Massing, Peter (Hg.): Politikunterricht. Kategorial und handlungsorientiert. Schwalbach/Ts., 137–148.

Massing, Peter (2007): Bildung. In: Weißeno, Georg (Hg.): Wörterbuch politische Bildung. Schwalbach/Ts., 39–47.

Massing, Peter (2008): Basiskonzepte für die politische Bildung. Ein Diskussionsvorschlag. In: Weißeno, Georg (Hg.): Politikkompetenz. Was Unterricht zu leisten hat. Bonn, 184–198.

Massing, Peter (2015): Eckpunkte – Konsequenzen für die Lehrerinnen- und Lehrerausbildung. In: Frech, Siegfried/Richter, Dagmar (Hg.): Politikunterricht professionell planen. Schwalbach/Ts., 227–247.

Massing, Peter (2021): Politische Bildung in der Bundesrepublik Deutschland. Grundlage, Kontroversen, Perspektiven. Frankfurt/M.

Massing, Peter u. a. (Hg.) (2017): Demokratietheorien. Von der Antike bis zur Gegenwart. Schwalbach/Ts.

Massing, Peter/Weißeno, Georg (Hg.) (1995): Politik als Kern der politischen Bildung. Wege zur Überwindung unpolitischen Politikunterrichts. Opladen.

May, Michael (2007): Demokratiefähigkeit und Bürgerkompetenzen. Kompetenztheoretische und normative Grundlagen der politischen Bildung. Wiesbaden.

May, Michael (2011): Kompetenzorientiert unterrichten – Anforderungssituationen als didaktisches Zentrum politisch-sozialwissenschaftlichen Unterrichts. In: GWP, 60(1), 123–134.

May, Michael (2012): Existenzielle Probleme – Unterricht als Sicherung des „guten Lebens" bei Wolfgang Hilligen. In: May, Michael/Schattschneider, Jessica (Hg.): Klassiker der Politikdidaktik neu gelesen. Originale und Kommentare. Schwalbach/Ts., 114–140.

May, Michael (2014): Das Brücken-, Urteils- und Emanzipationsproblem als strukturelle Bedingung kompetenten Lehrerhandelns im Sozialkundeunterricht. In: Kleinespel, Karin (Hg.): Ein Praxissemester in der Lehrerbildung. Konzepte, Befunde und Entwicklungsperspektiven am Beispiel des Jenaer Modells. Bad Heilbrunn, 177–192.

May, Michael (2015a): Ordnungsbildung in fachkulturellen Praktiken. Empirische Rekonstruktionen am Beispiel der politischen Bildung. In: zdg, 6(1), 72–91.

May, Michael (2015b): Kompetenzorientierte Unterrichtsplanung mit Anforderungssituationen und nach politikdidaktischen Prinzipien – eine Skizze. In: Frech, Siegfried/Richter, Dagmar (Hg.): Politikunterricht professionell planen, Schwalbach/Ts., 50–68.

May, Michael (2020): „Aber bitte mit Gefühl!“ Rationale politische Urteilsbildung als Ziel und Herausforderung politischer Bildung. In: Dickel, Mirka u. a.: Urteilspraxis und Wertmaßstäbe im Unterricht. Ethik, Englisch, Geographie, Geschichte, politische Bildung, Religion. Frankfurt/M., 125–147.

May, Michael (2021): Haltung ist keine didaktische Strategie! Zu einem Missverständnis im Kontext der Demokratiebildung. In: GWP, 70(1), 17–21. Online: https://www.ssoar.info/ssoar/bitstream/handle/document/79296/ssoar-gwp-2021-1-may-Haltung_ist_keine_didaktische_Strategie.pdf?sequence=1&isAllowed=y&lnkname=ssoar-gwp-2021-1-may-Haltung_ist_keine_didaktische_Strategie.pdf

May, Michael (2022): Demokratiebildung und die unscharfen Grenzen der Kontroversität. Zur Notwendigkeit eines pädagogischen Kriteriums bei der Bestimmung des kontroversen Raumes. In: Weber-Stein, Florian/Albers, Stine/Blanck, Bettina (2022): Sonderheft: Bildung und Demokratisierung, Itdb, (2), 49–53.

May, Michael/Heinrich, Gudrun (2020): Rechtsextremismus pädagogisch begegnen. Handlungswissen für die Schule. Stuttgart.

May, Michael/Pohl, Kerstin (2022): Politikdidaktische Konzeptionen. In: Sander, Wolfgang/Pohl, Kerstin (Hg.): Handbuch politische Bildung, Frankfurt/M., 29–39.

May, Michael/Schattschneider, Jessica (Hg.) (2011): Klassiker der Politikdidaktik neu gelesen. Originale und Kommentare. Schwalbach/Ts.

May, Michael/Schattschneider, Jessica (2014): „Klassische“ didaktische Theorien zur politischen Bildung. In: Sander, Wolfgang (Hg.): Handbuch politische Bildung. 4., völlig überarb. Aufl. Schwalbach/Ts., 31–41.

Mees, Ulrich/Schmitt, Annette (2003): Emotionen sind die Gründe unseres Handelns: Ein zweidimensionales Modell metatelischer Orientierungen und seine empirische Prüfung. In: Dies. (Hg.): Emotionspsychologie. Theoretische Analysen und empirische Untersuchungen. Oldenburg, 13–99.

Meyer, Hilbert (2005): Leitfaden zur Unterrichtsvorbereitung. 12. Aufl. Berlin.

Meyer, Hilbert/Junghans, Carola (2021): Unterrichtsmethoden II. Praxisband. 17., kompl. überarb. Neuaufl. Berlin.

Mickel, Wolfgang (1965): Zwanzig Jahre politische Bildung in der Bundesrepublik. Konzeptionen und Thematik des politischen Unterrichts 1945–1965. In: APuZ, 15(51–52), 3–48.

Mickel, Wolfgang (1999): Leitwissenschaft und Bezugswissenschaften der politischen Bildung. In: Ders. (Hg.): Handbuch zur politischen Bildung. Bonn, 566–569.

Mickel, Wolfgang (2003): Praxis und Methode. Einführung in die Methodenlehre der politischen Bildung. Berlin.

Mollenhauer, Klaus (1969): Erziehung und Emanzipation. Polemische Skizzen. München.

Motyka, Marc (2017): Politik-Lernen mit digitalen Spielen. In: Gapski, Harald/Oberle, Monika/Staufer, Walter (Hg.): Medienkompetenz. Herausforderung für Politik, politische Bildung und Medienbildung. Bonn, 235–242. Online: https://www.bpb.de/system/files/dokument_pdf/10111_Medienkompetenz_ba.pdf

Münkler, Herfried (1999): Politikwissenschaft. In: Mickel, Wolfgang (Hg.): Handbuch zur politischen Bildung. Bonn, 569–574.

Neuner, Gerhart/Weitendorf, Friedrich/Lobeda, Wolfgang (1969): Zur Einheit von Bildung und Erziehung im Staatsbürgerkundeunterricht. Theoretische Positionen und Erfahrungen über die Planung und methodische Gestaltung des Staatsbürgerkundeunterrichts in den 9. und 10. Klassen. 2., bearb. Aufl. Berlin.

Neuweg, Georg Hans (2004): Im Spannungsfeld von „Theorie" und „Praxis": Zu den Funktionen der ersten und zweiten Phase in der Ausbildung von LehrerInnen. In: Backes-Haase, Alfons/Frommer, Helmut (Hg.): Theorie-Praxis-Verzahnung in der beruflichen und gymnasialen Lehrerbildung: Das neu eingeführte Praxissemester. Baltmannsweiler, 14–32.

Nussbaum, Martha (2001): Upheavals of Thought. The Intelligence of Emotions. Chicago.

Oberle, Monika (2017): Politikwissenschaft als Bezugsdisziplin der Politischen Bildung. In: Dies./Weißeno, Georg (Hg.): Politikwissenschaft und Politikdidaktik. Theorie und Empirie. Wiesbaden, 17–29.

Oberle, Monika (2018): Politikdidaktische Interventionsforschung. In: Weißeno, Georg u. a. (Hg.): Gesellschaftswissenschaftliche Fachdidaktiken. Theorien, empirische Fundierungen und Perspektiven. Wiesbaden, 103–117.

Oberle, Monika/Pohl, Kerstin (2020): Politik in der Lehrerinnen- und Lehrerbildung. Professionalisierung für ein vielgestaltiges Unterrichtsfach. In: Cramer, Colin u. a. (Hg.): Handbuch Lehrerinnen- und Lehrerbildung. Bad Heilbrunn, 509–516.

Oberle, Monika/Raiser, Simon/Warkalla, Björn/Kaiser, Konstantin/Leunig, Johanna (2017): Online-Planspiele in der politischen Bildung – Ergebnisse einer Pilotstudie. In: Gapski, Harald/Oberle, Monika/Staufer, Walter (Hg.): Medienkompetenz. Herausforderung für Politik, politische Bildung und Medienbildung. Bonn, 243–255. Online: https://www.bpb.de/system/files/dokument_pdf/10111_Medienkompetenz_ba.pdf

Oeftering, Tonio/Uhl, Herbert (2007): Emotionen und politisches Lernen. In: Reinhardt, Volker (Hg.): Inhaltsfelder der Politischen Bildung. Baltmannsweiler, 56–70.

Oelkers, Jürgen (2014): „Wissen" oder „Kompetenz": Ein überflüssiger Streit? Online: https://bildung-wissen.eu/fachbeitraege/wissen-oder-kompetenz-ein-ueberfluessiger-streit.html

Oesterreich, Detlef (2002): Politische Bildung von 14-Jährigen in Deutschland. Studien aus dem Projekt Civic Education. Opladen.

Partetzke, Marc (2016): Von realen Leben und politischer Wirklichkeit. Grundlegung einer biographiebasierten Politischen Bildung am Beispiel der DDR. Wiesbaden.

Partetzke, Marc (2017): Kritisch, affirmativ, unnötig?! Zu einem Schattengefecht innerhalb der Politikdidaktik. – Oder: Der Beitrag der Politischen Kultur(-forschung) zur Zieldiskussion in der politischen Bildung. In: Görtler, Michael u. a. (Hg.): Kritische politische Bildung: Standpunkte und Perspektiven. Schwalbach/Ts., 17–29.

Perschel, Wolfgang (1999): Rechtswissenschaft. In: Mickel, Wolfgang (Hg.): Handbuch zur politischen Bildung. Bonn, 588–595.

Petrik, Andreas (2009): „… aber das klappt nicht in der Schulpraxis!" Skizze einer kompetenz- und fallorientierten Hochschuldidaktik für die Politiklehrer-Ausbildung. In: JSSE. 8(2), 57–80. Online: https://d-nb.info/1175688460/34

Petrik, Andreas (2010): Kommunikative Fachdidaktik. In: Lange, Dirk/Reinhardt, Volker (Hg.): Konzeptionen, Strategien und Inhaltsfelder Politischer Bildung. Baltmannsweiler, 176–185.

Petrik, Andreas (2011): Das Politische als soziokulturelles Phänomen. Zur Notwendigkeit einer wertebezogenen, soziologischen und lernpsychologischen Modellierung politischer Basiskonzepte am Beispiel „politische Grundorientierungen". In: Autorengruppe Fachdidaktik: Konzepte der politischen Bildung. Eine Streitschrift. Schwalbach/Ts., 69–93.

Petrik, Andreas (2013a): Der genetische Ansatz. In: Deichmann, Carl/Tischner, Christian K. (Hg.): Handbuch Dimensionen und Ansätze in der politischen Bildung. Schwalbach/Ts., 37–56.

Petrik, Andreas (2013b): Von den Schwierigkeiten, ein politischer Mensch zu werden. Konzept und Praxis einer genetischen Politikdidaktik. 2., erw. Aufl. Leverkusen.

Petrik, Andreas/Jahr, David/Hempel, Christopher (Hg.) (2021): Methoden der qualitativen Politikunterrichtsforschung. Acht Perspektiven auf eine Unterrichtsstunde zum Thema Wahlen. Frankfurt/M.

Piaget, Jean (1976): Die Äquilibration der kognitiven Strukturen. Stuttgart.

Piaget, Jean (2015): Das moralische Urteil des Kindes. Vollst. durchges., überarb. und erw. Neuausg. Stuttgart.

Pickel, Gert (2006): Die ostdeutsche Jugend – im deutschen Vergleich besonders verdrossen oder auf dem Weg in eine gemeinsame politische Kultur? In: Roller, Edeltraud/Brettschneider, Frank/Deth, Jan W. van (Hg.) (2006): Jugend und Politik: „voll normal!". Der Beitrag der politischen Soziologie zur Jugendforschung. Wiesbaden, 99–131.

Pickel, Susanne/Pickel, Gert (2006): Politische Kultur- und Demokratieforschung. Grundbegriffe, Theorien, Methoden. Eine Einführung. Wiesbaden.

Pohl, Kerstin (2010): Biographie und Theorie – Wolfgang Hilligens erste Schritte zur politischen Bildung. In: Breit, Gotthard/Debus, Tessa/Massing, Peter (Hg.): Hauptsache politische Bildung. Kontroversität, Schülerorientierung, Aktualität, Problemorientierung. Schwalbach/Ts. 75–88.

Pohl, Kerstin (2020): Politikdidaktische Konzeptionen. In: Achour, Sabine/Busch, Matthias/Massing, Peter/Meyer-Heidemann, Christian (Hg.): Wörterbuch Politikunterricht. Frankfurt/M., 166–169.

Pohl, Kerstin (2022): Politische Bildung als Unterrichtsfach. In: Sander, Wolfgang/Pohl, Kerstin (Hg.): Handbuch politische Bildung. 5. vollst. überarb. Aufl. Frankfurt/M., 143–151.

Pohl, Kerstin/Will, Stephanie (2016): Der Beutelsbacher Konsens: Wendepunkt in der Politikdidaktik? In: Widmaier, Benedikt/Zorn, Peter (Hg.): Brauchen wir den Beutelsbacher Konsens? Eine Debatte der politischen Bildung. Bonn, 39-67.

POLIS. Report der Deutschen Vereinigung für politische Bildung (4/2018): Emotionen und Politische Bildung.

Politikum (2020): Souveränitätskrise, 9(4).

Reichhart, Barbara (2018): Lehrerprofessionalität im Bereich der politischen Bildung. Wiesbaden.

Reinhardt, Sibylle (1972): Zum Professionalisierungsprozess des Lehrers. Frankfurt/M.

Reinhardt, Sibylle (1997): Didaktik der Sozialwissenschaften. Gymnasiale Oberstufe – Sinn, Struktur, Lernprozesse. Opladen.

Reinhardt, Sibylle (2003): Irrige Alltagsvorstellungen im Politikunterricht. Fehlverstehen als Bedingung politischen Lernens. In: GWP, 52(4), 499–505.

Reinhardt, Sibylle (2004): Demokratie-Kompetenzen. Berlin.

Reinhardt, Sibylle (2009): Ist soziales Lernen auch politisches Lernen? Eine alte Kontroverse scheint entschieden. In: GWP, 58(1), 119–125.

Reinhardt, Sibylle (2010): Was leistet Demokratie-Lernen für die politische Bildung. Gibt es empirische Indizien zum Transfer von Partizipation im Nahraum auf Demokratie-Kompetenz im Staat? Ende einer Illusion und neue Fragen. In: Lange, Dirk/Himmelmann, Gerhard (Hg.): Demokratiedidaktik. Impulse für die politische Bildung. Wiesbaden, 125–141.

Reinhardt, Sibylle (2012): Fachdidaktische Prinzipien als Unterrichtsleitbilder in der politischen Bildung. In: Juchler, Ingo (Hg.): Unterrichtsleitbilder in der politischen Bildung. Schwalbach/Ts., 35–45.

Reinhardt, Sibylle (2018): Politik Didaktik. Handbuch für die Sekundarstufe I und II. 7. Aufl. Berlin.

Reinhardt, Sibylle (2019): Jagd auf Lehrer statt Beutelsbacher Konsens. Kommentar zum Portal „Neutrale Schulen“ der AfD in Hamburg. In: GWP, 68(1), 13–19.

Reinhardt, Sibylle (2020): Das Geschehen in der Schule ist nicht politisch neutral. Welche Parteilichkeit und Parteinahme ziemt der politischen Bildung? In: Haarmann, Moritz-Peter/Kenner, Steve/Lange, Dirk (Hg.): Demokratie, Demokratisierung und das Demokratische. Aufgaben und Zugänge der Politischen Bildung. Wiesbaden, 49–61.

Reinhardt, Sibylle/Richter, Dagmar (2007): Politik-Methodik. Handbuch für die Sekundarstufe I und II. Berlin.

Reinhardt, Sibylle/Schörken, Rolf (1986): Konsolidierungsprobleme des Fachs „Politik“ in Nordrhein-Westfalen. In: Fischer, Kurt Gerhard (Hg.): Zum aktuellen Stand der Theorie und Didaktik der politischen Bildung. 5., überarb. und akt. Aufl. Stuttgart, 2013–2212.

Reinmann, Gabi (2007): Innovationskrise in der Bildungsforschung: Von Interessenkämpfen und ungenutzten Chancen einer Hard-to-do-Science. In: Dies./Kahlert, Jürgen (Hg.): Der Nutzen wird vertagt ... Bildungswissenschaften im Spannungsfeld zwischen wissenschaftlicher Profilbildung und praktischem Mehrwert. Lengerich u. a., 198–220.

Reinmann, Gabi/Mandl, Heinz (2006): Unterrichten und Lernumgebungen gestalten. In: Krapp, Andreas (Hg.): Pädagogische Psychologie. Ein Lehrbuch. 5., vollst. überarb. Aufl. Weinheim/Basel, 613–658.

Reinmann, Gabi/Sesink, Werner (2011): Entwicklungsorientierte Bildungsforschung. Online: https://gabi-reinmann.de/wp-content/uploads/2011/11/Sesink-Reinmann_Entwicklungsforschung_v05_20_11_2011.pdf

Richter, Dagmar (2008): Kompetenzdimension Fachwissen. Zur Bedeutung und Auswahl von Basiskonzepten. In: Weißeno, Georg (Hg.): Politikkompetenz. Was Unterricht zu leisten hat. Bonn, 152–168.

Rittberger, Volker/Wolf, Klaus Dieter (1985): Policy-Forschung und Internationale Beziehungen. In: Hartwich, Hans-Hermann (Hg.): Policy-Forschung in der Bundesrepublik Deutschland. Ihr Selbstverständnis und ihr Verhältnis zu den Grundfragen der Politikwissenschaft. Opladen, 204–211.

Rosa, Hartmut (2016): Resonanz. Eine Soziologie der Weltbeziehung. Frankfurt/M.

Rohe, Karl (1978): Politik. Begriffe und Wirklichkeiten. Eine Einführung in das politische Denken. Stuttgart u. a.

Roth, Heinrich (1971): Pädagogische Anthropologie. Bd. 2. Entwicklung und Erziehung. Grundlagen einer Entwicklungspädagogik. Hannover.

Roth, Gerhard (2003): Fühlen, Denken, Handeln. Wie das Gehirn unser Verhalten steuert. Frankfurt/M.

Rothe, Klaus (1989): Sozialkunde und politische Bildung in Schulen und Unterricht in der Bundesrepublik Deutschland. In: Ders. (Hg.): Unterricht und Didaktik der politischen Bildung in der Bundesrepublik. Aktueller Stand und Perspektiven. Opladen, 7–20.

Ruhloff, Jörg (2005): Zwischen Eingenommenheit und Urteilsdistanz. In: Reichenbach, Roland/ Breit, Heiko (Hg.): Skandal und politische Bildung. Aspekte zu einer Theorie des politischen Gefühls. Berlin, 43–50.

Sächsisches Staatsministerium für Kultus (2019): Lehrplan Oberschule Gemeinschaftskunde/ Rechtserziehung. Dresden.

Sander, Wolfgang (1999): Politische Bildung als Prinzip in den Lernbereichen. In: Mickel, Wolfgang (Hg.): Handbuch zur politischen Bildung. Bonn, 634–638.

Sander, Wolfgang (2003): Politik in der Schule. Kleine Geschichte der politischen Bildung in Deutschland. Bonn.

Sander, Wolfgang (2005): Theorie der politischen Bildung. Geschichte – didaktische Konzeptionen – aktuelle Tendenzen und Probleme. In: Ders. (Hg.): Handbuch politische Bildung. 3., völlig überarb. Aufl. Bonn, 13–47.

Sander, Wolfgang (2011a): Interpretation und Kommentar. In: May, Michael/Schattschneider, Jessica (Hg.): Klassiker der Politikdidaktik neu gelesen. Originale und Kommentare. Schwalbach/ Ts., 76–90.

Sander, Wolfgang (2011b): Kompetenzorientierung in Schule und politischer Bildung – eine kritische Zwischenbilanz. In: Autorengruppe Fachdidaktik: Konzepte der politischen Bildung. Eine Streitschrift. Schwalbach/Ts., 9–25.

Sander, Wolfgang (2013a): Die Kompetenzblase – Transformationen und Grenzen der Kompetenzorientierung. In: zdg,(1), 100–124.

Sander, Wolfgang (2013b): „Kritische politische Bildung" – eine Dekonstruktion. In: Widmaier, Benedikt/Overwien, Bernd (Hg.): Was heißt heute Kritische Politische Bildung? Schwalbach/Ts., 240–248.

Sander, Wolfgang (2013c): Politik entdecken – Freiheit leben. Didaktische Grundlagen politischer Bildung. Frankfurt/M.

Sander, Wolfgang (2014): Wissenschaftstheoretische Grundlage politischer Bildung. In: Ders. (Hg.): Handbuch politische Bildung. Völlig überarb. Aufl. Schwalbach/Ts., 77–89.

Sander, Wolfgang (2017): Von der Medienkompetenz zur Medienkritik? Plädoyer für eine Neuorientierung im Umgang mit digitalen Medien in der politischen Bildung. In: Gloe, Markus/Oeftering, Tonio (Hg.): Perspektiven auf Politikunterricht heute. Vom sozialwissenschaftlichen Sachunterricht bis zur Politiklehrerausbildung. Festschrift für Hans-Werner Kuhn. Baden-Baden, 243–248.

Sander, Wolfgang (2020): Digitalisierung. In: Achour, Sabine/Busch, Matthias/Massing, Peter/Meyer-Heidemann, Christian (Hg.): Wörterbuch Politikunterricht. Frankfurt/M., 57–59.

Schäfers, Bernhard (1999): Soziologie. In: Mickel, Wolfgang (Hg.): Handbuch zur politischen Bildung. Bonn, 578–582.

Scharpf, Fritz W. (1973): Planung als politischer Prozeß. Aufsätze zur Theorie der planenden Demokratie. Frankfurt/M.

Schelle, Carla (1995): Schülerdiskurse über Gesellschaft. Schwalbach/Ts.

Scherer, Klaus R. (1996): Emotion. In: Stroebe, Wolfgang u.a. (Hg.): Sozialpsychologie. Eine Einführung. 4. Aufl. Berlin u.a., 165–214.

Schmiederer, Rolf (1977): Politische Bildung im Interesse der Schüler. Köln.

Schmiederer, Rolf [1971] (1993): Das Ziel der politischen Bildung – Demokratisierung und Emanzipation. In: Kuhn, Hans-Werner/Massing, Peter/Skuhr, Werner (Hg.): Politische Bildung in Deutschland. Entwicklung – Stand – Perspektiven. 2., überarb. und erw. Aufl. Opladen, 278–281.

Schmiederer, Rolf (2011): Politische Bildung im Interesse der Schüler. In: May, Michael/Schattschneider, Jessica (Hg.): Klassiker der Politikdidaktik neu gelesen. Originale und Kommentare. Schwalbach/Ts., 167–177.

Schmid, Christine/Watermann, Rainer (2018): Demokratische Bildung. In: Tippelt, Rudolf/Schmidt-Hertha, Bernhard (Hg.): Handbuch Bildungsforschung. Wiesbaden, 1133–1153.

Schmidt, Manfred G. (2019): Demokratietheorien. Eine Einführung. 6. Aufl. Wiesbaden.

Schmitt, Karl (1980): Politische Erziehung in der DDR. Paderborn u.a.

Schneider, Helmut/Gerold, Markus (2018): Demokratiebildung an Schulen – Analyse lehrerbezogener Einflussgrößen. Online: https://www.bertelsmann-stiftung.de/de/publikationen/publikation/did/demokratiebildung-an-schulen-analyse-lehrerbezogener-einflussgroessen-1

Scholz, Lothar (2020): Methoden-Kiste. Online: https://www.bpb.de/system/files/dokument_pdf/methoden-kiste_aufl9_online.pdf

Schön, Donald A. (1983): The Reflective Practitioner. How Professionals Think in Action. New York.

Schröder, Hendrik (2020): Emotionen und politisches Urteilen. Eine politikdidaktische Untersuchung. Wiesbaden.

Schützenmeister, Jörn (2002): Professionalisierung und Polyvalenz in der Lehrerausbildung. Marburg.

Schwarz, Monika (1996): Einführung in die Kognitive Linguistik. Tübingen.

Schwarz, Monika (2000): Indirekte Anaphern in Texten. Studien zur domänengebundenen Referenz und Kohäsion im Deutschen. Tübingen.

Schwarz-Friesel, Monika (2007): Sprache und Emotion. Tübingen u.a.

Seidel, Tina/Krapp, Andreas (Hg.) (2014): Pädagogische Psychologie. 6., vollst. überarb. Aufl. Weinheim/Basel.

Seiffert, Jeanette (2009): „Marsch durch die Institutionen?" Die „68er" in der SPD. Bonn.

Selman, Robert L. (1984): Die Entwicklung des sozialen Verstehens. Entwicklungspsychologische und klinische Untersuchungen. Frankfurt/M.

Sperling, Wolfgang (1999): Geographie. In: Mickel, Wolfgang (Hg.): Handbuch zur politischen Bildung. Bonn, 616–620.

Spinner, Kaspar H. (2005): Der standardisierte Schüler. In: Didaktik Deutsch. Halbjahresschrift für die Didaktik der deutschen Sprache und Literatur, (18), 4–13.

Stalder, Felix (2017): Kultur der Digitalität. 2. Aufl. Berlin.

Stegkemper, Jan M. (2022): Konstrukte einer politischen Welt von Schüler*innen mit dem Förderschwerpunkt geistige Entwicklung. Bad Heilbrunn.

Stein, Gerd (1999): Pädagogik. In: Mickel, Wolfgang (Hg.): Handbuch zur politischen Bildung. Bonn, 574–578.

Studtmann, Katharina (2016): Inklusion und Urteilsbildung im Politikunterricht. In: Massing, Peter/Achour, Sabine (Hg.): Politikunterricht. Berlin, 60-69.

Studtmann, Katharina/Jordan, Annemarie (2020): Mit Sprachbildung zur Urteilsbildung im Brückenfach Gesellschaftswissenschaften. In: Achour, Sabine/Debus, Bernward/Debus, Tessa/Massing, Peter (Hg.): Sprachbildung im Politikunterricht. Berlin, 60 –73.

Strübing, Jörg (2018): Qualitative Sozialforschung. Eine komprimierte Einführung. 2., überarb. und erw. Aufl. Berlin/Boston.

Sutor, Bernhard (1971): Didaktik des politischen Unterrichts. Eine Theorie der politischen Bildung. 2. Aufl. Paderborn.

Sutor, Bernhard (1980): Familienpolitik: Motive – Ziele – Inhalte. Skizze einer mehrstündigen Unterrichtseinheit im Sekundarbereich I. In: Schiele, Siegfried/Schneider, Herbert (Hg.): Die Familie in der politischen Bildung – Konsens auf dem Prüfstand der Praxis. Stuttgart, 107–132.

Sutor, Bernhard (1997): Kategorien politischer Urteilsbildung. In: Massing, Peter/Weißeno, Georg (Hg.): Politische Urteilsbildung. Zentrale Aufgabe für den Politikunterricht. Schwalbach/Ts., 95–108.

Sutor, Bernhard (2002): Politische Bildung im Streit um die „intellektuelle Gründung" der Bundesrepublik Deutschland. Die Kontroversen der siebziger und achtziger Jahre. In: APuZ, B45. Online: https://www.bpb.de/shop/zeitschriften/apuz/26627/politische-bildung-im-streit-um-die-intellektuelle-gruendung-der-bundesrepublik-deutschland/

Sutor, Bernhard (2011): Neue Grundlegung politischer Bildung. In: May, Michael/Schattschneider, Jessica (Hg.): Klassiker der Politikdidaktik neu gelesen. Originale und Kommentare. Schwalbach/Ts., 142–152.

Terhart, Ewald (2008): Die Lehrerbildung. In: Cortina, Kai S. u. a. (Hg.): Das Bildungswesen in der Bundesrepublik Deutschland. Strukturen und Entwicklungen im Überblick. Vollst. überarb. Neuausg. Reinbek bei Hamburg, 745–772.

Terhart, Ewald (2019): Allgemeine Didaktik – Didaktische Modelle. In: Harring, Marius/Rohlfs, Carsten/Gläser-Zikuda, Michaela (Hg.): Handbuch Schulpädagogik. Münster/New York, 409–417.

Thormann, Sabine (2012): Politische Konflikte im Unterricht. Wiesbaden.

Torney, Judith V./Oppenheim, Abraham Naftali/Farnen, Russell Francis (1975): Civic education in ten countries. An empirical study. New York.

Tulodziecki, Gerhard/Grafe, Silke (2020): Kompetenzerwartungen an Lehrpersonen und Professionalisierung angesichts von Mediatisierung und Digitalisierung. In: MedienPädagogik, 37, 265–281. DOI: 10.21240/mpaed/37/2020.07.14.X.

Tulodziecki, Gerhard/Herzig, Bardo (2009): Mediendidaktik. Medien in Lehr- und Lernprozessen verwenden. München.

UN (United Nations) (2006): Convention on the Rights of Persons with Disabilities (CRPD). Online: https://www.un.org/development/desa/disabilities/convention-on-the-rights-of-persons-with-disabilities.html

Vajen, Bastian/Lange, Dirk (2021): Politikdidaktische Rekonstruktion: Schüler*innenvorstellungen und Fachperspektiven in Unterrichtsdiskussionen. In: Petrik, Andreas/Jahr, David/Hempel, Christopher (Hg.): Methoden der qualitativen Politikunterrichtsforschung. Acht Perspektiven auf eine Unterrichtsstunde zum Thema Wahlen. Frankfurt/M., 54–77.

Vennemeyer, Kerstin (2019): Inklusion im Politikunterricht. Impulse durch Intersektionalität, Partizipation und Lebensweltbezug. In: Hölzel, Tina/Jahr, David (Hg.): Konturen einer inklusiven politischen Bildung. Konzeptionelle und empirische Zugänge. Wiesbaden, 35–48.

Vodafone Stiftung Deutschland (Hg.) (2019): Alles auf dem Schirm. Wie sich junge Menschen in Deutschland zu politischen Themen informieren. Düsseldorf. Online: https://www.vodafone-stiftung.de/wp-content/uploads/2019/11/Vodafone-Stiftung-Deutschland_Studie_Politisches_Informationsverhalten.pdf

Vogt, Michaela/Scholz, Joachim (2020): Entwicklung und Struktur der Lehrerinnen- und Lehrerbildung in Deutschland. In: Cramer, Colin u. a. (Hg.): Handbuch Lehrerinnen- und Lehrerbildung. Bad Heilbrunn, 217–226.

Vorstand DVPB (Deutsche Vereinigung für Politische Bildung) (2011): Stellungnahme der Deutschen Vereinigung für Politische Bildung (DVPB) zum Gutachten „Ökonomische Bildung an allgemeinbildenden Schulen" des Gemeinschaftsausschusses der deutschen gewerblichen Wirtschaft (Oktober 2010, Autoren: Thomas Retzmann, Günther Seeber, Bernd Remmele, Hans-Carl Jongebloed). In: POLIS, (1), 5.

Wallraven, Klaus Peter (Hg.) (2003): Handbuch politische Bildung in den neuen Bundesländern. Schwalbach/Ts.

Weber, Florian (2016): Emotion und Ordnung. Sozial- und politiktheoretische Überlegungen im Anschluss an Max Weber. Baden-Baden.

Weber, Florian (2018): Die Diagnose von Präkonzepten der Demokratie. Reflexionen aus Sicht der unterrichtlichen Aktionsforschung. In: Deichmann, Carl/Partetzke, Marc (Hg.): Schulische und außerschulische politische Bildung. Qualitative Studien und Unterrichtsbeispiele hermeneutischer Politikdidaktik. Wiesbaden, 101–120.

Weber-Stein, Florian (2019): Politik als Herzensangelegenheit oder Plädoyer für eine rhetorische politische (Urteils)Bildung. In: Besand, Anja/Overwien, Bernd/Zorn, Peter (Hg.): Politik mit Gefühl. Vom Umgang mit Gefühlen und anderen Kleinigkeiten im Feld von Politik und politischer Bildung. Bonn, 217–231.

Wehling, Hans-Georg [1977] (2016): Konsens à la Beutelsbach? Nachlese zu einem Expertengespräch. In: Schiele, Siegfried/Schneider, Herbert (Hg.): Das Konsensproblem in der politischen Bildung. Stuttgart, 173–184.

Weidinger, Dorothea (1996): Politische Bildung an den Schulen in Deutschland. In: Dies. (Hg.): Politische Bildung in der Bundesrepublik. Zum 30jährigen Bestehen der Deutschen Vereinigung für Politische Bildung. Opladen, 63–72.

Weinert, Franz E. (2002): Vergleichende Leistungsmessung in Schulen – eine umstrittene Selbstverständlichkeit. In: Ders. (Hg.): Leistungsmessung in Schulen. 2., unv. Aufl. Weinheim/Basel, 17–31.

Weißeno, Georg (1989): Lernertypen und Lernerdidaktiken im Politikunterricht. Ergebnisse einer fachdidaktisch motivierten Unterrichtsforschung. Frankfurt/M.

Weißeno, Georg (2012): Quantitative Politikdidaktische Forschung in Deutschland. In: Allenspach, Dominik/Ziegler, Béatrice (Hg.): Forschungstrends in der politischen Bildung. Beiträge zur Tagung „Politische Bildung Empirisch 2010". Zürich/Chur, 101–126.

Weißeno, Georg (2019): Strukturgleichungsmodelle: Unterrichtsforschung im Fach Politik zum politischen Wissen über Demokratie. In: Lang-Wojtasik, Gregor/König, Stefan (Hg.): Die Vielfalt methodischer Zugänge in der Unterrichtsforschung. Ulm, 85–99.

Weißeno, Georg (2022): Quantitative empirische Forschung zur politischen Bildung. In: Sander, Wolfgang/Pohl, Kerstin (Hg.): Handbuch politische Bildung. Frankfurt/M., 110–121.

Weißeno, Georg (2022a): Schülerwissen in der politikdidaktischen Forschung. In: Ders./Ziegler, Béatrice (Hg.): Handbuch Geschichts- und Politikdidaktik. Wiesbaden, 1–16.

Weißeno, Georg/Landwehr, Barbara (2018): Politische Partizipation, Selbstkonzept und Fachwissen. In: Ziegler, Béatrice/Waldis, Monika (Hg.): Politische Bildung in der Demokratie. Interdisziplinäre Perspektiven. Wiesbaden, 175–190.

Weißeno, Georg/Detjen, Joachim/Juchler, Ingo/Massing, Peter/Richter, Dagmar (2010): Konzepte der Politik. Ein Kompetenzmodell. Schwalbach/Ts.

Weschenfelder, Eva (2014): Professionelle Kompetenz von Politiklehrkräften. Eine Studie zu Wissen und Überzeugungen. Wiesbaden.

Widmaier, Benedikt (2020): Die „freiheitlich demokratische Grundordnung" – ein Leitbegriff für die politische Bildung? In: POLIS, (4), 14–17.

Widmaier, Benedikt/Zorn, Peter (Hg.) (2016): Brauchen wir den Beutelsbacher Konsens? Eine Debatte der politischen Bildung. Bonn.

Wilhelm, Theodor (1953): Partnerschaft. Die Aufgabe der politischen Erziehung. 2. Aufl. Stuttgart.

Wilhelm, Theodor (2011): Partnerschaft. Die Aufgabe der politischen Erziehung. In: May, Michael/Schattschneider, Jessica (Hg.): Klassiker der Politikdidaktik neu gelesen. Originale und Kommentare. Schwalbach/Ts., 39–49.

Winter, Martin (2015): Bologna – die ungeliebte Reform und ihre Folgen. Online: https://www.bpb.de/gesellschaft/bildung/zukunft-bildung/204075/bologna-folgen?p=all

Wolf, Christoph (2021): Wie Politiklehrkräfte Antisemitismus denken. Vorstellungen, Erfahrungen, Praxen. Wiesbaden.

zdg (Zeitschrift für die Didaktiken der Gesellschaftswissenschaften (2011): Emotionen, (1).

ZfLB Bremen (o. J.): Leitbild Reflective Practitioner. Online: https://www.uni-bremen.de/zflb/projekte-forschung/schnittstellen-gestalten-qualitaetsoffensive-lehrerbildung/leitbild-reflective-practitioner/

Ziemes, Johanna F./Jaspers, Janina (2017): Gruppenbezogene Einstellungen. In: Abs, Hermann Josef/Hahn-Laudenberg, Katrin (Hg.): Das politische Mindset von 14-Jährigen. Ergebnisse der International Civic and Citizenship Education Study. Münster/New York, 135–160.

Alle Links letztmalig aufgerufen am 20.01.2023

Sach- und Personenregister